电 网 企 业 班 组 管 理 案 例 集 萃

# 聚焦
# 班组业务管理

JUJIAO BANZU YEWU GUANLI

张凡华◎主编

中国电力出版社
CHINA ELECTRIC POWER PRESS

## 内 容 提 要

本丛书通过鲜活且具有代表性的案例，对电网企业班组各类管理事项做了系统梳理和解析，分为《聚焦班组基础管理》《聚焦班组团队管理》《聚焦班组业务管理》三个分册。

本书为《聚焦班组业务管理》分册，内容包括班组安全管理、质量管理、现场管理、技能提升、创新管理五部分。

书中所有案例均来自电网企业班组管理一线，具有强烈的现实感和影响力。本丛书是电网企业班组管理智慧的汇集，是电网企业班组管理实践的宝贵财富。

本书适合电网企业从事班组管理的各级管理人员及一线员工阅读，也可供其他行业班组管理人员参考使用。

**图书在版编目（CIP）数据**

聚焦班组业务管理 / 张凡华主编 . —北京：中国电力出版社，2019.9
（电网企业班组管理案例集萃）
ISBN 978-7-5198-3534-7

Ⅰ . ①聚… Ⅱ . ①张… Ⅲ . ①电力工业—工业企业管理—班组管理—案例—中国 Ⅳ . ① F426.61

中国版本图书馆 CIP 数据核字（2019）第 171692 号

**电网企业班组管理案例集萃 聚焦班组业务管理**

出版发行：中国电力出版社
地　　址：北京市东城区北京站西街 19 号（邮政编码 100005）
网　　址：http://www.cepp.sgcc.com.cn
责任编辑：杨　扬（010-63412524）
责任校对：黄　蓓　李　楠
装帧设计：北京宝蕾元科技发展有限责任公司
责任印制：杨晓东

印　　刷：三河市航远印刷有限公司
版　　次：2019 年 9 月第一版
印　　次：2019 年 9 月北京第一次印刷
开　　本：710 毫米 ×980 毫米　　16 开本
印　　张：22.25
字　　数：290 千字
定　　价：108.00 元

## 编委会

主　　编：张凡华

副 主 编：吴剑鸣

执行主编：孔令如　邹国强

编　　委：赵　明　胡　峰　李　晓　洪绍威　刘华兵　许正伟　汪为民

## 编写组

工会专业组：杜蓓蓓　白国峰

开发专业组：徐　鑫　王　蕾

人资专业组：周海兵　杨伟春

党建专业组：杜景波

编写人员（按姓氏笔画排序）：

丁皖涛　王孝友　王明松　王佳佳　王　政　毕玉成

朱启明　朱　涛　刘运龙　刘　敏　齐微微　汤利宝

孙　淼　杨　为　杨　柳　李　俊　吴义方　吴凡昱

吴　静　汪荏荏　汪　凯　宋华松　张　龙　张成涛

张　磊　陈保平　金海兵　周　涛　周　磊　庞　瑾

姜燕红　骆　玮　夏　伟　殷忠宁　涂　潜　黄　进

黄胜荣　鲍　鹏　蔡厚哲

# 序　言

　　班组作为最基层的生产经营活动组织，直接面对、服务广大人民群众，是公司各项业务的最前端，也是各项工作的落脚点。企业的发展战略、任务目标最终都要落实到每一个班组和每一个岗位。班组建设和管理水平，直接影响到企业的长远发展战略和改革发展成效，是推动公司和电网高质量发展的关键所在。

　　多年来，国网安徽省电力有限公司高度重视班组建设，通过班组管理"四个一""四加一"、精细化、标准化、再提升工程建设等一系列管理举措，班组管理水平明显提升。2018 年以来，公司各班组深入践行"敢为人先、实干在先、创新争先"工作理念，扎实开展基础、基层、基本功建设，打造卓越执行的"细胞群"，激发活力四射的班组"生命体"，为公司高质量发展奠定了坚实基础。

随着外部形势变化和内部改革深化，基于传统职能管控的班组管理模式，正逐步向具有"生命体"自驱动特征的班组加速转型。电网企业班组怎么管、管什么，成为新的重要课题。公司工会牵头，组织编写的《电网企业班组管理案例集萃》丛书，选取真实且具有代表性的案例，对电网企业班组各类管理事项做出系统梳理和解析，案例化繁为简，接地气、可操作，具有较强的实用性、针对性。各单位要学好、用好这本书，结合自身实际、借鉴典型经验、激发创新热情、启迪聪明才智。

企业创新在基层、活力在基层。希望各单位在学习借鉴先进班组管理理念与模式的同时，深刻认识新形势下加强班组建设的重要性，以提升班组管理水平和职工队伍素质为重点，切实减轻基层班组负担，充分调动班组职工干事创业、成长成才的热情，引导职工奋发有为，凝心聚力，为加快建设"三型两网"世界一流能源互联网企业和服务经济社会发展做出新的更大贡献。

2019 年 5 月

# 前　言

　　工作任务是班组管理的关键载体。

　　班组业务管理水平的高低，直接影响和制约着企业正常生产和安全生产，关系着企业的战略执行和创新发展。因此，探索业务管理的前进道路也是班组管理的重中之重。

　　本书作为"电网企业班组管理案例集萃"的分册之一《聚焦班组业务管理》，涉及班组安全管理、质量管理、现场管理、技能提升、创新管理五部分内容。每个案例通过情景聚焦、问题解析、要点点睛、知识链接四个部分，分别阐述案例过程、分析案例精髓、指出难点要点、扩展管理视野。本书适合电网企业从事班组管理的各级管理人员及一线员工阅读，也可供其他行业班组管理人员参考使用。

　　在此，谨向为本书的编写与出版提供帮助的各位领导、专家、同事及相关单位致以最诚挚的感谢，感谢你们的指导与付出。

由于编写时间仓促，加之编写人员经验、水平有限，本书难免存在疏漏、不足之处，恳请各位专家、读者批评指正！

编　者

# 目　录

# 后记　_343

# 第一章
# 安全管理

# "值间竞赛"炼成记
## ——调度安全管理新举措

**摘　要**　正视失败经历，从中汲取"营养"。本案例描述了 W 市供电公司调控中心地调班班长小韩对失败的班组安全应急管理业务安排进行总结，并对安全应急业务管理模式不断探索，最后达到竞赛促安全生产目的的事件。案例分析了班组编写电网风险事故预案必须抓住全员编写、全员预演、竞赛考核等关键要素，以"党建 +"工作为抓手，以"内外激励"为方式，鼓励班组全员创优争先，为班组开展安全管理工作提供了借鉴。

**关键词**　事故预案　值间竞赛　考核考评　"党建 +"

## 情景聚焦

开完迎峰度夏的首场安全生产例会，电网新一轮秋检工作又将全面展开，大量检修工作必会给电网安全带来巨大挑战，生产一线的每名员工心头都悬着一把安全利剑。W 市供电公司调控中心地调班班长小韩面对今年繁重的技改和基建工作倍感压力，他深知电网风险预案业务是管控调度安全的重中之重，必须让每位调度员充分认识到风险预案的重要性。尽管小韩是一位年轻的班长，但他很快从繁杂的计划检修工作中厘清了工作思路。如何将班组人员对风险预案重视的积极性调动起来，也是班组长工作的首要工作。

### 预案编写，传统模式效果差

针对电网秋检期间可能存在的安全风险，班长小韩在梳理完计划停电项目后，在公司 15 楼会议室组织召开了班组安全生产会议。会上，班长小韩首先向大家介绍了秋检期间电网的一些大型技改工程，然后对具体工程产生的电网风险进行了详细分析，最后他带领参会人员重新学习了《电力安全工作规程》，并反复强调在秋检期间每个人一定要继续加强安全调度意识。

安全生产会上，看到大家纷纷表态在调度日常业务中一定会"零失误"，班长小韩的心里比开会前踏实多了，预测秋检期间电网风险预控不是什么大问题了。但实际情况跟小韩预期的安全目标相差甚远，会后大家的日常工作和往常一样开展，安全生产会上做出的郑重表态似乎随着会议结束也慢慢烟消云散了。

每当班长小韩看到自己认认真真编写的电网风险预案原封不动地放在调度台上时，他就急在心里，于是，在各值交接班的时候，他再次全面、细致地向每位调度员讲解风险预案，希望他们消化吸收以提升自身的电网应急处置能力。但由于讲解缺乏互动，效果不好，电网风险预控也未得到大家的重视。

**思考 1** 传统调度安全管理模式为什么效果不佳？

### 轮值编写，初次探索收效微

由于风险注意事项在值间传达未达到预期效果，小韩经过反复思考，决定将电网风险预案编写的任务由班长编写调整为调度员轮值编写，计划在接下来的电网检修期间实施。随后小韩又在调度会议室召开了班组安全生产会议，宣布了制定的电网风险预案轮值编写方案。大家讨论后提出电网检修申请单需要提前一天到调度台，在短时间内无法按时完成预案编写。

会后，班长小韩找到了方式班班长小杨进行沟通，杨班长和运检部工作负责人协调后决定后期将计划停电项目提前下发至地调班组，确保大家有充足的时间来编写预案。通过轮值编写，大家都参与到班组安全管理中，对电网薄弱环节及相应的管控措施有了初步认识，并对自己编写的风险预案了然于心。但轮值编写方案实施一段时间后，小韩发现风险预案编写质量不高。经过仔细调查发现，首先，由于每个人的业务技能水平参差不齐，再加上考核机制没有同步，所以大家对待风险预案编写的态度不一样。其次，大部分人仅对自己编写的预案内容理解，对其他值调度员编写的预案学习不够深入。因此，实施一段时间下来，大家在工作中还是"各自为政"，被动的编写风险预案。最后，没有明确的奖惩机制，大家认为写好写差都一样。显然，小韩的这次轮值编写方案收效甚微。

> **思考 2** 班长小韩制定的轮值编写方案为什么没有取得显著成效？

### 随机预演，内外激励成效显著

针对上一次轮值编写方案实施过程中出现的问题，班长小韩做了深刻反思，在查阅了大量班组管理方面的书籍后，他决定增加随机预演模式，并引入考核考评机制。小韩组织了班上党员同志对轮值编写方案进行初步讨论，班里的老党员陈师傅第一个讲道："作为老调度员，我觉得轮值编写风险预案形式过于单一，预案实操性不强，而且缺乏外在激励措施，所以很难把大家调动起来。"

经过内部多次讨论后，小韩决定在增加随机预演模式中纳入班组人员绩效考核。考核考评方案讨论稿初步形成后，小韩又组织全体班员召开了风险预案编写及考核讨论会。首先，他向大家介绍了新风险预案编写的具体内容，指出："一个值负责编写事故预案的同时，在没有编写任务的其他3个值中随机挑选一个值进行事故演习，对预案编写和预案演习结果进行考核考评，并将考核结果直接与个人当月绩效挂钩。"话音刚落，刚进班组的大学生小张第一个说："预案由谁去考核呢？又怎么保证结果公平呢？"

为了保证考核的公平、公正、公开，班长小韩又邀请到方式班专家赵师傅和唐师傅来负责考评打分，最后大家通过投票表决确立了新风险预案编写及考核方案。经过一个月的试点实施，大家对编写情况和考核结果议论纷纷，对实施的新方案有赞同的也有反对的。预案编写质量高、反事故演习表现好的员工绩效考核自然高。在交接班的时候班组小周看着自己的考评表笑着说："这回感觉自己的努力工作得到了回报，终于可以多劳多得了呀！"但绩效考核分数低的员工虽然嘴上抱怨，之后对预案编写和预演工作也渐渐变得积极认真起来。班里有个别调度员积极性很高但业务能力不足，小韩便组织班组骨干力量对其进行技术帮扶，争取在最短的时间里帮助业务水平落后的员工进步，从而提高班组整体的技能水平。

**思考3** 班长小韩引入考核机制的新风险预案编写模式有哪些亮点？

### 党建融合，创优争先促进步

为了建立浓厚的安全氛围，班长小韩考虑发挥班组党员比例高的优势，打破班组以往随机分配运行人员的传统，合理优化安排党员这一红色资源，确保每个值至少一名党员。但这个想法还未实施就有人反对，班里老员工黄师傅找到班长反映："现在班里预案和预演都还搞得不错，为什么还要搞竞赛、搞党建融合呢？"小韩听到老师傅向他反映问题，心想有这种想法的同志肯定不止一个人，于是他分别找到这几位同志做思想动员工作："安全管理没有终点，搞竞赛、搞党建融合是把安全融入大家心里，从而指导班组安全工作，目的也是为客户更好的服务。"

经过班里党员同志持续给他们做思想工作，思想上落后的同志渐渐地接受了"党建＋"业务的开展。通过践行"三亮三比"促进值间竞争，将每个月的考核结果在班组公告栏中公示，对一直表现好的同志重点关注并推荐给组织考察。经过半年来的实施，在班组内部建立起了小型战斗堡垒，一方面班组安全管理水平明显提升，另一方面班组内部逐渐形成了你追我赶的工作氛围，调度员的党建思想水平也得到了显著提升。

看到"党建＋"安全业务实施的效果，班长小韩对班组安全管理工作心里越来越有底了，实践证明，新管理方式是有效的。但此时小韩并没有沉浸在喜悦当中，而是在探索"党建＋"业务的延伸性，以点带面，把党建工作融入班组的日常工作中去。从一开始风险预案管控到后来变电站启动风险点预控、用户变值班员培训等工作都有党建思想的融入，并通过建立党员示范区，积极影响整个调度工作安全氛围。看到班组工作中都有党建融入，班里黄师傅说："一开始我还不理解，现在看到党建融入安全工作开展地有声有色，看来我也要多向党员同志看齐了，补补课，争取赶上年轻人。"

班长小韩对于"党建＋"方案实施过程中反馈的班组安全管理问题进行梳理、分类，制定"问题整改清单"，将问题整改落实到人，定期对整改问题的情况进行追踪和检查，直至问题解决和完善。而对于业务能力强但思想麻痹大意的同志，组织学习党的政策方针、观看党史纪录片和参观革命烈士纪念馆等活动，对其进行督促和引导学习，用党的新思想来武装他们的大脑，指导安全工作落地见效。通过严格实施"党建＋"安全业务，小韩所带的调控中心地

**思考4** "党建＋"业务应该从哪些方面着手？

调班，调度员电网应急处置能力显著提升，电网出现突发故障时，用户恢复送电的时间比以往缩短了一半。同时，班组内部涌现出3位入党积极分子，1位优秀党员。

## 问题解析

**思考 1** 传统调度安全管理模式为什么效果不佳？

**解析** 事故预案由班长编写，风险点值间传达形式单一，缺乏反馈和监督考核。

事故预案编写是调度班组预控电网安全风险一种非常传统的管理手段，也是班组长日常工作的重要事项。班长在交接班的时候向班员传达电网风险点及应对措施，班员对电网事故预案内容仅仅是表面上的了解，班组内部缺乏交流和演练，不能对电网调度安全产生积极影响。班组安全管理仅靠班长对班组成员单向传达，班员被动接受信息，没有主动反馈，缺乏互动性，不能有效调动班员的积极性。并且传统调度安全管理过程缺乏对班员的表现进行考核和监督，大家思想认识不够，效果自然不佳。

**思考 2** 班长小韩制定的轮值编写方案为什么没有取得显著成效？

**解析** 写好写差都一样，流于形式必失效。

（1）编写制度不完善，执行效果不理想。班长小韩推行的轮值编写方案，考虑的不够全面，对执行效果预测过于乐观。结果是内容编写流于形式，没有编写任务的班员对预案漠不关心，事故预案没有预演缺乏实战性，导致调度员的应急处置能力未达到预期目标。虽然大家都参与了，但只是蜻蜓点水式的参与，对班组安全管理提升效果不佳。

（2）缺乏考核，没有与绩效挂钩。初步探索的安全管理方案由于没有激励制度保障，又缺乏相应的考核评价机制，所以班组成员对待事故预案编写态度不一样，没有认真地进行事故预案编写。对事故预案编写的质量不进行考核评价，结果没有与班员的绩效挂钩，就难以让全员重视起来，因此执行力和执行质量就不高。

**思考3** 班长小韩引入考核机制的新风险预案编写模式有哪些亮点？

**解析** 形式多样，外部激励，共同进步。

班长小韩制定的新风险预案编写模式在轮值编写的基础上进行了较大改进，引入了考核评价机制，主要亮点如下。

（1）编写预演并重，多形式参与。小韩制定的新风险预案编写模式在轮值编写的基础上增加了随机预演环节，将原先没有编写任务的调度员调动起来，倒逼大家积极主动去学习事故预案，通过全员多形式参与实现了班组安全管理的目标。

（2）考核考评，严格执行。仅仅让全员参与到安全管理中还不够，缺少外部激励措施，大家仍然不会百分百付出。为了充分发挥调度员的主观能动性，对预案编写和演习结果进行考核评价，并将考核结果直接与个人当月绩效挂钩，从而激发大家的工作积极性，主动、认真地完成班组安全管理工作。

（3）技能帮扶，共同进步。针对新风险预案编写模式执行过程中出现的问题，比如有些调度员积极性很高但业务能力不足，小韩组织班组骨干力量对其进行技能帮扶，在最短的时间里帮助业务水平落后的员工进步。

**思考4** "党建+"业务应该从哪些方面着手？

**解析** 党建工作融入安全管理业务中，内外激励促进安全生产。

如何找准融入安全工作的切入点，真正将党建工作理念落实到安全管理业务中，需要把握以下几点：

（1）"党建+"资源优化，思想引领。在班组日常安全管理中，党员同志积极发挥带头模范作用，做好安全思想宣传工作，积极引领思想落后的调度员，高质量完成风险预案的编写和事故预案演习等安全工作。

（2）"党建+"工作考核，强化责任。将党建工作中的"三亮三比"模式引入到班组安全管理中来，通过评选公示的方式增加杰出调度员的自豪感和荣誉感，充分发挥先进典型的正向辐射作用，在班组内营造出创优争先的良好氛围。对考核落后的调度员要督促其自查问题，提出针对性的整改措施，通过查摆整改制度的实施，增强大家的紧迫感和责任感。

（3）"党建+"安全文化，凝心聚力。建设安全文化家园作为一项班组重点工作开展，发挥班组党员同志的先锋模范作用，发挥运行班的战斗堡垒作用，用党建思想引领班组安全管理，将班组安全管理工作提升到新高度。同时，在班组内部注重作风建设，每个值都以党员的严格标准要求自己，在风险预案方面做到精益求精，将安全思想融入班组安全管理的每一个细节中，显著提升了班组安全管理水平。

## 要点点睛

（1）班组安全管理中班长不能仅做传话筒，还要让班员成为班组的管理者。

（2）再周密的安全管理方案，没有内外激励只会事倍功半。

（3）"党建+"安全需多形式、深层次融合，以点带面，知行合一。

（4）良性的值间竞争可以促进班组员工更好地合作和进步。

## 知识链接

### SWOT 理论

"SWOT" 是 Strength（优势）、Weakness（劣势）、Opportunity（机会）、

Threat（威胁）这 4 个英文单词的缩写，这个模型主要是通过分析企业内部和外部存在的优势和劣势、机会和威胁来概括企业内外部研究结果的一种方法（见下图）。

| 外部分析 ＼ 内部分析 | 优势 S<br>1.<br>2. 列出优势<br>3. | 劣势 W<br>1.<br>2. 列出劣势<br>3. |
|---|---|---|
| 机会 O<br>1.<br>2. 列出机会<br>3. | SO 战略<br>1.<br>2. 发出优势利用机会<br>3. | WO 战略<br>1.<br>2. 克服劣势利用机会<br>3. |
| 威胁 T<br>1.<br>2. 列出威胁<br>3. | ST 战略<br>1.<br>2. 利用优势回避威胁<br>3. | WT 战略<br>1.<br>2. 减少劣势回避威胁<br>3. |

SWOT 理论

# "运维一体化"形势下强化变电班组管理
## ——班组安全建设引发的思考

**摘　要**　实践出真知。本案例描述了 B 市供电公司 A 运维站在"三集五大"变革中,增加了运维一体化 100 项工作任务后,3 位班组长从发现人员在安全管理上有所松懈,到对安全管理不断探索,最后通过多项举措实现安全管理的过程。通过案例分析了安全管理必须加强人员配置、提升技能水平、安全管理、绩效激励等关键要素,全面提高班组安全管理水平,为班组更好地提高安全管理水平提供了借鉴。

**关键词**　安全管理　技能水平　绩效考核

## 情景聚焦

国网 B 市供电公司于 2012 年 9 月按照公司新的管理要求,改建为运维一体管理模式。B 公司运维站某班组现有员工 13 名,其中班长 1 名,副班长 2 名,班员 10 名,平均年龄 37.79 岁,集中维护 B 市电网变电站 11 座,主变总容量为 1634MVA、220kV 线路 17 条，110kV 线路 31 条，35kV 线路 12 条，10kV 线路 200 余条；担负着 B 市中核心区、城东并辐射至 B 县区域的供电任务。

自运维一体化工作开展以来，各运维站班组人数不断减少，工作逐渐增多。以前的运维站每值 3 人值班，上班一天休息两天，这种上班模式已不能满足工作要求。人少活多的矛盾，造成在市公司安全检查中各种"小问题"层出不穷，导致班组安全形势日益严峻。在短时间内令庞班长、余班长和叶班长 3 位"小管家"愁眉不展。

### 值班模式不合理，需合理配置人力

按照国网公司新的管理要求，运维一体化工作划归变电运维室，变电运维室还增加了 100 项运维一体化的工作，工作量较之前翻了 5 倍。

某天 1 号变电站全停电，需要 4 个站配合操作，庞班长可急坏了，先根据任务排兵布阵，再逐个打电话通知："小郑，五一你有空加班吗？" "班长，你忘啦，上次我代班你安排我五一调休呢！"就这样，拨了好几个电话后还缺两位工作人员，只能安排两位班长顶上。由于人站比例较低，班组长要冲到一线，这样导致班组长在管理方面无暇顾及。

运行班每个月上 10 个班，共计 240h。长时间工作导致运行班员身体疲惫，容易发生误操作事故。一次余班长检查设备时发现有个不用的保护只退了硬压板，软压板未退。值班员小黄说："那天跑了 3 个站，整定了 12 条线路定值，到最后有些晕了，给忘了。"余班长说："工作忙的时候切忌不可大意，尤其是整定定值，没有任何闭锁措施。所幸这次硬压板退掉了，要不然造成保护误动可不得了！"

庞班长思前想后，认为应该改变现有的值班模式。经过三位班长一致讨论，大家觉得变电运维主站宜采用"2+$N$"值班模式。"2"为至少 2 名 24h 值班人员，主要负责值班期间的应急工作，采用轮换值班方式。"$N$"为正常白班人员，负责巡视、操作和维护工作，夜间不值班（必要时可留守备班），白班人员保持 24h 通信畅通，随叫随到，计划工作提前安排相应人员。同时为了应对变电站的突发状况，又制定了应急值班批次：第一批次为当值值班人员，负责单一站点的操作或一般异常处理；第二批次为白班人员（包括班组长），负责多站点的配合操作或异常处理；第三批次为运行对值备班人员（如一值运行班时，三值备班）。自从合理配置人员安排之后，变电站人员分工明确，各司其责，不互相推诿，之后的工作开展更加井然有序。

> **思考 1** 新的值班模式有什么亮点？

### 专项技能培训，促进专业成长

3 位班长深刻意识到技能提高对安全提升的重要性，为了提高班组员工的技能水平，结合一线的操作实践，大家集思广益，在多方面进行了详细安排。负责班组培训的余班长开始筹划：一是编写培训计划，针对一、二次设备，分门别类、循序渐进地进行培训；二是针对事故案例培训，就事论事、有的放矢；三是学看图纸，让班组成员知其然亦知其所以然；四是提炼总结，组织专题分析。

为了验证学习效果，庞班长将 3 号变电站扩建 2 号主变压器调令发给 3 位年轻班员，让他们一周后提交上手填操作票，一个月过去了也没有人交上。班长发现培训实际成效不如自己的预期效果，计划专门带带他们，可是上心的年轻班员人数不多。平时的培训也是光班长三人使劲儿，学习的人却心不在焉，培训员输出 100%，班员输入 10%。"唉！老师傅们学习劲头不足也就算了，年轻人怎么也不上心呢？"余班长有点灰心了。

3 位班长做了深刻思考，在查阅了大量有关提高班组技能水平的书籍后，结合运维站的特点，决定采取"营造氛围、广泛创新、帮助提携、思考促学"的方式来加强学习。运维站引进各类图书 300 余册，精心打造"职工书吧"，同时班组长不断充实、完善变电运行技能试题库，深入开展反事故演习和现场技能操作考核，全面编写设备异常分析手册。"提高技能水平离不开创新。"叶班长说道。于是，三位班长制定了《A运维站技术创新活动实施方案》，形成了以班组长为核心，以年轻的技术骨干为主力军的学习小组。余班长提议应该多关心青年员工，3位班组长便逐个找青年员工谈话，了解员工真实想法，引导青年员工摆正姿态、调整心态。这些措施实施以后，班组员工更加脚踏实地努力工作。"平时我们都是输出式教育，换个教育方法会不会更好点呢？"庞班长带着这样的疑问，又想到了自主式的学习方法，鼓励员工"打破砂锅问到底"，主动提出不懂的问题。之后又针对大家的疑问举办了技术专题讲座。实施一段时间之后，取得了一定的效果，看到员工们的进步，庞班长感到很欣慰。

> **思考 2** 如何提高员工工作积极性，加强学习和创新能力？

## 加强安全监管，提升安全水平

安全管理，基础工作是基石。目前班组安全基础工作效果始终不尽人意，到底是什么原因？3位班长仔细琢磨人员结构，发现30岁以下有3人，30~45岁有2人，45岁以上有6人，人员年龄结构出现"两头重、中间轻"的情况，班组人员中流砥柱力量不足，导致传帮带有脱节现象。通过仔细分析班组的各项安全基础管理，发现有很多薄弱的地方。负责安全管理的叶班长说，我们站主要有以下问题：一是班组对安全活动缺乏有效监督；二是安全工器具管理有所疏漏；三是"春、秋"检查流于形式；四是对"三防系统"疏于管理。此外，班组安全员有点为难，他负责所有的安全工作记录、安全工器具管理和两票管理等工作，显得分身乏术。余班长说："我建议，把安全管理纳入绩效考核，同时将安全类工作合理分配，不要压在一个人肩上。"其他两个人都觉得有道理。叶班长说："除了将安全管理纳入绩效考核，还可以将每月组织的安全活动和各类专项安全检查两方面工作细化落实。"就这样，3 位班长商讨之后，对提升安全水平工作又有了新的方向。

首先，要求全站职工每月均认真学习安全规程和各类安全文件、通报，并针对本站自身的特点开展"每日专项检查活动"。其次，班组长对安全工器具管理更加重视，将工作进一步细化拆分，合理分配给相应管理员，并对安全工器具管理制定工作计划，按照计划执行不会遗漏工作项目，并将此纳入绩效考核内容。最后，运维站认真开展"春、秋"季安全大检查、迎峰度"夏、冬"、高中考保供电以及应急抢修等各类专项安全检查，对查出的问题及时安排整改。新的举措实施以来，班组安全管理水平有了较大提升。

> **思考 3** 提高班组安全管理水平的措施有哪些？

### 变革考核，成效突出

鉴于现场存在的诸多顽疾，3 位班长进行了充分讨论，发现根子在班组绩效考核上。现在的绩效考核存在很多问题：一是平均分配现象严重，对员工约束力不强；二是不同岗位没有档级区分，很难实现正向激励；三是工作态度两极分化，一旦出现"干得多错得多"的情况，就不再积极主动工作，认为"出力不讨好"。

绩效考核实施以后，确实起到一定的激励作用，但是也产生了诸多问题。比如小潘说："我比别人干得多，错的也多，扣分也多，那些不干活的反而不扣分。这不公平！"这是确实存在的问题，如何能利用绩效考核激励人员安全生产？这令班长们十分头疼。

见此状况，3 位班长陷入了沉思，经过一段时间的冥思苦想，班长们决定实施新的考核方案。班长们首先在班组例会上公布绩效考核细则，并和员工们深入讨论，听取大家的意见。通过制定绩效考核细则来彻底避免"拍脑袋"打分现象。班长们采用 KPI 指标进行考核，但实行绩效考核之后，班组各员工比较重视的 KPI 指标，各项工作都开展很好，这样又无法拉开绩效档次。针对这样的问题，班长们又针对工作中出现的新薄弱项进行考核，动态调整 KPI 指标，以此循环。

看到班组成员都努力挣高分，很多"小毛病"自动解决后，3 位班长都越来越有信心了，说明这样的绩效考核是有效果的。趁热打铁，班长们又不断完善现有的考核制度。在考核中既有扣分项，又有加分项。鼓励员工在巡视中主动发现设备缺陷，并进行应急处理。而对于误操作或误操作未遂加大扣分力度，进行严厉惩罚。在下一月的考核中，奖金就逐渐拉开了差距。员工们也变得更加积极起来，有的工作甚至可以提前做完，为班组工作营造了积极的工作氛围。

> **思考 4** 如何运用绩效考核激励安全生产？

## 📖 问题解析

**思考 1** 新的值班模式有什么亮点？

**解 析** "2+ N"值班模式，优化人员配置，提升人力资源利用率；合理配置运行班工作时间，提高休息质量；明确白班和运行班职责分工，提升工作效能。

（1）运行班组人员每次值班总人数降低，但人员利用率提高，无人力闲置。

（2）运行班人员上班一天休息三天，休息更充分，确保工作人员上班期间精力集中，工作准确率有效提升。

（3）白班人员负责巡视、操作和维护工作，多站点的配合操作或异常处理；运行班人员负责单一站点的操作或一般异常处理；并确定应急值班机制。合理分工，各司其责，不互相推诿，整体工作开展更加井然有序。

**思考 2** 如何提高员工工作积极性，加强学习和创新能力？

**解 析** 营造氛围、广泛创新、帮助提携、思考促学，提高运维站值班员技能水平。

（1）精心打造"职工书吧"。班组以职工书吧为阵地，利用各类电教数码设备，开展各类安全生产技术培训，进而全面提升全员的技术水平与实际问题的处理能力。

（2）广泛开展技术创新。制定《A运维站技术创新活动实施方案》，学习小组结合班组机动灵活、直面现场的特点，以创新的思维和意识，不断解决实际工作中遇到的各类困难，全面提升班组技术水平。

（3）帮助提携，做好传帮带。青年员工是企业的主力军，如果青年员工对技能都不上心，企业很难长久发展。3位班长关心青年员工成长，将多年来老师傅们留下来的宝贵财富传递给他们。

（4）开展专题培训，思考促学。打破单相输入的格局，鼓励班组员工自主学习、积极思考。班组长针对这些问题有针对性地准备技术专题。对于自己发现的不懂的知识，员工才会用心去听。另外在日常工作中遇到麻烦事小事化大，揪出问题，及时探讨充分分析，化培训于无形。不仅可以提高技能水平，也为现场工作增加了安全筹码。

**思考 3** 提高班组安全管理水平的措施有哪些？

**解 析** 强化安全管理，夯实安全基础。

（1）扎实开展各种形式的安全活动。运维站每月均组织全站职工参加安全活动，并针对本站自身的特点开展"每日专项检查活动"，班长、安全员不定期进行抽查，不断深化全员的安全意识。

（2）严管安全工器具。运维站将安全工器具管理纳入绩效考核内容。绩效管理的形式考核具有严肃性和规范性的特点，根据此特点使安全工器具管理分工明确。3 位班长在巡视到变电站时重点关注安全工器具,对发现的问题及时整改。

(3)认真开展各类专项安全检查。运维站认真开展各类专项安全检查,查出问题的及时整改,确保了全站设备的正常运行。坚持各类专项安全检查,是及时发现消除安全隐患、预防事故发生的重要措施。

**思考 4** 如何运用绩效考核激励安全生产?

**解 析** 完善绩效考核流程,动态调整 KPI 指标,灵活运用绩效考核结果。

(1)完善绩效考核流程。在班组例会时,全员讨论并表决,确保整个程序"公平、公正、公开"。搜集信息,制定考核细则,组织宣贯征求意见,最后进行考核并公示。

(2)动态调整 KPI 指标。基于工作中出现的新问题,动态调整 KPI 指标,不断优化工作中的薄弱项,起到反馈调节作用。引入加减分考核方式,拉大分值差距,体现员工工作能力和水平的差异。

(3)结果运用,挂钩奖金。将绩效奖金与考核结果相挂钩可以充分调动员工工作积极性,促进员工高质高效地完成各项工作,增强激励效果。

## 要点点睛

(1)解除上班模式制约,发挥劳动生产力。

(2)技能培训激发员工主动性,不能一味输入。

(3)安全基础管理扎实开展,增加管控力度,不能听之任之。

(4)绩效考核有赏有罚,不偏不倚。

## 知识链接

### 风险矩阵图

风险矩阵图（见下图），又称风险矩阵法（Risk Matrix），是一种能够把危险发生的可能性和伤害的严重程度综合评估风险大小的定性的风险评估分析方法。它是一种风险可视化的工具，主要用于风险评估领域。

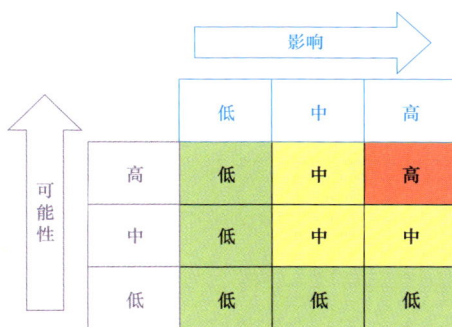

风险矩阵图

风险矩阵图的使用方法如下。

（1）危害识别：列出需要评估的危险状态。

（2）危害判定：根据规定的定义为每个危险状态选择一个危险等级。

（3）伤害估计：对应每个识别的危险状态，估计其发生的可能性。

（4）风险评估：根据（2）和（3）的结果，在矩阵图上找到对应的交点，得出风险结论。

# 人人都是管理员
## ——班组安全管理磨炼记

**摘　要**

宝剑锋从磨砺出，梅花香自苦寒来。本案例描述了 A 市供电公司电气实验班尹班长针对班组成员对事故教训汲取不到位、现场工作安全流于形式、习惯性违章等问题，通过对安全管理手法的不断探索，摸索出了一种有效的安全管理制度的过程。案例分析了班组安全管理中安全会督促效果持久力度不足、单个安全员能力有限等问题，总结出班组安全管理工作要充分发挥每位员工的安全主体作用和主人翁作用，才能更好地调动员工安全工作的积极性，推动班组安全生产、稳定发展，实现企业的长治久安。

**关键词**　班组安全会　安全管理　安全员

## 情景聚焦

　　看完事故通报，A 市供电公司电气实验班尹班长眉头紧锁，此次事故与电气试验息息相关，作为电气试验班的班长，他深感压力重大。电气试验班作为电力行业的一线生产班组，一直以来因现场作业安全风险高而备受关注，如何让班组员工结合此次事故以及自己平时在工作中的所作所为，深刻反思自身存在的不足、提高安全意识、提升班组安全管理水平，已经成为尹班长的当务之急。

### 事故反思，流于形式

· 接收到事故通报之后，尹班长立即组织班组成员召开班组安全生产会，对事故案例进行了集中讨论与学习，由于此次案例与班组自身工作相关性高，而且按照工作计划，班组不久就要开展类似工作，班组成员各个表情严肃，学习讨论的积极性相对以往明显高了许多。班组成员有的对事故中的违章行为进行了评价与总结，有的对类似事故的防范措施提出了个人的看法，有的结合自身在类似工作中存在的不安全行为进行了反思，有的则对电气试验工作的危险性发表了自己的感慨。会议持续了近两个小时，非常成功。会后，每个班组成员都结合此次事故撰写了深刻的反思报告。但是，安全会过后没多久，班组员工安全意识就又淡薄起来，在执行任务时，随意性大，不按规章制度办事，安全措施不到位。甚至还有违章指挥、违章操作的错误行为，工作时缺乏监护管理与自我防护能力，违章现象又"故态复萌"。看到这些，尹班长陷入了沉思之中，安全管理不能出自口头、流于形式，不能"梦一时、糊一阵、走过场"，一定要制度化、规范化、持久化。

> **思考1** 组织班组安全会的作用是什么？

### "人人都是安全员"制，崭露锋芒

为解决班组人员安全意识持久性不足的问题，尹班长组织班组骨干人员，通过细微观察、讨论，一致认为班员安全责任心不强是导致问题发生的主要原因。按照传统做法，一个班组一般设定一个安全员，负责班组日常全部生产工作的安全管理，而班组工作人员往往会将安全生产归结为安全员一个人的责任，再加上现场工作点多面广，一个安全员往往心有余而力不足，难以做到面面俱到；另外，传统的做法中只有对安全违章的惩罚，导致工作人员经常会产生逆反心理，工作积极性不够，久而久之会形成"各人自扫门前雪，休管他人瓦上霜"的心理，消极对待安全生产工作。

既然发现了产生问题的原因，那就要从根本上解决问题，尹班长组织班组骨干人员通过查阅资料、反复开会讨论，最终制定了"人人都是安全员"的班组安全管理制度。所谓"人人都是安全员"，就是在每天的现场工作中，由班组员工轮流担任现场工作的义务安全员，义务安全员要认真履行安全员岗位职责，现场查隐患、查违章，严控工作质量，负责对查处的安全隐患进行登记并督促整改，班组根据所查出安全隐患的重要程度，给予义务安全员一定的奖励。另外，义务安全员有制止并举报违章的权利和义务，每制止一起违章行为的发生，班组也会给予一定的奖励。充分发挥每位员工的安全主体作用，奖励与处罚并举，是该项制度的主要创新之处。

制度一出，便在班组内部引起了不小的轰动，人人都跃跃欲试，期待尽快轮到自己做义务安全员。在现场实际工作中，该项制度起到了立竿见影的效果，义务安全员充分发挥自身安全主体，以安全管理主人翁的姿态，按照生产计划，对每天的工作提前进行风险点辨识。工作现场严格按照预估的风险点进行隐患排查，没有预估的风险点及时进行补充，对工作人员的不安全行为大胆指正，工作人员对于这种指正也不再持有抵触心理，而是欣然接受，因为每个人都有权利逆转的时候。制度实施一段时间后，员工的安全意识不再淡薄，而是警钟长鸣；工作随意性大、不按规章制度办事的现象得到了很大的改善。违章指挥、违章操作行为也不存在了，每个员工的安全主体作用得到充分展现，工作现场的安全形势呈现积极、乐观的态势。

**思考2** "人人都是安全员"制有什么亮点？

### 趁热打铁，完善制度

通过严格实施"人人都是安全员"制度，现在尹班长所在的电气试验班，无论从作业文本（工作票、作业质量控制卡、试验方案），还是现场工作，都很难找到违章现象，班组全年无重大、较大违章，低级、习惯性违章行为呈直线下降趋势，班组员工安全主体意识强，始终将标准化、安全化、杜绝违章放在工作的第一位，真正做到了"违章不在我身边、安全始终在心中"，班组安全生产一直保持良好的态势。

看到自己主导制定的"人人都是安全员"制度效果斐然，尹班长喜出望外，同时趁热打铁组织班组骨干人员进一步对该项制度进行了完善，具体内容如下。

（1）扩大义务安全员的范围，工作现场人人都可以记录安全隐患、违章行为，将记录详情交班组负责人，班组负责人根据违章的严重程度给予一定奖励。

（2）定期组织安全知识、安全技能培训，全面提升义务安全员风险辨识、安全管控水准。

（3）建立义务安全员考核机制，对现场存在安全隐患、违章行为，义务安全员未能指出、制止的，班组会延长其轮换周期；反之，对表现好的义务安全员，班组会缩短其轮换周期。

（4）班组每月评选月度优秀义务安全员，年终评选年度最佳优秀义务安全员，分别给予一定的奖励。

**思考3** 如何落实"人人都是安全员"理念？

## 📝 问题解析

**思考 1** 组织班组安全会的作用是什么？

**解 析** 安全会是提高员工安全意识的手段之一，但不能持久保持。

班组安全例会是班组安全生产管理中的一项重要手段，可以督促班组员工总结自身在安全方面存在的不足，从事故案例中吸取经验教训，提高安全防范意识。但是，安全责任如果不落实到每个工作班成员身上、不充分发挥每个班员的安全主体作用，工作班成员就会有"事不关己、高高挂起"的心态，安全责任最终只能落在安全员或班组长身上，难以对安全形成全面、持久的管控态势。

**思考 2** "人人都是安全员"制有什么亮点？

**解 析** 发挥员工安全主体作用，增强责任感；全员参与；奖惩并举；逐级落实安全责任。

（1）发挥员工安全主体作用，增强安全责任感。"人人都是安全员"提倡员工是安全管理的主体、主人翁，充分发挥每个员工的主观能动性。该理念对员工认识安全工作的重要性，提高安全责任心，增强安全工作的主动性、自觉性，有着极为重要的促进作用，能够从根本上预防事故的发生。

（2）全员参与，全过程管理。员工处在安全生产的各个环节，人人肩上有责任。"人人都是安全员"将每一个人都纳入安全管理系统中，调动所有员工的力量，各尽其责，环环把关，全员、全过程抓，从点滴小事做起，从每个人规范自身的行为做起，把住细节关，抓住安全生产过程中的每一道工艺流程、每一个环节的安全工作，做到安全工作事事有人抓，处处有人管。

（3）奖惩并举，奖励优先。通过处罚的方式可以在一定程度上约束员工的行为规范，但一味地处罚并不能产生积极地刺激，反而会让员工产生抵触心理，引进奖励机制，并将奖励放在优先的位置，可以有效激发员工参与的热情，提高员工工作积极性。

（4）安全责任逐级落实。"人人都是安全员"的要求，紧紧抓住了"人"这个安全工作的行为主体，明确了上到领导干部，下到普通员工，每个人都担负着不可推卸的责任。

**思考3** 如何落实"人人都是安全员"理念？

**解析** 紧抓"人"这个安全工作的首要因素，明确员工的安全主体作用和主人翁地位；组织全员参与，合理分配工作；做好培训宣传。

（1）提高主人翁意识。开展主人翁意识教育，让职工全面理解主人翁的含义，认清自己的地位和责任，明确主人翁的权力和义务；进行主人翁形象教育，用典型形象和典型故事教育，引导职工"做什么样的主人"，激发职工当家作主的热情；固化职工主人翁意识，加强制度管理，从制度上保障和维护职工的合法权益，尊重职工的主人翁地位。

（2）组织全员参与。全员参与是一种安全理念而非口号。不是让员工被动地服从，而是引导、激励其积极自主地参与安全管理与安全改善。班组可以根据自身情况，鼓励员工参与安全方针、制度、作业规程的制订、修改，参与每日安全员活动、轮流当安全员、角色换位、邀请经验丰富的员工参与事故调查，参与安全文化活动等，充分调动全员参与班组安全管理的积极性。

（3）因地制宜，合理分配工作。班组在制定制度时，要切合本班组的实际情况，综合考虑各方面的因素，使安全员不同职责角色与班组人员的个性化特长相匹配，人尽其才。制定奖惩机制讲求公开、公平、公正性，物质奖励与精神奖励并举，确保奖惩程度能够调动班组成员参与的积极性。

（4）做好培训宣传。针对性地开展知识培训，制订培训计划，配备师资力量，编制切合实际的培训教材，确保员工掌握基础知识和管理技能，提高员工分析、解决现场问题的能力。利用板报、班前活动、知识竞赛等多种形式深入开展宣传活动，大力宣传"人人都是安全员"的重要意义，广泛报道先进典型事迹，营造"人人都是安全员，个个都负安全责"的舆论氛围。

## 要点点睛

（1）全员参与，责任落实。

（2）增强主人翁意识，发挥责任主体作用。

（3）奖惩并举，激发动力。

## 知识链接

### 如何防止责任分散和责任扩散

（1）建立有机的递进责任链。企业要按照组织结构和工作流程的构建，形成一种机制，往高层方向移动责任递增，往底层移动责任越来越具体。每一个节点必然要有一个责任主体，任何一个节点往上追索形成一个链，往下追索有众多的"节点"形成一个责任网。

（2）组织流程遵守"工作上级"的原则。在组织流程和组织结构设计时，在每一个责任"节点"上，要清楚明确责任主体的职权、责任，同时要明确规定各个责任主体之间的连接部分的责任，在实际工作中，很多组织流程运作过程往往忽略了连接部分的责任归属，很多问题就发生在任何一方都认为对方应该负责的"连接部分"。解决现有组织结构这个固有缺陷的方法之一，就是在整个组织内部建立共同遵守的"工作上级"的原则，任何一个部门的发起工作需要别的部门协助时，工作发起者为业务上级，配合者为业务下级，这样有利于推动工作，消除连接部分的责任死区。

如何防止责任分散与扩散

# 老刘"安全铁腕"炼成记

**摘　要**　持之以恒，方能成功。本案例描述了 A 县供电公司变电运维班班长老刘在班组会议后，组织班组动员会，传达上级要求、提出互相监督，结果收效甚微。经过不断改进以及对安全制度管理的不断探索，最后创新日例会制度。通过案例分析了安全管理必须要坚持日例会管理，统筹规划安全巡视，将每个变电站的情况了如指掌，为班组开展安全管理工作提供了借鉴。

**关键词**　安全管理　相互监督　日例会

## 情景聚焦

　　A 县供电公司开完班组长会议后，面临变电设备受到大负荷和高温带来的双重考验，多数班组长长叹一口气，内心无比的惆怅，但作为资深的变电检修班老班长老刘深知所有工作都要以安全为前提，加强安全管理不是自己一个班长能独立完成的，需要整个班组成员齐力完成。如何更好地管理安全操作，将安全规范落到实处是他的重要工作。

### 动员大会，推三阻四

与往常一样，开完会老刘就回到了工区班组，整理思路，在笔记本上写下开会的要点，通知全体班组成员到会议室召开班组会议。会议上，老刘强调保证全县范围内的各个变电站安全而又可靠的运行是工作的核心，随后向全体班员宣告了所在班组接下来需要完成的任务指标，并给各组员安排了具体任务。在班组会议上再次对变电检修在运维检修生产一线的重要性进行了说明，希望班组全员贯彻落实公司会务中关于变电的各项工作任务，大家要以昂扬的精神状态仔细、认真、高水平、高标准地完成自己的本职工作。发表讲话之余，老刘给大家鼓励的眼神，大家显得更加胸有成竹。看到全体组员在会上的表现，老刘心里更加自信，今年我们变电检修班能够在年终考核中被评为先进班组了。然而实际情况却与老刘预期的先进班组相差甚远，班组成员会后几天，大家似乎还有干劲。可是几天过后大家对待工作便开始推三阻四，在班组会上的激情消失殆尽。老刘看着大家这种状态心里特别焦虑。

### 互相监督，初次告败

班组会上的强调与说明并没有实质性的改善效果，班长老刘看在眼里急在心里。一番苦思冥想后，他提出一个大家互相监督的方案，希望通过互相监督来加强对整个班组的管理。经过仔细考量后，老刘第一时间召开了班务会。在班务会上，首先对之前出现的问题进行了探讨和分析，其次宣布了在今后的工作中实施大家互相监督的安全管理方案。由于这种方案宣布和实施比较唐突，也是之前没有过的措施，班组成员表面上都回应没问题，但是在工作中依然我行我素，平时努力工作的人仍然努力工作，平时消极怠工的人还是消极怠工，对待安全规范丝毫没有改变。当然，也是因为老刘的监督方案还不成熟，班组内的同事大都相处多年，在互相监督的问题上大家都拉不下脸面，都扮演"老好人"的角色，就连老刘本人有时也监督不到位，无法起到以身作则的示范作用。在工作中，有班员想偷懒时就直接和其他班员打个招呼，同作为一个班组的成员，大家就敷衍了事，丝毫起不到互相监督的作用。因此，一段时间下来，员工思想的积极性越来越差，任务的执行和工作的实施都存在很大问题，显然老刘的互相监督已经流于形式了，毫无效果。

> **思考 1** 为什么老刘的相互监督式的安全管理毫无效果？

### 例会巡视，成效凸显

见到这样的状况，老刘变得更加迷茫和无助，怎么样才能督促班组成员认真对待安全问题，做到防患于未然成了老刘的一个心结。在最开始的班务会上强调让大家互相监督，最主要的问题还是监督和落实不到位。互相监督在工作中太理想化，出发点是让大家在工作中互相督促，提高工作效率。但是大家日常低头不见抬头见，怕影响人际关系，从而导致互相监督名存实亡。这次老刘通过大家的商议，意识到规划和督促的重要性。经过一番深思熟虑后，老刘又组织班组全体成员召开了第三次班务会议，决定实行日例会制度。上班前根据工作任务制定好当天的工作计划和安排，每天早上上班第一件事就是开简短的日例会，把制定好的工作计划和安排播放给大家看。这样一天的工作任务简洁明了，每个组员心里都有了工作方向，不再杂乱无章。明确了当天的任务，就避免了"磨洋工"的出现，每个组员都有自己的工作任务，不会再像以前那样能够随意偷懒敷衍。

按计划开展外包单位对变电站的施工操作，变电运维班要同进同出，对操作队定期开展设备巡视，各操作队要做好开展变电站安全工器具试验，不得遗漏。对操作队开展设备巡视时，对照设备主人制，对变电站一、二次设备，特别是机构箱、端子箱认真排查。变电运维班定期开展变电站安全工器具送检工作。随着日例会的实施，整个班组的工作变得井井有条，老刘心里越来越有底了，说明日例会的办法是有效的。趁热打铁，老刘思考了如何更好地开展日例会，让日例会更加的精细化，他还专门准备了一个笔记本，将公司安排的任务精细化，制定好每天要完成的各项工作任务，一条一条地记在笔记本上，避免在日例会前急急忙忙的制定，减少了工作遗漏的可能性。

> **思考 2** 老刘制定实行的日例会有什么亮点？

### 坚持执行，立竿见影

通过坚持实行日例会制度，现在老刘所在的变电检修班基本没有工作拖拉和不合格的现象出现。每位班组成员各司其职，努力高质量地完成当天工作任务。日例会要每天坚持才会有效果，"三天打鱼两天晒网"式的例会起不到任何作用。对待安全隐患要做到零容忍，开展日常定期安全巡视，提升班组的规范行为，使安全管理持续有效的开展下去。

> **思考 3** 怎样进行高效的安全管理？

## 问题解析

**思考 1** 为什么老刘的相互监督式的安全管理毫无效果？

**解 析** 相互监督多数流于形式，没起到实质性的作用。

老刘推出相互监督的管理方案太过于理想化，班组上虽然制定了安全监督制度，但是效果不理想，班组内大多都是相处多年的同事，大家都担心影响人际关系，都愿意做"老好人"，有事情时基本都是互相打招呼，不能真正做到互相监督，反而成为相互掩护的小团体。

**思考2** 老刘制定实行的日例会有什么亮点？

**解 析** 能让班组成员高度重视各自每天的工作任务，加强安全巡视。

（1）高度重视。安全工作是班组健全落实安全责任的重要抓手，是推动公司依法治安的重要举措，每位班组成员要高度重视，各司其责，协同配合，不推诿扯皮，杜绝安全责任漏洞和盲区，才能确保工作高质量按期完成。

（2）强化工作目标。根据"依法依规、全面覆盖、以岗定责、务求实效"的原则，强化工作目标，提前做好每天任务的准备工作，明确每天该做的事项，统筹安排安全巡视，及时总结经验、纠正问题，对工作开展好、完成质量高的人员，树立典型，加强推广，对工作开展不到位，完成质量不高的人员进行通报批评。

（3）加强安全巡视。发动全员参与安全巡视，促使安全责任入脑、入心，提高全员依法履责意识，引导班组成员主动担当，自觉扛起岗位安全责任，确保依法全面履行安全生产主体责任。

**思考3** 怎样进行高效的安全管理？

**解 析** 提高安全意识；加强监控力度，精准消缺；坚持日例会，统筹规划工作。

（1）提高班组成员安全意识。提高班组成员安全意识，加强对安全生产规章制度及规程的学习，提升自身的业务技术素质。熟记制度规程条文，并深刻理解其含义，反思自己在工作中的不安全因素，自觉用制度和规程来规范自己在安全生产中的行为。

（2）加强监控力度，跟踪隐患，精准消缺。变电检修班在实现与变电运维班红外测温数据的时时共享的同时，及时建档保存，开展数据分拆。对于温度异常的设备，根据变电站负载情况和设备运行方式，按照设备故障缺陷等级，及时合理地制定检修方案开展精准消缺，为避免停电检修时发生设备过载，变电检修班利用夜间或凌晨负荷低谷间隙开展检修，在保障供电可靠性的同时及时高效地完成消缺工作。

（3）坚持日例会，有计划的统筹推进工作任务。坚持每天工作前召开日例会，将工作细化，让班组的每位成员都清楚自己当天的工作任务。加强安全巡视，用心观察，仔细发现，真正地做到防患于未然。班组进行工作任务安排时统筹规划，确保不遗漏、高效率的完成各项工作任务。

## 要点点睛

（1）制定安全管理不能太理想化，要符合实际。

（2）坚持日例会能实现高效的安全管理。

（3）工作要有计划性，加强监督，统筹规划。

## 知识链接

### 优秀现场管理标准

（1）危害识别：列出需要评估的危险状态。

（2）危害判定：根据规定的定义为每个危险状态选择一个危险等级。

（3）伤害估计：对应每个识别的危险状态，估计其发生的可能性。

（4）风险评估：根据（2）和（3）的结果，找到对应的交点，得出风险结论。

# 开工许可保卫战
## ——坚持原则　守住底线　确保合规合法

📋 摘　要

无规矩不成方圆。本案例描述了 A 省电力公司建设分公司总监老金在审查工程开工条件时，在施工单位不具备开工条件预强行施工的情况下，老金通过过硬的业务知识和娴熟的组织协调能力，充分运用监理手段，在寻得业主支持、取得施工单位理解和配合的情况下完善了开工手续，使工程开工合规合法，为后续工程建设顺利实施创造了条件，也体现了监理人在履职过程中坚持原则、守住底线的执业道德的事件。

🔍 关键词　开工把关　监理手段　合规合法　职业道德

## 🕐 情景聚焦

2017 年 7 月，业主单位组织召开某 110kV 线路工程建设协调会。该线路工程将跨越正在建设的 SHH 高铁线，业主单位和铁路部门协商在 2018 年元旦前将该条电力线路跨越此条铁路线，在此节点前，铁路部门将给予便利和支持（待高铁线挂网后，报批手续需半年）。为此，业主单位要求施工单位在一个月内完成开工准备，争取 2017 年 8 月底开工建设。

本着监察与帮助结合的思想，A 省电力公司建设分公司总监老金签发了一份监理工作联系单：提醒施工单位做好开工准备工作。施工单位在后续开工资料报审过程中，问题较多，甚至出现应付与抵触情绪。总监老金采取签发监理通知单、召开专题会、在施工单位强行施工时果断向业主单位汇报并签发工程暂停令等"组合拳"，最终寻得业主单位的大力支持和施工单位的理解，使得工程依法合规开工。

### 开工审查，严格把关

2017 年 8 月中旬，施工项目部向监理项目部陆续报送了开工报审资料，但报审的资料错误百出。为慎重起见，也为了防止错误太多审查有遗漏，老金组织各专业监理师对已报审资料进行会审，形成书面的文件审查记录反馈至施工项目部。但是，工程开工资料是一个系统，是有先后逻辑顺序、是需要相互支撑与佐证的，施工项目部改了这个漏了那个，就这样一次次的审查、一次次的退回、一次次的修改再报审。到最后，施工项目部明显有了应付与抵触情绪。

> **思考 1** 施工单位的开工手续和报审资料为何错误百出？

为统一思想和提高效率，老金提议业主单位提前召开第一次工地会议，参建单位介绍了各自的开工准备情况和存在的问题。监理项目部在会上也通报了施工单位在开工准备阶段存在的问题，并借此机会，宣贯了工程建设有关法律法规和公司有关规定。同时强调要求：

> **思考 2** 监理人如何才能审核发现施工单位报审资料及在施工过程中存在的问题？

工期再紧张，也需确保开工程序合规合法。施工单位也在会上承诺了限期整改完善。

### 第一次交锋

施工单位的承诺期限已到，监理项目部根据施工项目部已报审的开工资料进行验证，发现施工单位报审的作业人员非施工单位自有职工，也未进行分包申请，遂向施工单位签发了监理通知单（JL-001），要求施工单位整改，同时开工报审表未签字，并向业主单位进行了电话汇报。随后，施工单位报送了监理通知单回复单说明：本工程无分包，职工是自有人员。为此，监理项目部根据公司规定，要求施工单位提供施工作业人员劳动合同和社保证明等验证资料。施工单位无法提供，遂向业主单位发出了监理报告（JL-001），并组织各参建单位召开了工程开工审查专题协调会。

根据现场实际状况，该线路工程地质条件良好，基础坑深在 2m 左右，采用机械大开挖方式，安全风险较小，考虑到已运输到现场的工程材料和机械设备，以及二次进场将造成的资源浪费和民事协调难度，经协商：以基础单条腿为单元将已运输到现场的材料先期施工，材料用完即安全有序撤场，待开工手续完善后继续施工；但必须加强作业交底和安全监护，将风险提高一个等级监管，以更高一级的组织措施和技术措施将风险降到最低，确保施工安全。

**思考 3** 监理人如何才能督促施工单位整改落实？

### 第二次交锋

随着施工的进展，已进场的材料满足以单条腿为单元的工程量略有余量，监理部完成相关验收程序后提醒施工单位做好成品保护和撤场安排。但是施工单位却要赖了，以安全风险小、监管措施严、避免二次进场为由，想把该基础的"4 条腿"全部施工结束，且在和监理部沟通的同时，做着继续施工的准备。总监老金坚决予以拒绝，并向业主单位汇报及签发了工程暂停令（JL-001），业主单位也在第一时间支持了监理的做法。

### 圆满开工

针对施工单位存在的种种问题，老金组织参建单位召开专题会议，以法律法规和公司相关要求为依据，以监帮结合的思想为指导，分析未履行分包手续存在的安全隐患，特别是业主单位和施工单位的企业风险，提出整改建议，经过充分协调，有理有据，最终获得了业主单位的支持和施工单位的理解。经过两个月的整改完善，最终具备开工条件，总监签发了工程开工令。

> **思考 4** 监理人发出的指令如何得到业主单位的支持和施工单位的理解？

## 问题解析

**思考 1** 施工单位的开工手续和报审资料为何错误百出？

**解 析** 施工单位对工程建设程序和规程规范掌握不清楚；内部审核把关不严；存在"先上车后补票"及简化程序的想法。

（1）施工单位应建立培训学习机制。在工程开工前，组织相关部门和人员熟悉工程概况及施工的特点和难点，从人、机、料、法、环五个方面着手，建立健全项目施工管理体系，落实三级交底制度，使参建人员熟悉、了解工程概况，做到有的放矢。

（2）施工单位内部审批把关不严。针对报审的开工资料，部分资料需要施工单位在内部进行技术、质量、安全等部门的审核，存在问题已整改完毕，经单位技术负责人批准后才能报送监理审核；涉及危大工程项目的施工方案完成内部审核程序后还需勘查现场组织专家论证。

（3）施工单位往往抓住工期紧张这个招牌，简化需要履行的程序，或者抱着"先上车再买票"的思想，先让人、机、料等进场将工程干起来，简化程序或后续补充完善相关手续，这样就如同火车出发时车辆司机安检未进行而乘客已上车，在车上检查车票既增加工作难度、又易出现检查遗漏或错误，车辆的性能、司机的状态难以保证，存在安全风险。

**思考 2** 监理人如何才能审核发现施工单位报审资料及在施工过程中存在的问题？

**解 析** 加强规程规范和施工图纸的学习掌握，提高业务水平；熟悉业主单位的建设目标及合理要求。

监理人只有熟悉规程规范和施工图纸，有过硬的业务知识，才能准确识别施工图纸和施工过程中存在的问题，对问题处理的依据和程度的把控也更精确。同时熟悉业主单位的建设目标及合理要求，才能总览全局、预判可能发生的问题，并进一步将问题控制在萌芽状态。

**思考 3** 监理人如何才能督促施工单位整改落实？

**解 析** 采取预控措施，加强过程检查与验收，发现问题坚决要求整改，不整改闭环不放行。

监理人以业务知识和经验积累为依据，分析可能存在的问题或困难，提醒施工单位制定相应措施，做到事前控制；以规程规范及相关文件为准绳，加强过程检查与验收，将问题在过程中暴露、在过程中解决，做到事中控制；督促施工单位三级自检，强化监理验收，验收发现问题不整改不放行，做到事后控制。

**思考 4** 监理人发出的指令如何得到业主单位的支持和施工单位的理解?

**解析** 遵守职业道德,公平公正的协调处理施工过程中存在的困难和问题,并依据监理人的执业能力,监帮结合。

监理人要秉着公平公正的原则,充分发挥业务专长,综合考虑工程建设中存在的问题,为业主单位统筹谋划,也要为施工中存在的客观困难提供技术支持,发挥监帮结合的职业道德。

该工程的大环境是工期紧张,若在节点后施工报批手续繁杂,既耽误工期也会增加投资成本和安全风险等级,协调工期和相关手续会涉及铁路各部门,牵一发而动全身。监理人不能被动监理,要发挥监理人的主观能动性,提前预判,发挥监理的预控机制。

开工前,监理人考察工程建设特点、做足功课,签发监理工作联系单,提醒施工单位做好相关准备工作和注意事项,发挥监理人的监帮结合的作用。

在实施过程中,以规程规范为依据,审核过程中存在的问题,签发监理通知单,让施工单位知道问题在哪,以便提供解决整改措施。发现严重问题或程序性问题,监理人果断发出监理报告告知业主单位,并寻求支持。

在此过程中,既暴露了问题的严重性,为施工单位整改和工程建设留有时间余地,也反映了监理人在此过程中做出的大量工作,以及寻求业主的支持。

施工单位拒不整改或不听监理指令,监理人及时发出工程暂停令,避免隐患或危害的发生。

通过监理联系单预控、通知单、协调会、监理报告、工程暂停令等一系列监理手段的"组合拳",有效地发挥了监理人在工程建设过程中积极作用。

## 📠 要点点睛

（1）打铁还需自身硬，监理人必须具备过硬的业务知识和娴熟的组织协调能力。

（2）充分发挥监理人的执业道德，不偏不倚，公平公正的协调处理工程建设中存在的困难和问题。

（3）以实现工程建设目标为根本，发挥监帮结合的机制。

## 📑 知识链接

### 人机料法环

"人机料法环"（见下图）是对全面生产管理理论中的五个影响产品质量的主要因素的简称。人，指建设施工制造产品的人员；机，指建设施工制造产品所用的设备；料，指建设施工制造产品所使用的原材料；法，指建设施工制造产品所使用的方法；环，指建设施工制造产品过程中所处的环境。其中，人是生产管理中最大的难点，也是目前所有管理理论中讨论的重点。

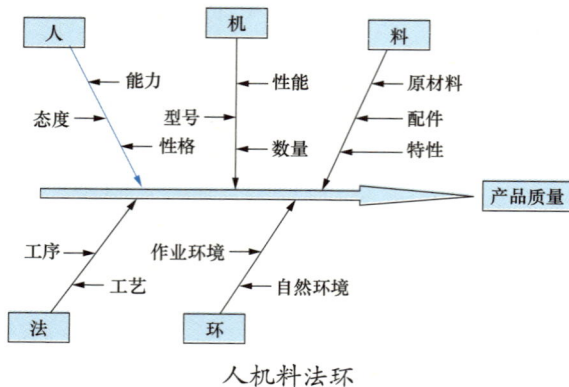

人机料法环

# 四级风险管控手段锤炼记

**摘　要**　监理公司"新总监"对上"新规定"，从束手无策到胸有成竹，最终获得上级专家肯定。本案例描述了 A 省电力公司建设分公司项目总监毕总面对三次四级风险作业，从一开始对到岗到位的新要求不以为然，到后面的认真对待，最终获得上级专家肯定的故事。该案例展示了对安全工作的不同态度带来的不同结果，讲述了四级风险作业总监到岗到位的重要性，同时也展示了项目参与方不止一个时，如何更好地进行安全管理工作，协调各方工作。

**关键词**　四级风险作业　到岗到位　监理　多部门协调

## 情景聚焦

　　2015 年，A 省公司下发了有关输变电工程施工安全风险识别评估及预控措施管理办法的相关文件，对安全管理提出了新的要求。其中，四级风险作业被着重强调，新规专门针对四级风险作业提出：安全监理师必须到岗到位进行四级风险作业的现场监督。规定还强调，这个现场监督是强制性的。

本案例的主人公毕总，刚刚走上 A 省电力公司建设分公司总监岗位，在相关管理办法出台的同时上任。毕总是监理公司的新员工，有注册监理工程师证书，在监理公司急缺持证总监的大背景下，经过几个月总监代表岗位的过渡，顺利任职总监岗位，受监理公司法人代表授权，主持监理项目部工作。

总监的岗位职责很多，四级风险作业安全监督管理是其中的一项。如何按新规组织做好四级风险作业的安全监理，是毕总监的一项新任务。

### 思想认识不足，到岗到位未能实现

公司相关输变电工程施工安全风险识别评估及预控措施的管理办法下发后一个月，毕总的一个项目上有一个跨越高速公路的四级风险作业即将开始。按照要求，毕总和安全监理师王工届时应到岗到位进行现场监督。在一次监理部内部会议上，安全监理师王工提及此项工作，毕总不以为意："知道了，省公司翁处长好像也是这几天来我们项目上检查，到时候再看情况吧。"

跨越高速四级风险作业开始的当天，也是省公司翁处长来项目上调研的同一天。这天王工向毕总汇报四级风险作业需到岗到位履责，毕总却说："翁处长今天来调研你也是知道的嘛。那我也不能不去，四级风险作业你看着就行了，我相信你的能力！"

过了几天，也没有什么事情发生，毕总以为此事就这么过去了。但到月末时，毕总突然得知因为跨越高速公路的四级风险作业他未到岗到位被业主单位考核扣分了。虽然毕总百般解释，不仅没有挽回考核扣分，还受到业主的训斥。

> **思考 1** 如何理解四级风险作业总监到岗到位？

### 思想认识改变，到岗到位履责，仍有纰漏

毕总回到监理部，心里很是不快，于是向监理部的总监代表杨总诉苦：

"你说我怎么这么倒霉？那天我也没闲着，不是陪翁处长调研去了嘛。再说现场有王工看着，也没出事，也不能通融一下。"杨总是有监理经验十余年的老师傅，他听完毕总的抱怨，说道："近几年安全事故频发，安全管理工作在监理工作中的地位越来越重要。现在整个公司的基建系统都对安全问题很是重视。不怕一万就怕万一，一个小小的事故，可能就会造成一个家庭的毁灭，在这件事上可不能掉以轻心。你可以去看看这几年的安全事故通报，每一个都是教训啊！再说了，国家刚刚下发了有关四级风险的文件，于情于理这个分都该扣。"经过总监代表杨总的一番劝导和毕总自己对文件的学习，毕总慢慢意识到了安全管理的重要性，更认识到四级风险是安全管理工作中的重中之重。

> **思考 2** 如何认识四级风险作业的重要性？

两个月后，毕总的项目上又有一项跨越铁路的四级风险作业即将开始。认识到四级风险作业重要性的毕总，在监理部召开专题会，对四级风险作业进行安排部署，包括对跨越架资质审查、特殊工种审查、作业票审查、施工方案审查以及跨越架搭设过程旁站人员安排以及旁站要点交底等，把能够想到的工作都叮嘱了一番。

跨越铁路四级风险作业开始的当天，毕总与安全监理师王工准时到达了现场，他到达现场才知道，这次的四级风险省公司稽查队居然也来了。稽查队这次来，不仅仅是检查各单位人员的到岗到位情况，还检查了现场的整个作业过程以及业主、监理、施工3个项目部的资料，通过资料反查3个项目部前期履责是否完整。稽查队检查了一整天，毕总的心里也七上八下了一整天。毕总心里知道，他虽然对今天的工作召开专题会进行了安排，但对于四级风险作业，自己只是零散的知道大概有哪些事情要做，并没有深入了解，每项工作具体该怎么做，有什么注意要点，他并不清楚，下面监理人员做得好不好，任务有没有完成，他也没有跟踪。

果不其然，稽查队第二天反馈的 3 个项目部的问题写满了整整一页纸，其中涉及监理部的问题有十几条之多，3 个项目部因此均被省公司考核扣分。

### 反思整改，完整履责，安全可控在控

因为四级风险的事情，毕总已经两次被考核扣分，他决心从错误中学习，争取下次不再犯错。毕总手里拿着整改问题清单，去向总监代表"取经"。经过和总监代表的沟通，毕总将这次整改分为三步。

第一步：针对涉及监理的问题，组织人员逐一整改，对省公司下发的问题进行闭环。

第二步：对本次省公司发现的问题进行分析。经过分析发现，问题可分为两类：一类是监理部本身的问题，如旁站记录不及时、安全检查签证套用模板与实际不符等；另一类是因施工项目部或者业主项目部引起的问题，如业主没有对四级风险下发预警单，监理也没有填写反馈单，施工单位没有对施工方案进行专家论证，监理未审查提出等。

第三步：学习、取经。首先是组织学习与四级风险有关的文件，厘清四级风险从开始到结束监理到底该干哪些工作，每项工作都有哪些注意事项，涉及业主的工作中，哪些需要发工作联系单提醒，涉及施工的工作哪些又需要监督检查；其次是通过电话沟通或者上门拜访等方式，向其他总监交流学习经验；最后，向公司有关部门寻求帮助指导。

> **思考 3** 面对业主方和施工方，如何发挥监理的作用，做好四级风险管控？

等到第三次四级风险作业开始时，毕总又期待又紧张，期待是因为经过了认真的整改学习，这是验证他努力成果的时刻；紧张是因为虽然自认为没有了纰漏，但是这次是公司督察人员前来检查，是更高一级别的专家审查。更高级别的专家审查也意味着这次的"测试"要更难，因为这样，毕总很早就开始

准备了。在取得业主同意后，组织业主、监理、施工 3 个项目部联合办公一天，毕总对能够自查的内容先进行了一次统一排查。专家来检查时，对现场四级风险管控很满意，大加赞赏，并建议相关单位对项目部的考核相应加分。听到考核结果，毕总终于吃下来一颗定心丸，他付出的努力终于有了回报。

## 问题解析

**思考 1**　如何理解四级风险作业总监到岗到位？

**解 析**　对于四级风险作业，项目总监、安全监理工程师应到岗到位进行现场监督。

《国家电网安质〔2015〕972 号　国家电网公司关于印发国家电网公司输变电工程施工安全风险预警管控工作规范（试行）的通知》，要求对于四级风险作业，项目总监、安全监理工程师应到岗到位进行现场监督。

到岗到位，实际是要求更高一个层级的管理人员对现场进行安全监督，这些人员比正常应当在现场的人员往往经验更加丰富，有话语权，能够为快速解决问题提供便利条件。要求这些人员到岗到位，能够在一定程度上降低四级风险作业产生安全事故的概率。

**思考 2**　如何认识四级风险作业的重要性？

**解 析**　四级风险作业安全风险高，如不加以控制，易发生安全事故。

"四级风险"出自《公司输变电工程施工安全风险识别评估及预控措施管理办法》，是指作业过程存在很高的安全风险，不加控制容易发生人身死亡事故，或者可能发生六级电网事件的施工作业。

在输变电工程中，四级风险作业多数情况下为"三跨"（跨越铁路、跨越高速公路、跨越电力线路）作业，这类作业涉及与铁路、高速公路或者电力运行单位的协调配合，有如下几个特点，可以充分体现四级风险作业的重要性。

（1）申请难度大。作业需要得到铁路、高速公路或者电力运行单位的批准方可作业，申请周期很长，通常需要提前一个月或者几个月申请。作业时间一旦确定下来不易更改。

（2）封网和拆网允许作业时间短。跨越架封网和拆网过程中，需要铁路、高速公路或者电力运行单位配合进行封路或者停电。因影响到交通或者供电，封网和拆网通常必须在 15~20min 内完成，这就对前期准备工作的要求非常高。

（3）对跨越架搭设及封网质量要求高。封网完成后，在导地线展放过程中，下方的铁路、高速公路或者电力线路处于运行状态，一旦导线突然脱落，跨越架体不能承担导线的下坠力，脱落的导线将落向运行的铁路、高速公路或者电力线路，发生伤亡事故，对社会产生的负面影响巨大。

**思考 3** 面对业主方和施工方，如何发挥监理的作用，做好四级风险管控？

**解 析** 对业主，应加强沟通和汇报；对施工单位，应加强监督管理，督促整改。

对于四级风险作业，监理应熟悉管理流程，做到事前预控，发现注意事项后，应通过会议、工作联系单等形式向业主方、施工方发出提醒。

对于业主，监理应当及时汇报，让业主了解现场的动态及监理的工作动态。对于施工单位，监理发现安全隐患应当及时制止并通过签发监理通知单等留下工作痕迹。有的业主可能是供电公司运行部门的人员调过来做基建管理，对基建的专业性不强，容易出现该重视的问题没有认真对待、不重要的问题过于重视等现象，监理经常做汇报，也是一种沟通协调方式，有利于工作的顺利开展。施工单位往往以进度为先，对于监理提出的有些问题并不会积极地去整改，这时经常向业主汇报，可以从侧面让业主对施工单位施压，督促其认真整改问题。

## 📖 要点点睛

（1）四级风险到岗到位不仅仅只是到位，需要根据法规文件履行安全管理职责。

（2）作为总监，应当时刻把重心放在现场的安全质量上。

（3）安全管理工作是一个不断学习总结提高的过程。

（4）协调好业主、监理、施工3个项目部三者之间的关系，更有利于开展四级风险管控工作。

## 📋 知识链接

### 输变电工程施工安全风险等级划分

输变电工程施工安全风险等级可分为5级，见下图。

| 一级风险（稍有风险） | ·指作业过程存在较低的安全风险，不加控制可能发生轻伤及以下事件的施工作业；<br>·如灌注桩吊放钢筋笼、钢模板运输及拼装 |
|---|---|
| 二级风险（一般风险） | ·指作业过程存在一定的安全风险，不加控制可能发生人身轻伤事故的施工作业；<br>·如混凝土浇筑、钢筋加工 |
| 三级风险（显著风险） | ·指作业过程存在较高的安全风险，不加控制可能发生人身重伤或死亡事故，或者可能发生七级电网事件的施工作业；<br>·如A型构架的吊装、管母线安装 |
| 四级风险（高度风险） | ·指作业过程存在很高的安全风险，不加控制容易发生人身死亡事故，或者可能发生六级电网事件的施工作业；<br>·如跨越高速公路、跨越铁路 |
| 五级风险（极高风险） | ·指作业过程存在极高的安全风险，即使加以控制仍可能发生群死群伤事故，或五级电网事件的施工作业。五级风险系动态调整结果，属计算所得数值，实际作业必须通过改变作业组织或采取特殊手段将风险等级降为四级以下风险，否则不得作业 |

输变电工程施工安全风险等级划分

# 第二章
# 质量管理

# 用电检查班的反窃电故事
## ——D-S 结合法的生成和推广

**摘 要**

用电检查班班长"妙手回春",把"心头病"变成了"新标杆"。本案例讲述了 A 县供电公司用电检查班班长发挥集体智慧,利用用电信息采集系统和过往工作经验,摸索出 D-S 结合法,将反窃电效果提升了 120%,大大提高了线损治理效率的故事。本案例通过用电检查班反窃电的小故事,分析了解决问题需要借助过往工作经验,群策群力,勇于利用新技术,并生动展现了新工作方法的突出效果,为探索质量管理新方法提供了借鉴。

**关键词**

线损治理 反窃电 深化应用

## 情景聚焦

A 县供电公司下属供电所 B 台区成了公司的"心头病"。该台区线损率长期居高不下,前期多次组织排查效果甚微,负责台区线损的用电检查班班长感到压力重重。事实上,A 公司台区线损治理工作几乎整体陷入瓶颈,各供电所在治理过程中均遇到疑难问题,特别是台区窃电用户的问题。因为台区窃电用户目标小，窃电时间不确定，在公司投入大量的人力、物力和时间后，仍无功而返，反窃电效率低、效果差。除此之外，班组负责的城区范围内也出现几个高损台区，经过几次地毯式排查仍未找出原因。这样的情况让班组全员心急如焚，尤其是班长，更是急得嘴上冒泡。班长深知，线损率高居不下不仅意味着公司的经济损失，也意味着有重大的安全风险，线损治理工作急需打开新的局面。

### 研究分析，查找"病因"

翻开以往的台区线损治理档案，班长对以往窃电案例进行研究分析。根据经验，导致台区线损异常的原因有很多，如电能计量装置的故障、用户串台区、台区小电量等，这其中最让人头疼的就是用户窃电。当前，面对各种各样利益的诱惑，窃电方式越来越隐蔽，窃电手段越来越技术化，窃电户与用电检查人员斗智斗勇，极大增加了用电检查工作的难度。

班长经过反复统计比对，得出在反窃电工作的各个环节中，窃电嫌疑用户的锁定和查获取证所需时间占了整个工作时间的 96.78%，是反窃电工作效率低下的主要问题，也是"病因"所在。如果能缩短锁定窃电嫌疑用户所需时间，就能快速准确地定位窃电嫌疑用户，从而大大提高反窃电工作效率。

**思考 1** 如何认识工作经验总结的重要性？

### 班组讨论，集思广益

众人拾柴火焰高，班长希望通过集思广益，找到缩短窃电嫌疑用户耗费的时间，解决"病因"自然就能药到病除。于是班长召集所有班组成员，召开了班组会议。

一开始，有人提出可以将反窃电和周期性抄核收工作相结合。台区经理比较熟悉的客户情况，可以根据经验判断用户用电量是否正常，然后对有嫌疑用户开展用电检查。这个方案一提出来，就有成员表示反对："现在用电信息采集系统已经全面覆盖了，台区经理未必熟悉客户的用电情况。再说了，一个采集周期至少要 30 天，基本上不可能缩短反窃电的时间。"

又有成员提出，可以进行重点用电普查，也就是班组成员结合当前开展的线损治理工作，重点对高损线路、台区下的用户进行用电普查。这个方案也并没有得到支持，因为虽然可以提升用户用电管理水平，适当缩小窃电嫌疑用户的范围，但这个方法并不能"直达病灶"，提升反窃电工作效率。

至此，目前提出的两个方案都被否决了，一时间也没有人提出新的方案。班长站起来："我和另外两名熟悉系统应用的班组成员有个不成熟的想法。刚才也提到，用电信息采集系统已经全面覆盖了。我们可不可以利用用电信息采集系统监测线损变化缩小嫌疑用户所在区域，再结合现场用电检查记录，对区域内用户用电情况进行在线对比分析。这样就可以迅速直接锁定嫌疑用户，大大提高工作效率。" 这个方案令人耳目一新，大家纷纷议论起来。有几位老师傅立刻就提出了质疑："用电信息采集系统能做到你刚说的那些吗？怎么听起来那么玄乎呢？"班长理解这几位老师傅平常系统操作较少，对采集系统功能不甚了解，他解释道："用电信息采集系统可以在线分析，能让我们通过线损波动与用户用电特性锁定重点嫌疑用户，精准查获窃电用户。"虽然班长尽可能地想将系统功能介绍得更详细更清楚，好以此打消老师傅的疑虑，但是因为缺乏实际案例支持，大家仍然对这个新方案议论纷纷。

最终经过会议讨论，班组成员同意尝试以新方法开展反窃电和线损治理工作，但普遍期望不高。班长看到大家的反应，心中也是十分忐忑。

**思考 2** 为何班长提出的方案会遭到班组成员的质疑？

**付诸实践，初战告捷**

终于，检验新工作方法的机会来了。通过台区线损监测，用电检查班发现城区 A 街道 28 号台区 7 月 7 日开始持续高损，台区线损率从 8% 升至 30% 左右。这个现象不是孤例，该台区去年 10 月也短期出现过这种状况。用电检查班查看供售电量明细后发现售电量增幅很小，供电量却明显增加，每日增加近 1000 度（kW·h），可以初步认定为大用户窃电。但该窃电户十分狡猾，去年 10 月用电检查人员排查数日，什么都没有发现，之后台区线损恢复正常，就再也没有了窃电痕迹。如今再次出现类似情况，班长感觉机会来了。班组线损监测人员利用采集系统，经电量对比分析发现台区下一动力户在线损异常时电量异常，表计几乎不走字。这个异常现象引起了班组的极大关注，经过班组反复分析，锁定该户为疑似窃电用户。监测人员又通过用户数据中的实时负荷查询功能对台区负荷曲线进行分析，发现线损异常时该台区负荷有一定规律：周末白天负荷很大，工作日夜间负荷很大，台区高损基本在周末，由此判断该户窃电避开正常上班时间，于工作日晚上和周末白天窃电，班组计划在其再次实施窃电时进行查获。

7 月 19 日，监测人员发现该户又开始夜间窃电。当晚 7 点，在查看了台区负荷曲线和用户实时电压、电流后，确定用户正进行窃电。班长带领班组全体成员一同前往该户展开检查，发现此户正断开三相电流互感器二次回路窃电，现场进行取证处理，人赃俱获。在查处该户窃电后，台区线损恢复正常。终于，班长一颗悬着的心终于放了下来。在场班组成员看到了新方法的成果，也都露出信服的笑容。

**二次实践，再传捷报**

经过上次的成功实践，班长对新方法充满了信心，他觉得是时候要对

"心头病" B 台区展开一场 "攻坚战" 了。8 月 10 日，用电检查班线损监测人员对台区下低压用户进行电量数据分析，未发现可疑用户。当天，班组对此台区又开展了一次用电检查，仍未发现窃电用户。8 月 12 日，系统再对此台区进行监测分析，发现一户照明表日电量异常，在 10 号现场检查后的两天电量波动较大，存在重大窃电嫌疑。

8 月 12 日中午，班组对 B 台区该户进行了检查。现场有 3 块电表（2 块照明、1 块动力），下火线绝缘未发现破损，动力表接线无误。照明表表后进户开关均为断开状态且电量异常的那块电表表后漏电保护开关无法合上，但住房门前照明电灯、屋外插座均有电。班组成员查看照明表表计信息后发现零线电流有 2A，随即对照明表零线、相（火）线进行了检查，检查发现该表零线相线被反接，相线 "3" 进 "4" 出，零线 "1" 进 "2" 出（正确为相线 "1" 进 "2" 出，零线 "3" 进 "4" 出）。也就是说，该户用电仅取此照明表计相线，照明表计后零线不用，而借用边上动力表计零线，以此方式实施窃电。

班组在该起窃电案例中，充分发挥了采集系统和现场检查相结合的功效。先通过台区线损监测发现异常台区，再结合现场排查震慑 "心虚" 的窃电分子，从后期电量异常上找出 "破绽点"，再有针对性地进行用电检查，最终成功将此窃电户抓获。由于此户窃电方式比较隐蔽，平时检查时难以发现，通过 D–S 结合法能够解决现场检查无针对性的弊端。

**思考3** 用电检查班提炼的新方法有什么成果效益？

## 深化应用，成绩斐然

通过不断总结反窃电经验，用电检查班逐步确立了系统（system）监测分析和现场（scene）用电检查相结合的反窃电工作新方法，即 Double-S（简称 D–S 结合法）。此法能大大缩短窃电用户的锁定时长，切实提升反窃电工作成效。

通过推广 D–S 结合法对有窃电嫌疑的用户进行监测和数据分析，2017年公司共查获 178 起窃电行为。相较去年 81 起，反窃电效果提升 120%，效果显著。2018 年至今，A 公司通过开展打击窃电及违约用电专项行动累计挽回经济损失 1331901.63 元，进一步维护了正常的供用电秩序；营造了依法用电、合法维权的社会氛围；

有效打击了窃电及违约用电行为，降损增效，切实维护了公司的合法利益。

**思考 4** 如何巩固成果深化应用？

## 问题解析

**思考 1** 如何认识工作经验总结的重要性？

**解 析** 总结是班组工作中的重要部分。

工作经验总结是做好班组工作的重要环节，通过总结可以全面系统地了解以往的工作情况，可以正确认识以往工作中的优缺点，明确下一步工作的方向，少走弯路，少犯错误，提高工作效益。只有总结，才能达到工作真正的闭环，提高班组的管理水平。

**思考 2** 为何班长提出的方案会遭到班组成员的质疑？

**解 析** 新方案未经实践，部分员工缺乏认识，员工安于现状。

新技术和新方法的推广往往存在一定的阻力，其原因如下。

（1）方案未经实践，缺乏说服力。该方案刚经提出，并未在现场实践应用，缺乏有说服力的现场案例予以支撑。

（2）系统应用不平衡，导致缺乏认识。由于年龄的差异，部分老员工对于新事物存在一种抵触心理，不愿接触应用，导致对系统的应用范围和功能缺乏认识。

（3）安于现状，急需解放思想。在实际工作中，由于繁重的工作任务，员工对待工作往往是疲于应付，仅仅维持固有的工作模式和方法，没有很好的思考和探索，安于现状。要想提高员工创新能力，需要进一步解放思想，将创新精神融入员工日常工作中。

**思考 3** **用电检查班提炼的新方法有什么成果效益？**

**解析** **全方位体现成果，效益显著。**

通过 D-S 结合法的推广，反窃电效果提升 120%，效果显著。

（1）安全效益。部分窃电用户的窃电方式比较危险，会给自身用电和电网安全造成重大影响，严重者甚至影响自己和他人的生命安全。反窃电工作效率的提升，不仅使得反窃电方式得到了改进，减少了用户窃电带来的危险性，而且从根本上减少了用电安全隐患，提高了供电可靠性，为电网坚强提供后勤保障。同时，用电检查人员可通过用电信息采集系统甄别窃电用户，缩小查找范围，降低反窃电工作的劳动强度和安全风险。

（2）经济效益。2017 年，运用 D-S 结合法，查获每起窃电平均派遣 2.31人次，同比 2016 年减少 4.28 人次，按 150 元每天每人费用计算，累计为公司节约人力成本 110000 元，反窃电工作较上年多挽回经济损失 223320元。通过本次活动，公司增加经济效益 333320 元。

（3）社会效益。通过 D-S 结合法查获窃电用户，具有良好的社会效益；①提高供电可靠性，维护了供电公司的正面形象；②营造依法用电、公平有序的社会环境；③维护了正常的供用电秩序，促进社会和谐发展。

（4）无形效益。班组通过运用 D-S 结合法：①提升了班组的专业水平和团队协作能力；②推动了班组之间的合作共进能力；③调动了班组各成员的工作积极性和钻研精神。

**思考 4** 如何巩固成果深化应用?

**解析** 通过探索反窃电新方法、建立标准化企业指导卡、召开例会、加强舆论宣传等方法，多措并举，深化应用。

用电检查班通过不断提炼，从 D-S 结合法中引申出多种应用，并采用以下手段巩固成果。

（1）继续探索反窃电新方法。用电检查班运用 D-S 结合法，继续总结经验、积极探索，开发出"分时分相法""节点电流""电压损失"等方法，科学利用"低压防窃电稽查仪"等反窃电设备，不断缩小排查范围，锁定问题用户，精准打击窃电行为，实现台区降损。

（2）建立标准化作业指导卡。编写标准化作业指导卡，指导各供电所检查小组正确使用 D-S 结合法，通过 D-S 结合法减轻现场排查压力和准确定位窃电用户，更大程度地缩短反窃电工作周期及台区线损治理时长。

（3）召开例会，交流探讨。每月定期组织召开反窃电工作研讨会，将各小组对 D-S 结合法的实践经验和不足之处进行总结和提炼，以便班组不断深化完善 D-S 结合法。

（4）加强舆论宣传，树立良好风气。采用多种传播途径进行反窃电宣传工作，介绍窃电行为的危害性，积极倡导安全用电、文明用电理念，使得广大电力用户能够建立起正确的用电意识，自觉遵守用电规范和准则，营造出和谐的反窃电舆论氛围，树立良好的用电风气，进一步巩固 D-S 结合法应用成果。

## 要点点睛

（1）多总结工作经验，班组的工作才能发挥更大的实效性。

（2）积极探索、勇于创新，同时又贴近实际，才能打破固有思想。

（3）好的成果可以达到经济效益与其他效益并行。

（4）只有不断地深化应用，才能不断巩固、持续推广。

## 📖 知识链接

### 熊彼特"五种创新理论"

熊彼特的"五种创新"理念时常被人引用和提及，几乎到了"言创新必称熊彼特"的程度。

（1）采用一种新的产品——也就是消费者还不熟悉的产品或某种产品的一种新的品质。

熊彼特

（2）采用一种新的生产方法——也就是有关的制造部门在实践中尚未知悉的生产方法，这种新的方法不需要建立在科学上新的发现的基础之上，并且，它也可以存在于在商业上对一种商品进行新的处理。

（3）开辟一个新的销售市场——也就是相关国家的相关制造部门以前不曾进入的市场，这个市场以前可能存在也可能不存在。

（4）获得原材料或半制成品的一种新的供应来源——同样不论这种供应来源是否业已存在，而过去没有注意到或者认为无法进入，还是需要创造出来。

（5）实现一种新的组织——比如造成一种垄断地位（如通过"托拉斯化"），或打破一种垄断地位。

后来人们将他这一段话归纳为五个创新，依次对应产品创新、工艺创新、市场创新、资源配置创新、组织创新，而这里的"组织创新"也可以看成是部分的制度创新，当然仅仅是初期的狭义的制度创新。

# 班组立塔施工质量管理
## ——地脚螺帽"2+2"分基放行制度

**摘　要**　质量监督员小龙改进消缺任务流程，地脚螺帽"2+2"分基放行制度治标也治本。本案例通过 A 省送变电工程有限公司送电分公司质量监督员小龙不断探索改进工作流程，从简单的树模范和考核扣分到具体问题具体分析，改进工作流程，将施工队伍从被迫低效进行消缺工作变成积极高效完成消缺工作的故事，分析了质量监督工作中工作方法对工作成果的影响，为项目部杆塔组立质量验收工作提供了借鉴。

**关键词**　立塔施工　质量管理　分基放行

## 情景聚焦

　　杆塔组里工作完成后，消缺任务需要及时完成，否则会留下质量隐患，因此杆塔消缺任务是质量管理中重要的一环。

　　"有几个施工队杆塔消缺越来越不及时了"，A 省送变电工程有限公司送电分公司项目部办公室里质量管理员小龙拿着手机抱怨道。每次施工队杆塔组立完成报项目部验收后，质量管理员小龙都是第一时间安排验收人员进行杆塔验收工作，他会把验收人员手写记录的验收问题本子里的问题一条一条地敲进电脑，然后第一时间发给施工队，要求施工队消缺闭环。最近一段时间，质量管理员小龙发现有几个施工队只热衷于杆塔组立施工，对杆塔组立完成后的消缺任务消极懈怠。身为质量管理员，小龙深知杆塔组立质量问题的严重性，消缺任务不按时完成会给杆塔组立质量留下隐患。

### 通报批评，树立模范施工队伍，效果不佳

月度例会是施工项目部每月进行的一次会议，主要总结本月施工过程中发现技术、安全、质量问题，同时对下月施工任务提出要求、做出计划。

"这次开会要跟这几个施工队好好谈谈了"，质量管理员小龙心想。他的第一反应是开会通报批评加动员。在项目部安全质量月度会上，质量管理员小龙针对施工队杆塔消缺不及时问题，对消极对待消缺任务的施工队进行了通报批评，强调杆塔及时消缺的重要性，要求施工队对于每次杆塔验收发现的问题及时消缺闭环。质量管理员小龙还在会上对按时消缺的队伍提出了表扬，树立了模范施工队伍，希望消缺工作滞后的几个施工队虚心学习，认真对待消缺工作，被批评的几个施工队伍虚心接受批评的同时也表态，接下来会及时对杆塔组立验收提出的问题及时进行整改闭环，绝不拖沓！

在项目部月度会上，质量管理员小龙几乎将自己能够用上的所有激励性的语言都用在了这次会议上，希望施工队伍认真对待消缺工作，及时对每次杆塔组立验收提出的问题进行消缺。发表讲话之余，小龙偷偷瞥了大家一眼，大家似乎也被小龙的"动员令"感动了，每个人脸上都流露出"必须及时完成消缺任务"的神情。看到大家会上的表现，质量管理员小龙心里暗暗高兴：看来接下来施工队的杆塔组立验收问题消缺工作可以及时完成了。

但实际情况跟质量管理员小龙预想相差甚远。他在施工队伍会上费尽心思"打鸡血",但效果却仅持续到本次验收问题消缺完成之后。在这之后的日子里,施工队伍故态复萌,他们的消缺工作又一次滞后了。项目部安全质量月度会上攒起来的干劲在会议开完后不长的时间就烟消云散了。将所有能用到的激励语言都用上也收效甚微,质量管理员小龙心急如焚。

> **思考 1** 会议通报批评的方法能否提高施工队伍的积极性?

### 考核评分,积极性稍有提高

"既然通报批评和树立模范的方法不管用,那要不要通过考核评分的方法引起施工队伍对消缺任务的重视呢?"小龙心想。于是在第二个月,项目部质量管理员小龙在当月施工队伍考核表中的质量管理部分,对消极对待杆塔消缺工作的队伍进行了扣分。由于扣分直接影响到施工队伍排名,再加上公司会对排名靠后的队伍进行惩罚,果然,被扣了分的队伍主动在项目部会议上承认了消缺不积极的错误,接下来的消缺工作积极性稍有提高,不过被扣了考核分,施工队里似乎有些怨言。施工项目部每月对施工队伍进行考核评分,通过考核成绩对施工队伍进行奖惩的方法虽然有效,但是容易引起矛盾,治标不治本。堵不如疏,最好的办法是让施工队伍自己积极主动的进行消缺工作。

### 地脚螺帽的分基放行制度提出,积极性大增

施工队伍被扣分后产生了怨言,心思细腻的质量管理员小龙在采取了班组考核扣的方法分后又进行了思考,施工队伍考核扣分的办法表面上确实提高了施工队伍消缺工作的积极性,但是施工队伍的这种积极性是因为队伍怕被扣分而被动激发出来的,"如何才能让施工队伍主动去提高杆塔

消缺工作的积极性？"这一问题又在质量管理员小龙的脑海里徘徊，"既然施工队伍热衷于杆塔组立，那就从杆塔组立上想办法"。

　　施工队伍的杆塔组立施工流程是：杆塔组立→验收→验收问题汇总反馈→消缺任务→验收通过。但是很多施工队伍没有走完整个流程就开始组立新的杆塔。有什么办法能改善这个情况呢？"控制施工队基础地脚螺帽的领用数量"是质量管理员小龙脑子里第一个弹出的办法。没有地脚螺帽，杆塔就无法组立，而项目部所有地脚螺帽在基础施工后都是放在材料站统一保管，换言之，可以通过控制地脚螺帽来控制施工队的工作流程。小龙提出，每次只给施工队伍发放 2 基杆塔地脚螺帽，验收问题提出后，施工队伍需要第一时间完成消缺工作，然后才能领取接下来的 2 基杆塔地脚螺帽。果然，此方法一出，在接下来的时间里，只要验收问题一提出来，施工队伍就会在第一时间进行消缺工作。

> **思考 2** 被考核扣分的施工队伍是否会主动提高工作积极性？

## 分基放行制度改进完善，实施效果欣然

　　通过每次发放 2 基杆塔地脚螺帽，使得施工队伍消缺积极性大大提高，但问题又来了。新的工作流程变为：杆塔验收→问题整理→问题反馈→杆塔消缺，整个流程需要 1~2 天时间。同时消缺工作并不需要施工队全员参与，大多时候每基杆塔消缺只需要 2~4 个人即可完成，其他人员无事可做。施工队伍在 2 基杆塔组立完成后，就出现了施工停滞状态，施工进度受到了影响，质量管理员小龙立即对地脚螺帽发放数量进行了调整，改为"2+2"发放，即每次发放 4 基杆塔的地脚螺帽，在杆塔组立完成 2 基后施工队即可报验收，验收期间施工队继续组立下 2 基杆塔，问题整理完成后施工队需要立即完成消缺工作。否则接下来的杆塔地脚螺帽不予发放。这样，工程的质量得到保障的同时，工程的效率也没有降低。

　　质量管理员小龙通过地脚螺帽"2+2"分基放行的方法，使施工队伍从之前考核扣分的被动积极变为了主动积极配合消缺工作，大大提高了杆塔消缺工作的效率。质量管理员小龙又提出了改进措施——分基放行奖励制度。这个制度是为了提高验收一次性合格比例，如果施工队伍能在杆塔验收时一次性通过验收，那么接下来该队伍的地脚螺帽发放会增加2基。在这个制度的鼓励下，施工队伍杆塔组立验收一次性合格比例有所提高，消缺问题也从十几条渐渐减少到了几条，地脚螺帽"2+2"分基放行制度效果显著。

> **思考 3** 地脚螺帽"2+2"分基放行制度有哪些亮点？

## 📋 问题解析

**思考 1** 会议通报批评的方法能否提高施工队伍的积极性？

**解 析** 例会通报可以提高施工队伍的积极性,但效果持续时间较短。

　　针对施工过程中发现的问题，召开会议对出现问题的施工队伍进行批评，责令整改是项目部管理的手段之一，也是项目部各部门在工程管理中的重要方式。会议上通过批评出现问题的施工队伍警醒其他施工队不要出现相同的问题，同时鼓励施工队伍积极学习优秀的施工队，但是会议的召开往往并不能从本质上改变施工队伍，很多时候是会议后不久，施工队伍消极懈怠的情绪就又慢慢出现。

**思考 2** 被考核扣分的施工队伍是否会主动提高工作积极性？

**解 析** 通过考核扣分制度只能被动提高施工队伍的积极性。

　　在施工队伍出现问题时，项目部对于施工队伍的考核扣分并不能主动提高施工队伍的工作积极性，往往扣分后施工队伍的工作态度转变都是被动的表现积极，选择恰当的方式管理施工队伍是每个项目部管理成员都需要考虑的问题。

针对施工队伍出现的问题，有针对性的采取措施，将施工队伍被动的接受变为主动提高，更有利于施工过程中的管理控制，从而提高工作效率。

**思考3** **地脚螺帽"2+2"分基放行制度有哪些亮点？**

**解析** **分基放行制度的亮点包括：不拘泥于考核扣分、实时更新制度适应管理、奖励并行。**

（1）不拘泥于考核扣分。质量管理员小龙通过考核扣分的方法取得成效后，没有止步于此，因为通过考核扣分的方式惩罚施工队伍，不利于施工队伍主动提高施工工作的积极性，通过控制地脚螺帽发放，分基放行的方法更有利于将施工队伍的工作积极性从被动提高变为主动提高，工作效率明显提升。

（2）实时更新制度适应管理。质量管理员小龙在发现每次发放2基地脚螺帽后，施工队伍的消缺工作虽然可以及时完成，但由于杆塔验收和问题整理再到施工队消缺的过程造成了施工队伍正常施工停滞，从而影响了工程施工进度，发现问题后立即对地脚螺帽发放数量作出调整，从每次发放2基改成了每次发放"2+2"的形式，使得"施工→验收→消缺"的循环过程中不出现施工停滞现象，保证质量管理的同时不影响施工进度。

（3）奖励并行。质量管理员小龙后来的奖励工作，如果施工队伍能在杆塔验收时一次性通过验收，接下来该队伍的地脚螺帽发放增加2基，从而使施工队伍组立杆塔进度增快。通过奖励机制，施工队伍消缺工作的积极性大大提高，同时杆塔组立质量得到了保障，一次性验收合格杆塔数量的提高，增加了施工队伍的施工效率，项目部的质量管理取得了成效。

## 要点点睛

（1）利用会议通报批评表现差的施工队伍，表扬积极性高的队伍，提高施工队整体积极性。

（2）地脚螺帽"2+2"分基放行制度可以使队伍主动的配合管理。

（3）针对施工队伍出现的问题，有针对性的采取措施，将施工队伍被动的接受变为主动提高，更有利于施工过程中的管理控制，从而提高整体工作效率。

## 知识链接

### 垃圾筒理论 (The garbage can theory)

垃圾筒模型是企业内部的一种决策制定模式。这个名字是从组织的一系列决策指定中产生出来的，这一模型最早是由美国管理学教授詹姆斯·马奇（James March）、科恩（Michael D.Cohen）、奥尔森（Johan.G.Olsen）等人于 1972 年提出。

该模型认为，企业员工面对一项决策时，会不断提出问题并给出相应的解决方案。这些方案实际上都被扔进了垃圾筒，只有极少数能够成为最终决策的组成部分。

垃圾筒理论的基础是马奇教授对组织行为的观察，他发现，在企业中工作的人们容易对某些行为模式产生偏好，他们个人在选择问题的解决方法时青睐于选择这些模式。作为结论，模型指出，不管问题发生在何时何地，人们都会以此为机会，来实施他们早已选定的解决方法。这会影响到决策的制定过程和最终结果。

在运用垃圾桶理论时，应注意，要有新思路，还要有新策略，更要有新方法。要做到"疏堵结合"，如果只"堵"不"疏"，要求严苛，可能会造成"漫堤"的结果；如果只"疏"不"堵"，他们又会"随波逐流"。

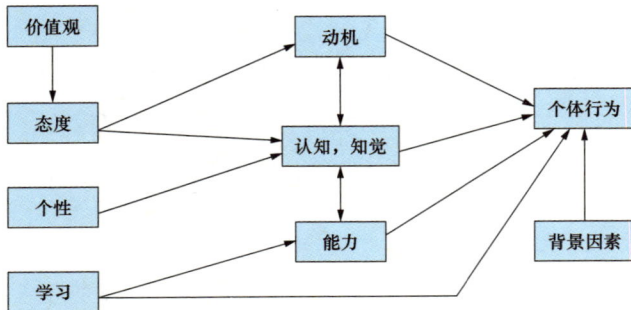

# 基于积分制的变电站外包施工全过程管理

**摘　要**　外包施工成施工安全"痼疾"，吴班长巧用积分制"妙手回春"。本案例讲述了面对人员结构复杂，项目安全意识不强的外包施工队伍，B市供电公司变电检修一班吴班长利用积分制的成功经验，结合施工现场特点，充分调动现场人员积极性，成功将安全隐患消除在萌芽之时的故事。案例分析了造成外包施工现场存在突出问题的原因，介绍了吴队长项目施工全过程制定基于积分制的考核办法，为变电站管理外包施工，提高项目安全性提供了借鉴。

**关键词**　外包施工　全过程　积分制

## 🕐 情景聚焦

随着经济的快速发展，B市供电公司变电检修一班管辖的变电站数量也迅速地增加。在班组人员数量没有明显增加的基础上，变电检修一班人均工作量大大增加，如果每项工作都亲力亲为的话，繁重的检修工作量严重超出了班组承载力。因此在一些变电站设备技改大修等项目上，变电检修一班会用工程外包解决这个问题。

然而在外包施工现场，吴班长发现工作负责人现场安全交底流于形式，对现场危险点、安全措施和安全防范措施交代不全面，施工队伍中存在临时工。当吴班长询问他们工作任务、危险点及注意事项时，有些人支支吾吾，答不上来，只知道上面让干啥就干啥。同时由于对现场工作准备不充分，外包的施工队竟然有人漏带了工器具。虽然问题最后都顺利解决了，工期也没有受到影响，但是给施工增加了难度，也为现场的安全管控埋下了隐患。吴班长看在眼里急在心里，像这样干，早晚会出问题，他必须要想出对策。

> **思考 1** 外包施工漏洞频出的原因在哪里？

## 外包施工错频出，安全生产难把控

虽然工程外包了，但是变电检修一班还担负着所有变电一次设备的维护、消缺等工作，由于班组人员有限，外包工程的管理人员很难每次都安排班组的骨干力量担任，有时只能安排一些业务水平相对较低的人员去。而外包工程施工现场点多、面广、时间紧、任务重、交叉作业危险多，同时施工人员结构复杂、安全素质、业务技能水平参差不齐，经验不足的人员很可能不能很好地进行现场的安全管控。如何做好每个现场的安全管控，严把施工质量和验收质量关，确保现场人身、电网和设备安全，成了吴班长的"心头病"。

> **思考 2** 怎么样才能做好外包施工管控？

## 山重水复疑无路，巧妙结合积分制

考虑到变电检修一班的工作积分制在班组管理中起到的良好效果，吴班长考虑把积分制应用到外包施工管理当中。针对外包管理施工的积分制可以从企业资质、人员资质、人员业务技能和安全技能水平、现场管理水平、施工质量以及竣工验收资料等方面开展全方位的量化评估。根据积分情况，对积分不达标的施工项目在工程结算以及施工单位项目投标资格方面进行考核，从而达到约束施工单位加强现场安全管控、提高施工质量目的。

思考3 积分制考核如何约束外包施工单位？

### 精益求精定细则，成效斐然云雾开

积分制的量化评估考核虽然可以对外包施工的现场安全管控、提升施工质量起到一定的促进作用，但是无法让班组的项目管理人员全过程参与到施工中来，为了充分发挥现场管理人员的主体作用，强化施工质量和流程控制，确保工程零缺陷竣工，吴班长制定了外包施工过程工序流程，如下图所示。

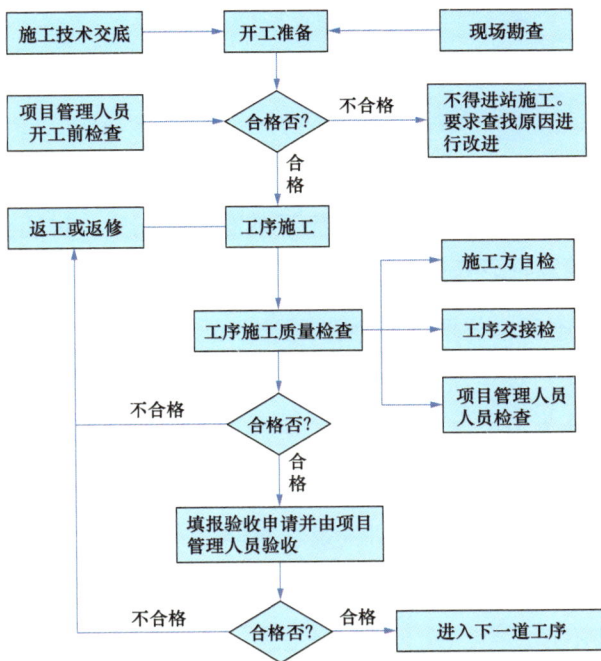

施工过程工序控制流程图

同时，吴班长还结合现场经验，完善了施工现场的评估机制，杜绝管理要求落实不到施工现场现象。要求现场管理人员根据对现场的全程督查情况，按照一个工程一个档案的方式对每个工程的安全情况进行建档，汇集工程资料及工程日常督察情况，对外包单位的安全文明生产、施工质量管控、工程进度把控、现场管理情况、施工人员行为等方面客观、全面地进行评价，并将评价结果纳入外包单位积分考核中。

通过基于积分制的变电站外包施工全过程管理，吴班长提高了外包施工单位加强自我管理的主动性，施工现场更加规范，现场违章得到有效遏制，现场管理人员的管理水平也大大提高，施工质量和施工进度把控得到有效控制，现场安全管控风险大大降低。

> **思考 4** 如何充分发挥现场管理人员的主体作用？

## 问题解析

**思考 1** 外包施工漏洞百出的原因在哪里？

**解 析** 安全管理不规范、施工前准备不充分、对项目管理深度有待提升、过程管理缺乏有效的管控手段。

（1）外包施工单位现场安全管理不规范。

1）外包施工单位为了达到利益最大化，在安全管理方面的投入能省则省，安全培训流于形式。

2）现场施工人员素质参差不齐，人员流动性较大，为了节约成本，甚至存在使用临时工现象，新进人员没有经过专业培训直接进入现场参加工作，作业人员安全、技能水平较低，缺乏安全意识，野蛮施工、违章作业等现象屡禁不止。

（2）施工前准备不充分。

1）技改、大修项目施工基本都安排在春检和秋检期间，此时外包施工单位施工现场较多，人员安排紧张，施工前期准备时间仓促。

2）由于人员紧张、前期准备时间仓促，施工人员未按照要求学习讨论检修方案和作业指导书，施工人员对工作内容和流程不清楚，有时出现漏带工器具和配件等情况。

（3）对项目管理深度有待提升。

1）受限于变电设备停电计划的统筹安排和刚性执行，同时迫于工期要求，施工的过程管理点到为止，较为粗犷。

2）现场管理人员监管不力，一方面，管理人员工作责任心有待加强；另一方面，管理人员自身管理水平有待提升。

（4）过程管理缺乏有效的管控手段。对外包单位只能按照合同约定的整体效果来约束，而不能从工序层面进行有效管控，缺乏行之有效的过程定量管控手段和依据。

**思考2** 怎么样才能做好外包施工管控？

**解析** 以现场管控为重点，加强流程管控和工序控制，制定约束机制。

（1）以现场管控为重点，加强流程管控。建立健全外包施工的管控机制，明确各方人员职责和对口责任人，按照"谁主管、谁负责"和"分层管理、分级控制"的原则，做到凡事有人抓、凡事有人管。以保障现场作业安全、工程质量为重点，以管控流程为主线，将作业组织、现场勘察、现场风险辨识与防控、风险评估、计划控制、作业文本编制、安全监督、点评反馈、总结提升等贯穿于外包作业的全过程、各环节，实行作业风险的超前分析和过程控制，强化执行情况的跟踪监督，实现现场安全生产风险、质量隐患的可控、能控、在控。

（2）加强工序控制，及时有效纠偏。明确变电站外包施工双方的管理责任主体、落实职责分工，充分发挥现场管理人员的主体作用。开展有针对性的安全隐患现场检查，对现场查处问题及时指正纠偏，按照 PDCA 循环的实行"一患一档一治理"的闭环管控，强化施工质量和工艺控制，严格落实工程验收制度，确保工程零缺陷竣工。

（3）以积分制为抓手，制定约束机制，促进外包施工单位加强自我管理的主动性。建立完善的外包施工积分制度，以积分衡量外包施工单位的管理水平，根据积分情况，形成对外包施工单位有效的考核机制，增强外包施工单位自我管理的主动性。

**思考 3** 积分制考核如何约束外包施工单位？

**解 析** 建立完善的积分制度，根据积分情况形成考核机制和正激励机制。

（1）建立完善外包施工积分制度。积分制的考核必须贯穿于外包施工的全过程，包括施工前期准备、施工安全管理、质量管理和竣工验收 4 个方面，从企业资质、人员资质、人员业务技能和安全技能水平、现场管理水平、施工质量以及竣工验收资料等方面开展全方位的量化评估，真正做到全方位、全过程管理。

（2）对积分不达标的外包施工单位形成考核机制。根据积分情况，对积分不达标的外包施工单位，根据公司相关制度规定和施工安全协议，在工程结算时对外包施工单位进行经济考核，同时建立外包施工单位工程施工积分评价库，对积分不高的外包施工单位在以后的项目投标中取消一次或多次推荐资格，甚至取消其投标资格。

（3）对积分良好的外包施工单位形成正激励机制。对积分良好的外包施工单位，在以后的工程项目投标中优先推荐。通过积分制的考核，打破了外包施工施工单位追求利益最大化和忽视现场安全生产的侥幸心理，增强了外包施工单位自我管理的主动性，从而达到约束外包施工单位提高现场管理水平的目的。

**思考 4** 如何充分发挥现场管理人员的主体作用？

**解 析** 强化标准化建设，引入考核和激励机制，充分发挥主观能动性。

（1）强化标准化建设，提升外包施工管理水平。加强标准化建设，要求现场管理人员严格按照外包施过程工序控制流程图，参与到现场施工的每一个环节，对每一道工序严把验收质量关，对检查出的问题，建立问题质量隐患档案，并按照 PDCA 循环模式形成消缺闭环管理。在下一个工序开始前要对上一个工序存在的问题进行处理、整改验收，防止问题积累、遗漏，从而确保现场施工的每一个环节都能管控到位。

（2）加强对外包施工管理人员的考核和激励。将现场外包施工管理人员的管理成效纳入班组月度绩效考核和各项评先评优工作中，对于在外包施工管理工作中表现好的员工，及时地给予一定的物质奖励和精神鼓励，从而激发现场管理人员的潜力，使其充分发挥积极性、主动性和创造性。

## 要点点睛

（1）要从根本上消除外包工程施工过程的种种问题，必须加强对施工项目的全过程管控。

（2）外包施工的管理既要加强对施工方的管控，也要提升管理人员的业务水平。

（3）基于积分制的考核机制，提高了外包施工单位自我管理的主动性，现场管理水平大大提升。

## 📖 知识链接

### 积分制管理

积分制管理（Merit Points Management）是指把积分制度用于对人的管理，以积分来衡量人的自我价值，反映和考核人的综合表现，然后再把各种物质待遇、福利与积分挂钩，并向高分人群倾斜，从而达到激励人的主观能动性，充分调动人的积极性。

积分制管理是一种颠覆传统绩效模式，赋予考核文化属性的员工激活系统。积分管理就是企业在绩效管理的基础上，对员工的个人能力、工作和行为通过用奖分和扣分的形式进行全方位的量化考核，并与奖金池关联，从而实现最大化的调动员工的积极性。

# 由等时间变为抢时间
## ——班组积极响应业扩报装提速增效新政策

**摘 要**　　新规激起千层浪，余班长化挑战为机遇，将等时间变为抢时间。本案例通过介绍 B 市供电公司营业厅大客户经理余班长带领班员集思广益，研究缩短业扩时间的初步方案并最终得到用户良好反馈的故事，分析了制定可实施方案前需要明确的要素，介绍了思考问题可以参考的角度，为根据实际情况落实新要求、新规定提供了借鉴。

**关键词**　　业扩时间　班组例会　集思广益

## 情景聚焦

　　日历已翻至 2018 年。这天，A 电办〔201×〕××号文《A 省电力有限公司关于加快业扩配套电网工程建设促进业扩报装提速增效的实施意见》如同一块巨石砸进了 B 市供电公司的深潭之中，激起阵阵涟漪，而首当其冲的，还要数一线班组。

### 巨石挡路，不慌不乱

大客户经理班的余班长仔仔细细研读了几遍文件，眉头紧蹙："这可不好办呀。"缩短业扩时间，这短短的几个字要从纸面落地到现实，还需要很多繁杂的工作，解决很多棘手的问题。为了达到省公司要求，余班长可谓是思前想后，绞尽脑汁。他首先从流程入手思考，目前接电的流程基本上可以概括为：业务受理→现场勘察→竣工验收→送电，一共 4 个环节。这 4 个环节看似简单，每个环节需要做的工作和需要准备的资料可不简单。就现场勘察这一个环节来说，就需要收集用户的负荷性质、提供电源点，计量方式等信息。现如今，要想缩短接电时间，及时将线路接到用户红线外，同时又要保证下一个流程的迅速跟进，难度可不小。

目前大客户经理班的几位客户经理，分别管辖市区与市郊等 6 片营业区域，负责为全市 10~35kV 高压客户量身定制供电方案。但是业扩服务涉及制定方案、工程设计审查、竣工验收、签订供用电合同、协调装表接电等众多流程，改革在即，目前的模式并不能满足文件需求。为了能尽快落实要求，余班长及时召开了班组小会，与其余几位客户经理商量对策。

> **思考 1** 在制定切实可行的方案之前需要明确哪些要素？

### 各抒己见，提出问题

在会上，余班长先是带领着班员学习了 11 号文，集中讨论了几个难点和模糊点：比如红线的范围划分、究竟是哪些部分归用户投资，哪些部分归供电企业投；又比如缩短接电时间、临柜一次的具体要求。在确认大家都领会了文件的含义之后，余班长分析了当下的形势："我也知道，我们现在业务量庞大，人又少，的确有些忙不过来。但改变现在的这种模式看似增加了工作量，又缩短了时限，却未必就意味着更忙了。"他接着说："虽然缩短了时限，但是的确可以省去一些繁杂的步骤。比如之前，线路没有搭建到用户红线外时，常常面临着用户投资巨大而资金短缺，久久不能送电。现如今投资金额减少了很多，用户的资金压力相较于而言也小了很多。而现在要解决的问题也主要是缩短时限，你们都有什么看法，可以说一说。"

先发言的是负责高新区的小汪："高新区这一块工业园区多，本来负荷就大，这几年负荷增长极快，供需不平衡的问题越来越严重了。用户的用电问题不能迅速解决，用户也感到着急，不断的来电询问。如果能缩短时限，更高效地跟用户对接，我的工作压力也会减轻。"

负责市区的小孙则忧心忡忡："市区的情况比较复杂。本身市区用户分布零散，线路复杂，还有很多遗留问题。像有些用户的环网柜暂时还没有移交，整体执行起来难度会比较大，问题也会比较多。"

另一位资历深厚的老师傅徐师傅表示："还有一些普遍存在的问题需要引起重视。一些线路经常涉及停电问题，由于影响用户，停电需要提前一周通知。这就导致验收合格后需要等待一周多的时间才能停电T接送电，造成用户空等，拉长接电时间。"

**思考2** 该从哪些角度来入手解决大客户经理提出的问题？

### 方案出台，效果显著

余班长耐心听完他们的发言，将客户经理提到的问题一一记录在案，然后宣布散会。在会后，余班长结合工作经验，将客户经理提到的问题整理总结，最后总结出来3个主要问题，并且在心中形成了初步方案，与班组的成员共同商量讨论方案的可行性。

第一个问题是用户沟通问题。

余班长说："现在的沟通方式这么多，不仅仅可以通过发邮件打电话来和客户进行沟通，还可以通过微信，短信。如果利用微信进行沟通，建立一个客户群，即时性有保障的同时也可以记录下来具体的问题，也方便我们进行工作总结。"小孙则有疑虑:"可要是负责市区的同事,一户一个微信群,每年几百起业务,这也看不过来吧。"小汪提议:"不如先从工业园区开始试点吧。园区在企业入驻前就能得到第一手资料。我们到时候派专人和工业园区联络,主任和班组长监督。一旦有客户或者隐藏客户,我们就能在企业报装前提前准备,这样也可以有效缩短接电时间。"

最后班组成员决定,暂时先从两个工业园区开始试行。根据试行结果再决定推不推广,如何推广。

余班长看到第一个问题基本解决了,于是提出了第二个问题,供电方案的出台与配套工程实施的衔接性。

班组的老师傅徐师傅说:"这个问题确实很棘手。现在都需要接到用户的红线外,那就意味着几乎每个工程都需要配套工程。目前省公司虽然开通了通道,放开了项目包,但如果配套工程进度拖延或脱轨,接电时间就会拖长。甚至可能出现用户受电工程已完工,配套工程还未完善的尴尬境地。"余班长点头,"这个问题我也苦恼了很久,你们看这样行吗?我们在勘察时,就带着设计院一起。这样受电工程设计和配套工程设计就可以同步,配套工程也不会脱轨,还可以确定是否需要同步配套工程。这种方式可以大大缩短接电时间。"

余班长的提议经过班组讨论后,认为可行。事实证明,这个方法在实践后,也得到了用户的好评。

最后一个问题是送电环节中的停电问题。这个问题其实说难也不难,经过班组讨论很快就提出了解决方案:以协调带电作业,积极配合等方式来避免用户空等,以可见的天数缩短接电时间。这个方法也被证实很有效果,比如后来工作中的一户客户,该客户电源点为一条主干线,停电范围影响较大。如果真要对线路停电会影响其他用户,还需要让用户等上一个多星期,经过现场勘查,这名客户的情况符合带电作业条件。于是经过带电作业,短短几天内便将电送到了用户厂房内。用户对供电公司的工作竖起了大拇指，连连称赞。

这样的客户并不在少数。新举措实施之后，成效明显。为了看出效果与问题，余班长让专人统计接电时间，并计算出平均值，再与去年的数据作为比对，同时也注意收集用户反馈的情况。

根据数据和用户反馈的情况看，班组的新业务流程愈发流畅，班组成员在心态和工作两个方面也有很大改观。

> **思考 3** 这次推出的方案有哪些亮点？

## 问题解析

改革与创新是企业赖以生存与发展的动力之源，也是一盘下不完的棋，伴随企业发展的全过程，改革不可能一蹴而就，创新也不可能一劳永逸。

**思考 1** 在制定切实可行的方案之前需要明确哪些要素？

**解 析** 在制定切实可行的方案之前需要明确角度的多样性与思考的全面性。

方案的出台是一个不断推翻又不断完善的过程，需要从实际出发。脱离实际的理论，就会变成僵死的教条，不利于工作的推进。想要形成切实可行的方案，首先就需要知道当下应该解决的问题是什么，以及构想在方案推行中可能会遇到的实际困难，再由现实这个炼丹炉，来检验方案的可行性。

（1）角度的多样性：要从多个角度来寻找问题。几位大客户经理由于负责的范围不重合，而这些区域的实际情况也不尽相同。以市区、高新区、开发区为例，城区用户一般以房地产开发、酒店等用电为主，分布位置极散，涉及线路与情况也非常复杂；高新区主要为众多工业园区，用户基本上是园区用户，线路也以电缆敷设为主，而且最近高新区引进众多纺织企业，业务量陡增；开发区情况也比较复杂，既有园区用户，也有港口之类的单独用户，分布地区较为广泛，也涉及了诸多学校等。情况复杂、业务量多，要想一个人厘清这其中的千头万绪，不仅不实际，而且也没有这个必要，所以要及时地沟通，并让各个负责的客户经理各抒己见，单独提出本区域内面临的实际情况，对这些难题有了概念后，解决起来，与之后制定方案中，心里也有个底。这就是对问题的深入理解。

（2）思考的全面性：要从班组的整体工作经验中寻答案。提出初步方案既是提出了执行方式，更重要的是实际解决了上述的困难。班组中有工作三十余年、经验极为丰富的老师傅，也有新进的年轻人，脑子比较活络，更加贴合时代。通过进一步的沟通，整合思路，提出了符合实际工作需求的初步方案，再加以实施。因为前期的情况了解、沟通交流，使得方案再次制定出来并不是空口白谈，而是切实地解决问题。先发现问题，加以解决后再提出方案，也避免了走一步错一步而后难以收场的尴尬局面。

**思考2** 该从哪些角度来入手解决大客户经理提出的问题？

**解析** 要从认识问题本身和强化系统思考这两个角度来入手解决大客户经理提出的问题。

大客户经理所提出的问题均是日常工作中所存在的，或是在方案推行中可能遇见的。想要解决这些问题，便需要从工作经验与生活中提取、从实际出发，系统地思考。

（1）以问题为导向，认识问题本身，强化问题意识。只有坚持以问题为导向，不断从工作的实践之中归纳和提炼出问题，再加以分析研究并最终解决。大客户经理所提出的3个问题十分贴合实际，可谓是横在"缩短业扩时间"这一道路上的三块巨石。

1)与用户的沟通问题属于前期工作。目前整个高新区的多条线路重载，而用户仍在不停提交用电申请。如果能提前获得第一手信息，便可合理规划线路、合理调整运行方式，提供优质服务。

2）配套工程与供电方案的衔接问题属于中期工作。对配套工程的要求是 11 号文中明确提出的，同时也对配套工程的时限做了有关规定，想要从这里入手缩短时限，便需要至少与客户的内部工程同步实施。

3）停电问题属于后期工作。在验收合格后如果停电 T 接需要影响其他客户，业扩流程的整个时间都将会拖长。在与停电需提前一周通知其他用户这一前提下，应该从如何"不停电 T 接"入手。

（2）强化系统思考，拓宽思维视野。在实际工作中，只有站在全局的角度进行系统思考，才能洞悉工作中各个组成部分相互影响、相互作用的机制，从中发现问题，改进方案，进而在实践中逐步提高发现问题、解决问题的能力。仅仅是解决这 3 个问题并不算是完整的方案，整个方案应结合整体，站在全局思考，以便解决其他实际问题。

**思考3** 这次推出的方案有哪些亮点？

**解析** 此次推出的方案是针对实际问题、针对确实存在的困难而制定的。主要有 3 个亮点：有效沟通，提高效率，缩短时间。

（1）前期入手，有效沟通。从用户申请用电开始，甚至还未申请用电时就了解到用户的基本情况，有利于后期的工作准备，例如规划用电线路，提前优化重载线路的运行情况以便用户接入。为客户与客户经理建立简便的沟通渠道，达到优质服务的目的。

（2）中期协调，提高效率。由于配套工程的实施直接影响了用户的接电时间，故而在供电方案交到用户手上后，内外部工程就应该同时进行。为了达到有效的衔接，在勘察现场的同时对外部工程进行设计，保证外部工程比内部稍快或是同步进行，有效地提高了效率，同时也节约了时间。

（3）后期安排，缩短时间。在停电涉及其他客户时，需要提前一周上报停电计划，以便通知被影响用户，经生产例会批准后方可进行停电。例会每周一次，错过便会造成等待时间更为漫长。为了不让用户进入施工结束却不能及时送电的尴尬境地，带电 T 接作业便成了首选。由大客户经理作为沟通桥梁，协调带电作业有关事宜，在符合带电作业的条件下由供电部门为用户 T 接，能够大大压缩原本需要停电 T 接的用户接电时间。

## 要点点睛

（1）出台方案，要循序渐进、科学规划、尊重事实。

（2）班组管理中，需要营造良好的沟通环境。

（3）检查实施方案的成效，需用量化的具体数据来体现。

## 知识链接

### 三现主义

三现主义（如下图）——所谓"三现"，指的是现场、现物、现实。即一切从现场出发，针对现场的实际情况，采取切实的对策解决。要求管理者不要期望坐在办公室里，面对着计算机解决生产现场发生的问题，而一定要到现场去，了解现物和现实，真正有效地帮助现场解决问题。

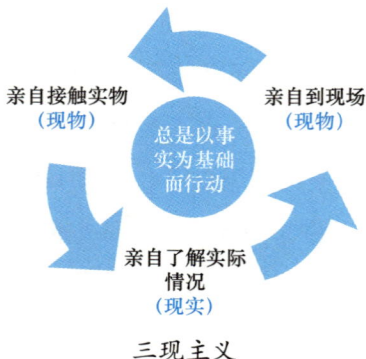

亲自接触实物（现物）　亲自到现场（现物）　总是以事实为基础而行动　亲自了解实际情况（现实）

三现主义

（1）现场：第一现是现场，就是不要只坐在办公室里做决策，而要立即赶到现场，奔赴第一线。

（2）现物：对于现物，管理者最重要的概念就是总是以事实为基础而行动，解决问题需要找到事实的真相。"到实际问题中去，并客观的观察其过程"，观察看不到的地方，这时事实终将出现。

（3）现实：需要用事实去解决问题，但事实往往变化无常，要抓住事实就要识别其变化，理想和实际总会有很大的差距，因为理想和事实往往有很大的差距。所以决策时，一定要考虑实际的情况，逐步地调整修正，才能够落实并坚持下去，很多时候，如果不能亲临现场，不去调查事实和背景原因，就不能够正确地认识问题。要想找出产生这些问题的原因，一定要对现实进行确认。

# 小刘成长记
## ——与 QC 共舞，提升自我

**☰ 摘　要**　QC 小组活动让新进班组大学生小刘的工作热情重新燃起。本案例描述了 C 市供电公司采集运维班新进班组的大学生小刘，通过融入班组 QC（质量管理）小组活动，逐渐摆脱入职厌倦期困惑，成长为班组技术骨干的历程。通过本案例解析，展示了 QC 小组活动在激发员工的工作积极性，提升员工的创新意识和综合素质方面的作用，同时也给班长如何全面建设班组，适时给新进员工提供挑战性工作提供了借鉴样本。

**🔍 关键词**　质量管理　创新意识　人才培育　QC 小组活动

## ⏱ 情景聚焦

　　小刘是去年刚刚分配到 C 市供电公司采集运维班的一名大学生，顺利通过实习期后，正式成为班组的一员，负责日常采集终端运行维护工作。日常采集运维工作点多面广，处理流程繁杂，技术要求也比较高。小刘对岗位工作热情度很高，主动学习相关专业知识，工作也越来越顺手。班组其他成员对他的表现都非常满意，认为这个小伙子聪明肯干，能够沉下心来踏实做事。但是，一年之后，大家发现小刘的工作积极性没有以前那么高了，偶尔还出现上班迟到早退现象。最近李班长私下里和他聊天，想了解下小刘工作态度转变的原因。通过谈话，李班长了解到，通过一年的现场工作，小刘对自己的岗位工作内容已经非常熟悉，每天重复同样的工作，产生了一定的厌倦感。

> **思考 1** 如何保持新进大学生员工的工作热情？

### 面谈鼓励，循循善诱

了解到这一情况，李班长再一次和小刘进行了耐心谈话，让他了解到自己工作岗位的重要性，并就工作内容和工作方法做了沟通。

"最近采集成功率指标提升得不错，你肯定下了不少功夫！现场的故障现象都详细记录了吧？" 快下班时，李班长单独留下小刘。

"班长，故障现象我都记录了，很详细。"小刘说话中透着一股自豪感。

"你看，你上班时间不长就能够熟练排查设备故障，说明你专业技能很扎实呀。"李班长不无赞许地点头，"对了，你对记录的每种故障现象都做原因分析了吗？"李班长语气中充满期待。

"原因都差不多。这个，我好像没太多关注……"小刘好像有点不好意思起来，"班长你看，我们采集现场缺乏系统数据支持，使得排查过程复杂、不能及时发现故障点，运维工作效率低下。"小刘语气中不无焦虑，"排查过程机械、同时又重复枯燥。"

"是呀，现场采集故障点越来越多。故障排查效率低下、不能彻底解决故障，导致现场运维徒劳返工现象严重，耗费大家大量的人力物力呀。"李班长补充道，"一个台区故障隔三差五的跑几趟，也难怪你们抱怨了。你看，最近工区领导都邮件通知了，要求各班组申报 QC 课题，我们班今年就采集故障消缺率来做些文章，你看怎样？"

"QC 课题？这个……我不太了解。"小刘有点犹豫。

"小刘，你可是咱班的高才生呀，专业知识技能、材料编写，还有幻灯片制作，都是你的强项，可不能在日常工作和抱怨中埋没了自己的才华呀。"李班长一边递给小刘几本质量管理书籍，一边意味深长地说道："你先熟悉下 QC 活动流程，结合日常记录的故障现象，做个初步现状调查。好好搞，我们的课题发布成果，年底可是要到公司舞台上展示的，你可要好好把握机会哦！"

小刘有点没底，但还是答道："班长我明白了，我先熟悉下小组活动流程。"

> **思考 2** 如何鼓励员工参与 QC 小组活动？

### 质量管理，再造动力

除了给小刘推荐质量管理书籍，李班长还鼓励小刘每周五参加公司安排的 QC 基本知识培训学习。渐渐地，那个大家熟悉的小刘又回来了，大家发现他并没有因为班长安排他参加 QC 活动而抱怨，反而工作更加积极。小刘积极参加公司安排的 QC 学习培训班，学习质量管理知识，面对遇到的现场难题多了一层细节思考和分析。小刘很快掌握了各类 QC 工具使用技巧，积极参与 QC 活动小组讨论，对问题症结深入调查，依据现场调研数据合理性、推估课题目标值。在原因分析阶段，他充分发表意见，和大家一起"头脑风暴"，积极寻找末端原因，通过现场数据分析、试验操作逐一确认要因。

> **思考 3** QC 小组活动中"头脑风暴法"是怎么展开的？

### 提升自我，多重激励

李班长看在眼里，喜在心头，毕竟今年他还和小刘签了"导师带徒"协议。在班长的赞许下，小刘依据 5W1H 原则制订了详细的对策表，设

定各个对策目标，明确具体措施计划。小刘还主动要求对近期的采集故障
数据进行统计，数据显示对策实施后，每月采集故障消缺率均达到预期目
标值，小组课题目标实现了。经过近一段时间的忙碌，小刘终于露出了会
心的微笑。

在年底公司组织的 QC 成果发布会上，小刘崭露头角，一举获得 QC
成果发布一等奖。通过参与班组 QC 活动，小刘个人收获满满，对采集运
维流程有了进一步的理解，故障排查技术也得到大幅度提高，同时熟悉了
PDCA 工作方法，质量管理意识、团队精神等方面均得到了提升。李班长
也为小刘的快速成长感到由衷的高
兴，班组例会上多次就小刘一年来
取得的成绩进行表扬鼓励，小刘本
年度绩效考核也被评为 A。

> **思考 4** QC 小组活动对人才培养有哪些促进作用？

## 📋 问题解析

**思考 1** 如何保持新进大学生员工的工作热情？

**解析** 沟通引导，提供挑战性工作任务、鼓励科技应用。

班组长要认识到新进大学生员工的特点：他们比较在意所从事的工
作任务是自己感兴趣的，还是单调乏味的；他们成长在信息技术时代，
对于新技术新事物痴迷和热衷，很希望在新的工作环境中，有机会接触
和应用各种新技术。在日常工作中安排有挑战性的任务，能够调动他们
的工作热情和积极向上意愿。要采取有针对性的措施，对他们进行有效
的管理和引导。

（1）沟通引导，树立目标。班组长有义务和新进员工多沟通、多交流，
了解员工的心理状况，帮助他们调整自己的心态，让他们每个阶段给自己
树立一个新目标、方向，保持高涨的工作热情。同时要求他们开拓工作思路，

积极参与班组各项技术攻关活动，提升自己的认识，具备科技创新、质量管理意识。

（2）提供挑战性的重要工作。为了激发新进大学生员工成就一番事业的心理渴望，班组长可以为他们提供工作中的挑战和目标，激发他们的宝贵积极性，并能够考核评估他们的工作成绩。大部分年轻人都认为，如果他们感觉正在从事的工作具有价值，他们就会忠诚地努力工作。大部分人都制定了具体的学习工作计划，自信能够实现自己的人生目标。

（3）注重科技，鼓励实际应用。班组长日常管理中应注重为他们创造条件，尽量保证他们在工作中运用各种必需的技术设备，鼓励和引导他们勤动手动脑，努力钻研技术，理论联系实际，学会应用技术去解决各类工作难题。

**思考 2** **如何鼓励员工参与 QC 小组活动？**
**解 析** **满足不同类型员工需求，激发参与热情。**

企业培养优秀的质量文化，加大对质量管理（QC）成果的各类奖励，满足各类不同员工的需求，激发和促进员工参与质量管理小组活动的积极性。班组长在小组活动中正面引导和鼓励班员，就工作中存在的问题不抱怨不泄气，而是提供建设性意见和改进办法，实施质量管控。

（1）员工自我发展的需求。活动开展过程中，让员工就各种棘手的问题发表自己的见解，展现自己的才华，引起领导的关注；让参与者相信参加该项活动有更多机会发挥自己的潜能并获得事业成功；激发员工对企业的归属感、强烈的质量忧患意识，真正关心企业的未来，感到有责任帮助企业改进质量，推动企业持续发展。

（2）荣誉与奖励的需求。企业加大奖励力度，让参加者得到相应的荣誉和物质奖励，增加质量管理活动的吸引力，同时给员工提供培训的机会，为个人的发展提供更大的空间，更新知识、提高业务技能。

（3）解决问题的需求。班组长可以将一些日常工作中遇到的重难点复杂问题，通过QC小组会议来解决，让参与者相信加入QC小组会得到更多的信息，开拓他们的视野和认识。

**思考3** QC小组活动中"头脑风暴法"是怎么展开的?

**解析** 打破常规，积极思考，畅所欲言，充分发表看法。

"头脑风暴法"是在讨论中展开的，遵循一定的讨论程序和规则来保证讨论过程顺利、有效，一般展开的程序如下。

（1）会前准备。首先确定会议目标，明确要解决的问题，不限制可能的解决方案思路；其次确定参会人选，以5~15人为宜，确定主持人和记录员；尽早将与议题相关的情况介绍给参会者，并尽可能提供相关资料，使参加人员在开会之前对所有要解决的问题有所了解。

（2）制造自由宽松的环境。布置会场时可将座位排成圆环形，每个人都能面对他人发言，拉近与会者之间的心理距离，会议主持人着重营造活跃、轻松的讨论气氛。

（3）明确讨论规则。首先是注意倾听，不要私下交谈，以免分散注意力；其次要尊重他人，不妨碍及评论他人发言，每个人只谈自己的想法；再次是发表见解时要简单明了，一次发言只谈一种见解。大家可进行初步发言，加深对问题的了解。

（4）畅谈，与会者充分发挥各自创意，自由发表想法。畅谈是头脑风暴法的创意阶段，主持人要善于引导大家自由发言、自由想象、自由发挥，使彼此的思想互相砥砺、互相补充，真正做到畅所欲言。整个讨论控制在60min以内为宜，在这个过程中，记录员应做好记录，可将发言扼要地写在黑板上，使大家都能看见。会后要将会议发言记录进行整理。

（5）方案筛选。会议结束后的1~2天内，主持人还应向与会者了解大家会后的新想法和思路，以补充会议记录。然后将大家的想法综合整理成若干方案，再根据可识别性、创新性、可实施性等标准进行筛选。经过多次反复比较和择优，最后确定 1~3 个最佳方案。这些方案往往并不是由某个人单独提出的，而是多种创意的组合，是大家的集体智慧综合作用的结果。

（6）专家论证。会后，公司组织专家对设想进行分类论证，确定一个最终方案付诸实施。

**思考 4** QC 小组活动对人才培养有哪些促进作用？

**解析** **激励企业员工的质量意识，锻炼人才队伍综合素质。**

因为 QC 小组活动团队性、科学性的特点，在活动过程中可以提高成员之间的团队意识、质量意识和解决问题的能力。

（1）激励企业员工的质量意识。在活动中，小组成员必须分工协作，互相学习，相互帮扶才能共同提高，QC 小组解决问题的过程也是集体意识的过程。在整个活动过程中，需要群策群力围绕目标，发动全体成员的智慧，动脑筋想办法，依据现状调查、实验验证，头脑风暴，集思广益，同时选用合适的 QC 工具，运用适宜的 QC 方法（如调查表、分层法、亲和图、水平对比、控制图等）进行分析，找出问题的原因，并激发员工开发创新型思维对存在的问题进行改进。

（2）锻炼人才队伍综合素质。QC 活动开展过程中运用的质量管理理念和方法，具有严密的科学性和规范性，通过 PDCA 循环带动质量体系的有效运作，并延伸到其他日常工作中，促进人员整体素质的提升。

## 要点点睛

（1）班组长要关心鼓励新进员工，适时安排挑战性工作任务。

（2）以问题为导向，从细节着手，组织班组质量管理 QC 小组活动，提升员工业务技能，同时拓展其创新意识和团队精神。

（3）积极营造员工成长所需要的良好环境，对取得的成绩给予肯定和鼓励。

## 知识链接

### 质量管理体系

质量管理体系（Quality Management System, QMS) 是组织内部建立的、为实现质量目标所必需的、系统的质量管理模式，是组织的一项战略决策。它将资源与过程结合，以过程管理方法进行的系统管理，根据企业特点选用若干体系要素加以组合，一般由与管理活动、资源提供、产品实现以及测量、分析与改进活动相关的过程组成，涵盖了从确定顾客需求、设计研制、生产、检验、销售、交付之前全过程的策划、实施、监控、纠正与改进活动的要求，以文件化的方式，成为组织内部质量管理工作的要求。

### QC 小组活动

QC 小组活动即质量管理小组活动。它是指员工围绕企业的经营战略、业绩目标和工作任务，组成小组或团队，采用分工协作、集思广益的方式，遵循 PDCA 管理循环，以提升质量、安全、效率、客户满意度，或是降低成本、消耗、事故率等为目标，运用质量管理、统计分析、工业工程、创新思维等方法，开展的现场改善、问题解决、课题攻关和技术革新等活动。

# "精益运维"是如何炼成的
## ——变电运维精益管理的探索

**三 摘　要**　特高压运维班朱班长为推广"精益运维"三"打虎"，最终成功打死"拦路虎"，完成了年度目标。本案例讲述了Ａ省电力公司检修公司某特高压运维班朱班长在推广运维精益化管理工作时，虽然遇到了困难，但是他通过反思总结，集思广益改进工作方法，最后实现变电站精益管理并且在班组内形成了良好的工作风气的故事。该案例深入分析了特高压变电站精益运维的工作制定方案、过程推进、结果闭环各阶段的特点，总结了运维精益管理要把握"科学方案""过程管控""结果闭环"关键点，为班组持续推进运维精益化管理工作提供了借鉴。

**关键词**　运维精益化　科学方案　过程管控　结果闭环

## 情景聚焦

　　"精益运维"是指通过精益化管理手段可以提高设备管理质量，保证设备安全运行。它既是国Ａ省电力公司推行的先进的管理理念，也是要推广的管理要求。检修公司某特高压运维班朱班长最近也接到了推广精益运维的要求，但是现实却给他出了个大难题。精益化管理标准高、要求严、条款细，班组许多运维人员不认同精益运维管理理念，认为精益化管理"吹毛求疵""折腾人"。观念上的不理解，影响了精益运维的推进效果。如何扭转班组成员的观念，减少员工对精益运维工作的消极态度，是朱班长顺利推广精益运维道路上的一只"拦路虎"。

### 布置工作，进度缓慢

为了顺利"打虎"，朱班长决定先召开一次精益化自查启动会。在会议上，朱班长说："这次会议的主题，就是创建'精益运维变电站'。这是工区的要求，也是公司推动的一项重点工作。这项工作是本年度的工作重点，时间跨度大，工作任务重，大家有疑虑也是可以理解的。但是通过精益管理，能提高特高压设备的管理质量。把这项工作做好了，每个人都会有很大的提高。"看到班组成员并没有意识到任务的重要性，朱班长接着强调："而且公司非常重视精益运维工作，公司还会专门抽查特高压变电站精益管理整改情况。这项工作迟早要开展，大家提早开展，就能掌握工作的主动权，对大家也是有好处的。我会在会后把具体的工作安排给大家。"会议结束后，朱班长根据情况仔细分配了任务，考虑到班组成员普遍积极性不高，他将工作任务细致地分解给班组每一个人。

然而，半个月过去了，因为大家没有把这项工作放在心上，对待工作任务也是应付了事，大部分人的工作收效甚微。

> **思考 1** 如何在精益运维工作中调动大家的积极性？

### 增加通报，流于形式

第一次"打虎"失败，大家的积极性并没有被调动起来，朱班长十分着急，他决定引入"打虎"新武器——班级内部通报。朱班长希望通过通报班组成员在精益化问题查评整改的情况来提升大家的积极性。于是，在周安全日活动会上朱班长宣布了班组精益化管理通报办法：在每周安全日活动上对每人上周发现精益化问题条数进行通报，并对每位运维人员进行排名，发现问题条数多的给予表扬，发现问题条数少的给予批评。

　　这个新措施一开始效果显著。增加通报的当周，精益化发现的问题数量就大幅提高。但是，随着时间的流逝，情况逐渐发生了变化。因为排名的标准并没有清晰的规定，班组成员对排名有着自己的理解。有的认为问题的质量比较重要。虽然自己发现的问题数量少，但是问题很重要不应该排在后面。有的则认为，既然说了按数量排，那就只注重问题的数量，至于整改质量则不用考虑。因为两方都觉得自己有道理，班组内部对排名的公平性产生了疑惑，因而对通报形式产生了抵触。通报的效果逐渐减弱，精益化管理工作又开始停滞不前。

> **思考 2** 朱班长的通报措施为什么没有能持续调动员工的积极性？

### 科学考核，成效显现

　　第二次"打虎"也收效甚微，朱班长又陷入了思考，看来只有设计一个系统的、科学的考核方案，才能真正地调动起大家的积极性，持续地产生效果。于是朱班长逐个找班组内骨干班员，听听他们对考核方案的意见。大家一致认为第一次的通报奖惩方式太单一，只是口头说说，做得好也没有实质激励。奖惩也没有和班组的绩效考核好好结合，光打雷不下雨，日子久了，班组的成员自然就懈怠了。技术骨干老王的意见更是一针见血："我觉得考核方案太简单了。你看，一开始只考虑到了责任区到底有没有问题的存在，但这个问题是否关键，负责人有没有解决问题，解决的成果怎么样都是要考虑的问题。毕竟精益运维既要发现问题，也要解决问题。

如果大家只是看到问题，不主动解决问题，那精益运维还是推广不了。"

老王的一席话让朱班长茅塞顿开。结合大家提到的问题和自己的经验，朱班长制定了一套新的考核方案。这套考核方案不仅统计发现问题、整改问题的数量，还统计责任区内责任人发现问题的比例。除此之外，不同严重程度的问题有不同的权重，根据权重计算大家的得分情况跟并进行排名。如果出现了考核扣分情况，也会影响当月的绩效。朱班长在安全日活动上宣布了这个新方案，马上就得到了通过。

新方案比以前的考核方案更详细，还结合了班组的绩效考核，一经实施班组精益化的工作立刻有了起色，大家工作的积极性明显有了提高，"打虎"成效显著。不过有了上次的教训，朱班长丝毫没有放松，他决定抓住这个有利局面一举拿下这个"拦路虎"。他将每月的考核结果都公布在班组公示栏，并评选出"精益化管理先进个人"，以供大家学习。为了加强示范效果，推广先进经验。朱班长在每个月度安全会上都会请"精益化管理先进个人"做专题发言，交流开展精益化工作的经验。

> **思考 3** 精益运维绩效考核有哪些注意事项？

### 持续推进，成果欣然

通过严格实施绩效考核制度，现在朱班长所在的运维班组，班组成员的积极性得到了很大提高。班组成员常态化开展精益化自查整改，主动提出变电站需要整改和可以优化的地方。积极性提高了，班组成员从以前的被动按照指示工作变成主动参与班组建设。

组员积极性这么高，班长自然也不能被落下。朱班长对于每次考核当中反馈出的问题也极为重视。如果班组成员工作出现问

> **思考 4** 如何跟踪推进，持续改善设备运维管理质量？

题，朱班长就会通过谈心谈话、带头干等方法，帮助班组成员跟上工作进度，加强工作质量。如果在考核中发现需要班组推动的整改问题，朱班长也会积极的推动整改，并且定期对整改问题的情况进行追踪和检查，直至问题解决和完善。

经过将近一年的努力，班组年初的任务指标提前顺利达成，精益化水平得到了显著提高，变电站实现了"安全设施标准化"和"无锈蚀变电站"目标，在公司精益化查评中也取得了很好的成绩。朱班长还发现了意外之喜。在他的努力下，班组建立了的良好精益化问题查改机制：发现问题→反馈问题→改善问题。这套机制不仅持续改善精益运维存在的问题，还在班组内逐渐形成了积极的工作氛围。

## 🔍 问题解析

**思考 1** 如何在精益运维工作中调动大家的积极性？

**解析** 召开班组动员会，制定合理的考核方案，施行精神激励与物质激励相结合的手段。

（1）召开班组动员会。通过动员会宣讲精益运维工作的意义、必要性和完成此项工作所带来的成绩，有效激励班组成员并明确精益运维工作的职责分工和考核标准。

（2）科学合理地制定精益运维工作的考核方案。要了解班组成员想法，通过"谈心谈话"的方法了解方案是否存在不合理性，及时修正不合理性，考核方案的制定要结合实际，具有合理性。

（3）施行精神激励与物质激励相结合的手段。精神激励就是表扬先进的精益运维工作负责人，通过开会表扬，介绍经验等手段，让负责的班组成员能刷到"存在感"，并结合绩效考核体系给予实实在在的奖励。

**思考 2** 朱班长的通报措施为什么没有能持续调动员工的积极性？

**解 析** 缺乏科学合理的考核机制，考核要物质、精神相结合，并要具备合理性，否则时间长了必然流于形式。

进行通报考核是对班组人员进行激励的一种有效手法，朱班长进行通报在一开始是起到了一定的效果的，后续效果持续下降，主要是在实施过程中措施不够完善，具体如下。

（1）考核方案不够科学。朱班长一开始推行的通报方案，没有征求班组成员的意见与建议，直接进行实施。同时，由于精益运维工作的复杂性，考核方案没有系统性地考虑所有的情况，班组成员也对考核方案提出了质疑，因此通报的效果打了折扣。

（2）考核力度不大，没有与绩效挂钩。朱班长一开始推行通报的措施，只是对于在精神层面对班组成员的工作进行排名，在绩效考核中没有对结果进行运用，没有与绩效挂钩，时间长了难免流于形式。

**思考 3** 精益运维工作与绩效考核有哪些注意事项？

**解 析** 全方位考量，多样化激励方式，严格考核程序。

朱班长的绩效考核在通报的基础上进行了较大的改进，精益运维工作的考核上有以下注意事项。

（1）充分考虑方案的科学性，兼顾效率公平。精益运维工作的考核方案需要充分考虑此项工作的特点，在绩效考核中要做好充分准备，确保方案的系统性、科学性，兼顾公平与效率。

1）在分工过程中要尽量考虑分工，让每个人承担的工作量大致相当，同时在分工时也要注意每个人的特点，在分配工作中要针对个人能力分配不同的工作。

2）在考核过程中要根据工作内容的不同，采取不同的考核方式。针对能够以工作量进行计算的情况采取以工作量计算评价工作，难以统计工作量的可以以工作质量等其他维度考虑工作评价。

3）在绩效考核中要充分认识到效率与公平的平衡性。不公平的绩效考核难以获得班组成员的认可；过分考虑公平而牺牲效率，任何工作都计入绩效考核，将导致绩效考核方案难以持久，最终导致绩效考核在长时间后流于形式。

（2）物质精神并重，多样化激励方式。朱班长后来的考核采取了物质激励与精神激励并重的方式，多样化了激励方式，将更多的员工都能纳入激励体系中，即使是不为物质激励所动的员工，也会考虑到个人的面子问题。这种激励方式，可以在更广和更深的层面激励员工。

（3）公开透明，严格考核程序。朱班长后来的考核方式，考核标准经过班组成员的讨论，获得了全体班员的认可，并且将考核结果进行公示，做到了考核程序的严格透明，具有更大的信服力，因此也能更好地对员工实行激励。

**思考 4** **如何跟踪推进，持续改善设备运维管理质量？**

**解 析** **重视前期准备，狠抓过程管控，严格结果闭环。**

（1）重视前期准备，科学制定方案。针对精益运维工作任务重、跨度时间长的特点，应做好充分的前期准备，在开展工作前一定要科学制定方案，合理安排人员分工，明确考核措施，综合考虑人员特点、现场实际情况等各方面的因素。工作方案要广泛征求班组成员的意见和建议，初步方案形成后，要发动组织职工讨论，进一步做好修正完善工作。同时，在工作开展后，要注重方案的可操作性，不断改进。

（2）狠抓过程管控，加大执行力度。精益运维工作时间跨度长，在较长的时间内，班组肯定有较忙的阶段和工作较少的阶段。因此，班组长需要控制精益运维工作开展的节奏，在现场有其他工作时可以适当放慢节奏，在现场较为轻松的情况下，一定要狠抓工作的过程管控，定期询问检查工作开展情况。如果班组长不能够在整个过程中持续推动、不断关注工作质量、不断推进问题的整改和工作质量的提升，精益运维工作就难免出现推进较慢、质量不高的情况。

（3）严格结果闭环，体现绩效考核。在绩效考核中，一定要注意绩效反馈的及时性、公平性，注重在班组形成比学赶超的工作氛围。

1）及时性。及时的考核是激励的关键，绩效考核激励一定要注意及时反馈、及时沟通。绩效考核的目的在于促进班组人员改进前一阶段的工作，提升下一阶段的工作质量，因此班组必须及时掌握现场工作人员的工作情况，及时反馈，及时沟通，才能在使绩效考核在下一阶段的工作中起到应有的效果。

2）公平性。公正的考核是实施激励的保证。因此班组考核激励工作的开展过程，也要严格考核程序，秉承公开、全面执行。当然公平不是指"绝对公平"，任何工作的绝对都公平都是难以实现，也无法保证效率的。现场工作要注重"相对公平"，在绩效考核中要保证公平的前提下，注意可操作性和效率。

3）良好氛围。形成良好的氛围是持续推进工作的核心。要利用好班组安全日活动、运维分析会、班组公示栏等多种形式的宣传，塑造班组典型，增强先进典型的自豪感和荣誉感，同时激发他人的工作动力，实现个人和集体的共同进步与提高。

## 要点点睛

精益运维要制定科学方案、强化过程管控、形成结果闭环。

（1）精益运维方案制定要科学化，标准化，具有可操作性。

（2）精益运维要强化过程管控，持续推进，避免工作后期流于形式。

（3）精益运维要形成结果闭环，并重物质鼓励和精神鼓励。

## 知识链接

### 精益质量管理理论

精益质量管理（Excellent Quality Management） 就是在对关键质量数据的定量化分析基础上，综合运用多种知识和方法，对关键质量指标持续系统改进，追求达到卓越标准，见下图。如 6 西格玛标准可以实现显著提高企业质量绩效及经营绩效的目的。精益质量管理是企业提高经营绩效的重要战略。

精益质量管理模型

本案例中，朱班长将精益质量管理模型和实际的运维工作相结合，运用工序标准化、改进持续化、度量精细化等精益质量管理要素，持续细致做好精益运维工作，确保变电站设备质量安全，取得了良好的实际效果。

# 何队的"快速反应"部队
## ——村电联建保供电

摘要　配电队何队长在山区建立了自己的"快速反应部队"，带领配电队从"吊车尾"变成"排头兵"。本案例描述了 D 县供电公司山区配电队队长通过深入分析原因，结合多力量，解决山区配电队抢修超时、效率低、易投诉等问题，最后实现优质服务的过程。本案例分析了该山区配电队是如何发挥挖掘个人特点，取长补短的；分析了如何做到借助外部力量快速反应；为山区配电队提高工作效率和工作质量提供了借鉴。

关键词　快速反应　对内整合　对外联合

## 情景聚焦

何队是国 D 县供电公司山区于 2015 年 6 月成立的配电队的队长。何队管辖的辖区负责 4 个山区乡镇，共约 331km²，173 个台区，8 条共计 276km 左右的 10kV 线路运维，以及 1 条过境大电网属地护线工作。辖区大，任务重，7 月初的生产周例会不理想的各项指标，都让何队觉得忧心忡忡。

回队的路上，何队望着窗外连绵起伏的大山，想着队里满腹牢骚的老同志和年轻稚嫩的新同事长长地叹了口气。

### 班组会议，整合创新

一回到队里，何队就召集全队成员开了个小会。在会议上，何队向配电队员通报了各项指标、部署下一阶段工作后，突然提问："大家有没有什么好的想法，提高我们的工作效率，缩短抢修时间，减轻工作负担，提升各项指标？"大家你看看我，我看看你，没一个发言。队里的一个年轻小伙子，张了张嘴，却没发出声音。何队看到这种情况，说出了自己在路上一直考虑的方案："我想给你们重新分组，以前是按内外分工，现在不分内外，懂系统的必须要懂现场，懂现场的必须熟悉每条线路和设备，改变工作方法，提高工作效率。"大家似乎被何队的这番话"激活"了，每个人脸上都充满好奇和信心满满的神情。何队看了看大家的反应，接着说："你们是自由组合呢还是我来安排？"这会大家开始交头接耳了，最后一致认定自由组合比较好，大家相互熟知，配合好，干活快。会议结束后的一段时间，队员们熟悉了彼此所辖的线路和设备。由于大家对线路设备的情况了然于胸，排查故障时间大大缩减，系统数据的及时性、准确性也随之提高。经过一段时间的努力，队里的各项指标都有所提升，但是抢修及时率仍然上不去。还能怎样优化人力资源的配置呢？何队陷入了沉思。

> **思考 1** 如何更好地整合人力资源？

### 打破壁垒，取长补短

何队决定再对队员进行更深入的了解，他将队里的人员履历表调了出来，认真看起来。配电队全队虽然只有 7 个人，但是情况却很复杂。按照工作经验分类，队里有 1 名高级技师、1 名三级技师、5 名四级技师；按照学历分类，队里有 2 名大学生，3 名中专毕业生，1 名初中毕业生，1 名小学毕业生。队里年龄差距也很大，年龄最大的老康 57 岁，最小的小王 28 岁。年龄跨度之大，文化水平相差之巨，让何队不知从何着手。何队征询了其他配电队的意见，又结合队里的情况审慎思考，最后得出结论：提高队员的专业素养可以进一步提高配电队的工作效率和工作质量。如果能让所有队友都熟悉技能标准，能够活学活用，根据现场情况开展工作，那情况肯定大不一样。何队决定，奉行"三人行必有我师"，抛开一切条条框框，让队员取长补短，共同成长。他让大学毕业的带领初中、小学毕业的学习系统知识，解读文件要求；让经验丰富的带领刚上班的学习现场技能。不仅如此，在人员重新分组后，何队还结合配网标准化创建制订培训计划，采取"一帮一"的模式，各岗位都设 AB 岗和值班队长，做到"人人有事做，事事有人管"。

经过这样的调整，高效的新工作流程诞生了。故障发生时，系统操作人员根据系统分析，大致确定故障地点，设备主人带领抢修人员迅速奔赴现场，快速查找故障点，技能熟练的老师傅快速抢修。这次改进卓有成效，但是抢修及时率却怎么也上不去。

> **思考 2** 为何抢修时效得不到提高？

### 四处取经，创新管理

迟迟不上升的抢修及时率成了何队的"心头病"。为了解决这个问题，何队又一次召开了队内会议："最近大家工作都很努力，效果也很好，队里的各项指标都稳步上升。只有一个问题，就是抢修及时率。我们如何做到及时、安全快速恢复供电，把抢修及时率提上来呢？大家说说自己的看法。"这个问题一提出，大家都交头接耳地议论起来。小王首先发言："何队，我不是想抱怨，但是确实是力不从心。我们一共只有 7 个人，辖区这么大，还是交通不便的山区，平时还行，要是碰到恶劣天气。及时到达抢修现场都难，更别说及时恢复供电了。"众人纷纷点头，但是一时间也没人提出什么好的意见。

何队决定走出去，到别处取取经。在一次公司农网改造升级工程例会上，何队听到了农网属地安全监督员这个职位。这个设置启发了何队长。为什么我们不能联系 D 县供电所呢？如果通过供电所联系驻村电工，在需要抢修时，驻村电工可以第一时间到达现场，初步地了解情况，这样配电队一来就可以进行工作，工作效率会显著提高。何队长越想越激动，工程例会一结束，他就把这个想法发到了班组微信群里。班组成员也都觉得这是个好想法。

想法需要落实，何队马上邀请辖区 4 个供电所长到队里来商讨此事。供电所的 4 个所长也觉得这个想法可行性很高，立刻召集技术业务骨干讨论制定实施方案。方案一出来，何队就报给了上级部门审核。

方案试行 3 个月后，抢修及时到达率明显提高，有了前期初步情况的了解，配电队故障查找时间缩短，也有效缩短了抢修时间。随着抢修及时率的提高，何队有了更大胆的想法。以往配电队到达现场之后，往往还要花费一段时间安抚因为用电故障聚集的群众，他是否可以联系村委会，在停电时，帮助安抚群众，协调民事，使抢修人员专心抢修，提升工作效率呢？何队又联系了辖区的村委会，在辖区内试点推行"村电联建"外部工作机制。果然，在村委会的协助下，配电队可以全心投入到工作当中，工作效率更高了。

随着工作的有序展开，何队终于可以放下心来，去解决更深层次的问题——老旧设备和存在安全隐患的设备线路的改造问题。电网设备线路可不能"新三年，旧三年，缝缝补补又三年"，配电队的终极目标是协助电网建设优质、坚强电网，那就要发挥自己的优势，利用自己能接触到的一手信息，帮助山区电网更新换

**思考3** "村电联建"的亮点是什么？

代。何队带领着配电队队员梳理辖区内线路设备，编制电网线路设备问题清单，积极上报、争取农网改造、技改大修项目，主动协调农网工程施工企业做好电网升级改造。

### 建立秩序，成果欣然

通过"平战转换""村电联建"的秩序建立，何队所在的配电队不仅摆脱了各项指标"吊车尾"的状况，还成功协助解决了山区"卡脖子"和"低电压"等问题。成立第二年，配电队年度同业对标就位于省公司前 20 名。第三年，配电队月度同业对标连续保持 9 个月第一名，还被所属市供电公司授予优秀班组称号。同年 2 月，配电队被所在的 A 省公司授予优秀配电运检队荣誉称号。等到配电队成立的第四年，公司授予了配电队先进班组荣誉称号。而何队本人也连续两年被授予 B 市供电公司优秀班组长称号。

## 🔍 问题解析

**思考 1** 如何更好地整合人力资源？

**解 析** 人力资源的整合，需从业务技能、工作便利等多方面考虑。

人力资源的分配，是每个班组长应具有的管理能力，要求根据个人特点，有针对性地分配工作，而在团队协作中，需要更好的根据个人能力、性格等因素科学合理分配任务，如果只根据某一方面派工，不但不能更好地完成工作任务，甚至还会影响工作进度。

（1）提高个人业务技能。抢修人员的技能水平是提高抢修效率的重要因素之一，必须要加强抢修人员的业务技能培训，不断学习新的标准和要求，并进行考核。对抢修人员要按照不同水平有针对性的培训，定期开展案例学习和故障分析，不断提升抢修人员业务技能。

（2）考虑工作便利性。工作便利往往能事半功倍，大大提高工作效率；

考虑员工的工作便利性，不仅要考虑业务熟悉程度，也要考虑其他方面，如工作路途等，这样才能得人心，很好的调动起员工的积极性。

**思考 2** **为何抢修时效得不到提高？**

**解 析** **人员文化、技能水平参差不齐，相互之间不能有效衔接。**

人力资源整合是优化工作效率的一种有效方法，也是常用方法。在资源整合过程中，从自由分组的略有提高，到互补整合的显著提升，使何队认识到自由组合的一些问题和强强联合的必要性。

（1）自由组合更偏重个人关系。在自由组合时，每个都以工作便利性和个人感情为主，看似为组合，实则还是单打独斗，不能形成合力。

（2）自由组合没有把技能和专业进行合并。在自由组合时，大家仍然按照原有的分工进行组合，不能跨业务进行整合，不能形成横向的有效沟通。

**思考 3** **"村电联建"的亮点是什么？**

**解 析** **统筹大局，实际出发。建立"平战转换""村电联建"的秩序，主要优点如下。**

（1）人员取长补短，综合素质提高。整合后，年龄、文化、技能均形成互补形式，相互学习提高员工综合技能水平，补齐短板形成合力，进而提高工作效率。

（2）"平战转换""村电联建"，借助外部力量提升工作指标。通过实施"平战转换"应急处置机制，做好常态运维和应急时与供电所联合处置两种工作模式相结，充分发挥属地供电所、配电队之间的应急联动作用，大大提升了灾害天气应急抢修安全和效率，有力保障安全可靠供电。"村电联建"联系村委会，在停电时，帮助安抚群众，协调民事，使抢修人员可以专心抢修，提升工作效率。试点推行"村电联建"外部工作机制，加强与镇村沟通协调，营造了良好的外部运维环境。

## 要点点睛

（1）班组管理中，加强团队管理。

（2）班组人员是基础，夯实基础，才能稳步发展，要提高个人综合素质不能偏废其一。

（3）借助外部力量，提高工作效率。

## 知识链接

### 故障抢修流程

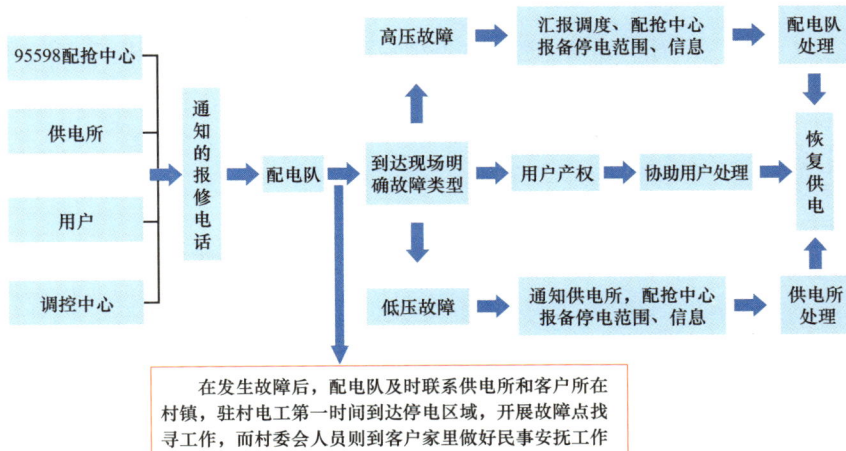

故障抢修流程图

"平战转换" "村电联建" 机制就是合理统筹安排时间，抢修人员到达故障点的同时开展故障点查寻和安抚群众工作，节省了故障点查找时间，有效提高抢修时间，并且通过村镇的安抚工作，降低了投诉风险。

# 所长当先锋，重拳降线损
## ——指标管控的探索之路

📋 **摘　要**

"老所长"碰到"新标准"，供电所所长老张双管齐下，成功达成新指标。本案例描述了 A 市供电公司 B 供电所所长面对日线损合格率的高要求，积极探索解决方法，最后通过解决客观问题和优化班组线损考核办法"双管齐下"超额达成指标的故事。案例分析了提升台区日线损合格率必须抓住的关键要点，揭示出要想解决问题首先要做好调研，认清问题，为班组台区日线损合格率指标提升工作提供了借鉴。

🔍 **关键词**　　日线损合格率　指标优化　班组管理思路

## 🕐 情景聚焦

在年初的公司线损分析会上，A 市供电公司公司通报了所辖下属单位的日线损合格率，看着这次的指标提升任务，B 供电所所长老张不禁皱起了眉头。这次的线损合格率的指标很高，老张所在的辖区未整改的台区很多，要达到这次的标准可是不容易。而且 B 供电所刚被评为公司五星级供电所，也曾多次获评公司优秀班组荣誉，在这样的新挑战下，更要做好带头示范作用。作为 B 供电所的老所长老张，自然也不能因为有挑战就畏首畏尾。想到这，老张暗自下定决心，一定要将所辖范围内的高损台区消除掉，保证完成公司下达的年度指标任务。

### 设备老旧，巡视消缺任务繁重

磨刀不误砍柴工。要想消除辖区的高损台区，先要对辖区的情况进行一次摸底。老张检查了供电所辖区内 152 个低压台区的资料，发现未整改台区占比 43%，多数台区存在迂回供电、供电半径较长以及单相供电等影响线损的问题。知道了问题在哪，下一步就是开展行动了。老张一贯坚持巡视消缺在降损方面的重要作用，且效果显著，他决定通过细化巡视消缺任务的手段降低线损。

在所内新一年的线损治理分析会上，老张宣布了公司有关台区日线损合格率的通报以及日线损合格率治理的相关要求，并依据人员职责进行降损任务的分工，由 7 名客户经理负责所辖台区的设备巡视消缺任务，营销管理员以及运检技术员负责系统数据的运维管理。就这样，一个月过去了，台区日线损合格率提升了 5 个百分点。看到线损指标一天天上升，老张也算是吃下了定心丸。但是好景不长，线损指标上升的速度越来越慢，老张看在眼里，急在心里，照这样下去，今年的指标任务就无法按时完成了。他决定挨个跟客户经理谈谈，了解一下情况。这一谈，发现了很多问题。有人说："我负责的区域设备都投运很多年了，消缺难度太大了。"也有人反映："很多台区都有树障，咱们自己没有办法清理啊"。还有人说："低压导线都太长了，很多末端用户距离变压器都好几里路。而且很多表后线都没有治理，特别影响线损治

**思考 1** 如何通过设备巡视消缺开展降损工作？

理工作"。听到所内职工反映的问题，老张发现，自己把治理线损的工作想得太简单了，想达到新指标，仅仅靠加强巡视消缺是远远不够的。

### 系统功能不完善，运维管理出现瓶颈

老张又一次召开了所内工作动员会："我们进行的巡视消缺的工作卓有成效，一个月里合格率就提高了百分之五。但是我也了解到，设备巡视消缺难度大，即使耗费大量人力物力，也没有办法有针对性地治理高损台区。既然这样，能不能借助系统监测有针对性地开展高损台区治理工作呢？我们可以借助 SG186 系统以及用电信息采集系统来实时监控台区电量异常情况，然后针对性地进行高损台区治理工作。你们看怎么样呢？"老张的提议得到了参会人员的一致认同。于是，老张安排了所内营销管理员、运检技术员以及综合业务班班长 3 人共同进行系统方面的协调管控。

然而，一周过去了，新方案并没有达到预想的成果。

> **思考 2** 如何有效利用现有系统功能进行合理降损？

### 员工缺乏积极性，考核机制略显无力

设备巡视消缺难度大，系统运维监测成效不佳，老张开始着急了。在第三次的供电所工作例会上，老张没有调查造成系统运维监测成效的客观原因，反而归咎于客户经理没有认真对待工作。他在例会上提高了客户经理的工作指标，却没有达到应有的效果。很多客户经理纷纷反映："我干了这么多活，和那些天天不干活的人拿的工资是一样的，那我还干这么多有什么用""绩效分配太不合理了，没有一点差异化""每个人拿的工资都差不多，我看啊，干脆都甭干了！"听到员工的心声，老张一下子愣住了，看来光是动员员工收效不大，应该去找找客观原因，然后对症下药。

老张找了营销管理员小张，运检技术员小王还有综合业务班班长小李

一起研究新方案失败的原因。

小张说："我认为可能是因为自用电统计规则不完善。所内的自用电在用电信息采集系统内每日用电量不纳入售电量统计，致使出现高线损。"

小王说："自用电是一个问题，还有一个问题是系统内分布式光伏发电电量统计规则不完善。有一些台区存在分布式光伏发电用户，向电网倒送电量。但目前用电信息采集系统对该电量的统计规则还没有完善，这部分光伏发电用户的日发电量无法纳入供电量统计，台区就出现了负线损。"

小李说："还有一个问题就是部分台区在覆盖率达到100%、采集成功率达到100%时，用电信息采集系统统计的供、售电量异常，造成线损率异常。"

老郑听完3人的发言，陷入了沉思。

**思考3** 如何通过修改考核机制调动员工积极性？

### 设备与系统并重，考核和管理齐飞

明确了问题在哪，第一步就是从基础抓起，清理用户档案信息。老张安排所有的台区客户经理进行了一次台区基础数据普查工作。在用电信息采集系统没有上线的台区，所在台区的客户经理以抄表路线图的抄表顺序为依据，将台区现场的表箱与表计登记在册。在用电信息采集系统已经上线的台区，老张安排专人把SG186营销业务系统内台区抄表段户数与采集系统内安装户数进行比对，对未安装用户进行梳理。遇到长期无人居住和遗漏安装的低压动力户，供电所制定整改计划和措施，按照"先集中、后分散"的原则进行补装。普查结束后，台区现场与SG186营销系统内电子档案一致，"有表无户"和"有户无表"等问题也得到了集中整治。

第二步就是解决客户经理反映的设备运维问题。老张积极与公司沟通协调，上报网改项目台区明细表，主动联系集中器厂家，对现场供、售电量统计存在时间误差的集中器进行升级处理，升级无法解决的，则进行更换。

小王提到的光伏发电用户问题，老张也放在心上。他主动核查分布式光伏发电用户现场接线，对错接、漏接情况进行整改。老张还安排采集运维班对光伏发电用户进行全采集，根据数据更新光伏台区供售电量统计规则。一旦出现光伏发电用户问题，立即由采集运维班联系用电信息采集系统主站厂家进行故障问题反馈。

就这样持续了半年，A市供电所的努力卓有成效，问题也开始得到解决。等到年中的线损分析会，老张高兴地发现供电所的日线损合格率达到了93.5%。看着提高的日线损合格率，老张喜笑颜开，他觉得是时候通过调动员工的积极性来达到更高的日线损合格率了。第二天，他在供电所的工作例会上宣布了新的考核方案。这个考核方案结合了供电所实际，针对设备巡视计划、设备巡视记录、系统运维记录以及日线损合格率等多项指标直接对员工的工作情况进行考核。这样就能将供电所全体员工的绩效与供电所日线损合格率指标挂钩，合理有效调动员工积极性。

如今，依靠设备运维管理的日渐规范和营销系统功能的日益完善，再加上班组绩效考核制度的优化落实，A市供电所的日线损合格率已经很长时间保持在99%左右。通过近一年的工作探索，老张一方面超额完成了公司年初下达的指标任务，另一方面也营造了和谐的工作环境。从下图中可以清楚地看到台区日线损合格率的变化。

**思考 4** 老张管理思路的变化过程有何借鉴之处？

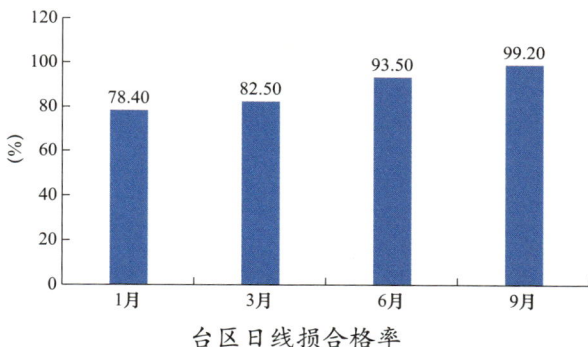

台区日线损合格率

## 问题解析

**思考 1**　如何通过设备巡视消缺开展降损工作？

**解 析**　设备巡视与树障清理相结合，通过反窃电排查及三相负荷调整工作切实降低台区低压线损。

（1）结合运检班组对 10kV 高损线路进行巡视，做好巡视记录，特别针对线路设备隐患、树障、供电质量等问题开展。

（2）加强计量和封印管理。业扩装换表时，逐一派专人在现场监督，确保安装质量和可靠防窃，堵塞计量漏洞。

（3）通过周例会认真统计活动期间普查线路、台区、用户数量、计量装置数量、追补电量及对损率的影响。根据检查分析结果，提出预防窃电降低线损的管理措施、整改方案，并对降损效果和收益进行分析。同时，做好专项活动的记录总结，提高降损增效工作质量。

**思考 2**　如何有效利用现有系统功能进行合理降损？

**解 析**　通过分析系统内台区的供售电量，重点关注电量异常台区，进行现场排查，提升采集成功率及日线损合格率。

（1）安排专人实时跟踪系统内表计覆盖率，完善低压业扩流程与采集接入流程的同步流转，保证未接入用户数为 0。

（2）加强营配贯通质量管理，督促采集运维人员，将缺失接入点的变压器采集完整，保证所有在运公变压器接入点完整。

（3）加强存量数据核查治理工作，对于异常数据及系统与现场不对应的数据，立即进行整改。

（4）清理户台对应关系，保证变压器到用户的户台对应率为 100%，对于分容台区的用户及时进行调整。

**思考 3** **如何通过修改考核机制调动员工积极性？**

**解析** **坚持公正、公开、公平的考核原则，充分考虑绩效考核与指标提升的相关性，将任务分解到人，充分体现收入凭贡献、奖励凭绩效的分配原则，打破收入分配中的"大锅饭"现象，达到奖勤罚懒、奖优罚劣的目标。**

（1）将考核指标分解为若干绩效点，设置考核目标值及目标值差额，根据员工当月绩效点完成情况，核定奖励或者扣罚金额。

（2）根据员工自身岗位的差异性，设置不同的岗位系数，此系数计入员工绩效考核金额的计算公式，使设置组织机构的作用得到充分体现。

（3）设置员工绩效基数，确保每个供电所员工在不能完成下达任务的特殊情况下，可以获得一部分绩效金额。

**思考 4** **老张管理思路的变化过程有何借鉴之处？**

**解析** **深入思考问题本质，将指标提升与班组管理落到实处。**

（1）扎实基础管理，保障指标提升。以科学发展观为指导，切实加强基层班组建设，实现管理制度化、科学化和规范化。供电所建立末端融合的工作流程及制度，严肃工作计划性管控，坚持月计划，周安排，日管控，定期组织召开安全、经营、线损、优质服务、配网运行工作例会，会议内容形成会议记录，做到基础资料完整，设备台账与客户信息齐全。

（2）业务协同运行，提升工作效率。建立健全线损考核办法，加强办公用电和职工自用电管理。落实供电所营业普查工作，依托用电信息采集系统关于台区线损的功能应用，对线损异常台区进行分析跟踪，根据实际工作情况有针对性地开展台区反窃电核查工作。加强计量装置管理，定期开展电能表检定、轮换工作，推进计量周转柜建设，提升计量资产管理水平，提高计量在线监测系统日常应用、异常数据的清理和整改工作效率。

（3）积极不断探索，寻求增效妙方。深入学习贯彻党的十九大精神，开展"解放思想大讨论"活动，立足实践展开讨论，用实践来指导讨论的方向和内容。在工作管理模式上解放思想，结合目前技术发展现状，对管理模式进行新的构思和设计，摆脱传统管理模式的束缚，改进和革新管理模式。以指标提升为抓手，不断探索班组管理新模式，逐步提升班组管理水平。

## 要点点睛

（1）班组管理工作以指标提升为抓手，要同时注重主观及客观因素。

（2）日线损合格率的提升要同时做好"设备运维""系统管理""人员激励"等方面。

（3）考核激励要本着"奖勤罚懒、奖优罚劣"的宗旨，充分体现按劳分配的社会主义原则。

## 知识链接

### SMART 原则

绩效考核指标必须是具体的（Specific）、可衡量的（Measurable）、可实现的（Attainable）、与其他目标具有相关性的（Relevant）、有时间限制的（Time-bound）。这便是绩效考核管理中的 SMART 原则。实施绩效考核管理不仅有利于员工更加明确高效地工作，更是给管理者对员工实施绩效考核提供了考核目标和考核标准，使考核更加科学化、规范化，绩效考核实施要点见下表。

**绩效考核实施要点**

| 维　度 | 实　施　要　点 |
|---|---|
| S（明确性） | 目标设置要有明确的项目，衡量标准，实施措施、完成期限以及资源要求 |
| M（衡量性） | 目标的衡量标准遵循"能量化的质化，不能量化的感化"。使制定人与考核人有一个统一的、标准的、清晰的可度量的标尺 |
| A（可实现性） | 目标设置要坚持员工参与、上下左右沟通，使拟定的工作目标在组织及个人之间达成一致 |
| R（相关性） | 目标设置要与其他目标相关联，要与相关的岗位职责相对应 |
| T（时间限制） | 目标设置要具有时间限制，根据工作任务的权重、事情的轻重缓急，拟定出完成目标项目的时间要求，定期检查项目的完成进度，及时掌握项目进展的变化情况 |

本案例中员工的绩效考核借鉴了 SMART 原则中 S（明确性）以及 R（相关性）的内容，将员工的绩效与线损、采集等指标相挂钩，为班组的线损管理提供了思路。

# 拉路序位表诞生记
## ——多管齐下减少接地故障拉路次数

**摘　要**　线路也要"讲绩效"，老K巧用"量化标准"成功啃下拉线正确率这块难啃的"硬骨头"。本案例描述了A城配调所班长老K通过对接地选线的关键因素进行归纳分析，不断摸索接地选线规则，最后减少了接地故障的拉路次数，提高供电可靠性的故事。本案例重点分析了接地拉路序位表完整的制定标准、接地序位表必须定期更新等关键要素，阐述了班组管理应把握"三大标准""量化管理""闭环管理"等关键点，为处理接地故障提供了借鉴。

**关键词**　拉路序位表　量化管理　定期更新

## 情景聚焦

　　A城配网调度管辖范围扩大，农配网线路也被纳入配调管辖。A城配调所管辖的母线数量由原来的12条增至49条，管辖线路数量由原来的131条增至264条。管辖线路数量增大意味着需要处理的接地故障数量也随之增多。身为配调班长的老K，对日后处理接地故障，特别是对调度员能否高效高质地在处理故障时进行接地拉路感到很没有底气。

### 拿来主义，收效甚微

接地故障一直是配调故障处理的难题，其中拉路正确率更是一块难啃的"硬骨头"。因为配电网主要采用10kV小电流接地系统，当线路发生接地故障时，由于不构成短路回路，接地线电流不大，监控系统只能反映出变电站母线电压的异常现象，无法精确至具体线路。这个时候配调故障处理只能依靠调度员对变电站母线出线开关进行逐条试拉来确定接地线路。这次加入的农配网线路更是棘手。农配网线路大部分为35kV变电站出线，而且这些变电站均未装设置接地选线装置。如何合理有效提高接地拉路正确率，减少无端停电呢，老K一时没有头绪。在这种情况下，老K决定先从地调班将原先的拉路序位表原封不动地拿过来试试。这份拉路序位表是地调多年来运行经验的结晶，也是配调调度员进行故障拉路的唯一依据。可是，面对新情况，这种"拿来主义"能行吗？老K有点担心。

老K的担心果然不是多余的。在一个月后的公司安全例会上，所有部门都反映：配网线路特别是农配网线路因拉路接地造成短时停电现象明显增多。这可不是好现象。因为拉接地造成的短时停电过多，不仅会降低供电可靠性，增加用户投诉几率，更有可能造成供电设备损坏。

面对这样的结果，老K虽然忧心，却并不意外。一方面，因为拉路序位表，这个接地拉路的重要参考已经两年未更新；另一方面，在实际的调度运行中，接地拉路更多的是依靠调度员的运行经验。现在关于移交线路的接地故障处理经验仍然处在积累和分析阶段，出现问题是在所难免的。

> **思考 1** 如何有效降低接地拉路次数？

### 线路分类，效果不佳

看来这块"硬骨头"并不好啃啊！"拿来主义"行不通，老K决定制订自己的拉路序位表。老K和班组人员用了一周的时间，对近一年的接地故障原因进行了统计分析，得到了接地故障原因分析饼图（见下图）。

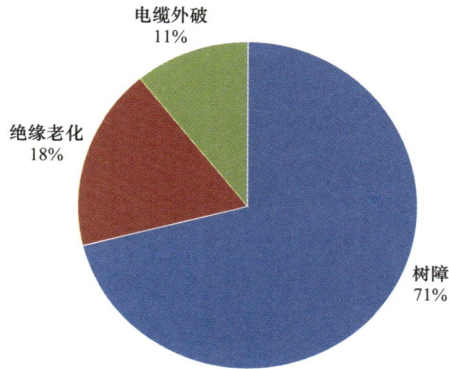

接地故障原因分析饼图

一年内，辖区发生了接地故障 228 次，平均故障拉路 3.7 次。而对故障原因进行分析，有 194 次故障原因是因为树障造成的。这其中又有超过 70% 的故障是因为树木离导线太近造成线路接地，容易发生树障的线路大部分是架空线路。电缆线路由于其运行环境较为稳定，不容易发生接地现象。于是，老 K 和班员以线路电缆比例为准则，电缆占比小的提前拉路，制定了新的拉路序位表（见下表）。

**根据线路电缆占比制定的拉路序位表**

| 序号 | 线路名称 | 架空线路长度 /km | 电缆线路长度 /km | 线路总长度 /km | 电缆线路占比 /% |
|---|---|---|---|---|---|
| 1 | LX276 | 2.535 | 1.11 | 3.645 | 30.45 |
| 2 | XN270 | 2.45 | 1.33 | 3.78 | 35.19 |
| 3 | JT278 | 2.00 | 4.391 | 6.391 | 68.71 |
| 4 | GY271 | 3.09 | 13.743 | 16.833 | 81.64 |
| 5 | MX274 | 0.468 | 2.972 | 3.44 | 86.40 |
| 6 | XK275 | 0.9 | 6.058 | 6.958 | 87.07 |

续表

| 序号 | 线路名称 | 架空线路长度 /km | 电缆线路长度 /km | 线路总长度 /km | 电缆线路占比 /% |
|---|---|---|---|---|---|
| 7 | JC277 | 0.546 | 5.75 | 6.296 | 91.33 |
| 8 | XT279 | 0 | 2.795 | 2.795 | 100.00 |
| 9 | DQ273 | 0 | 4.343 | 4.343 | 100.00 |
| 10 | CG272 | 0 | 11.052 | 11.052 | 100.00 |

但接下来发生的一次故障处理却让老 K 意识到了制定拉路序位表不能仅仅参考线路的类型。使用新的拉路序位表接近一个月后的某天，某变电站 10kV Ⅰ段母线发生 C 相完全接地故障时调度员对母线上出线进行拉路排查，根据新的拉路序位表，首先将 LX276 线拉开，这下可坏事了。LX276 线 T 接某重要用户供电，直接导致该重要用户停电 1min。更让人可惜的是，这次的故障线路并非 LX276 线。这次检修不但没有降低拉路次数，还产生了本可避免的用户投诉。这次经历也让老 K 意识到，仅仅按照线路类型制定拉路序位表不仅片面不可取，还有可能造成严重后果。

**思考 2** 仅仅依靠线路类型制定拉路序位表为什么不可取？

### 全面分析，量化管理

依靠线路类型制定拉路序位表并不可取，老 K 决定在全面分析故障原因的基础上重新制定拉路序位表的标准。

老 K 召集班上骨干开了个会："今天叫大家来呢，是想和大家商量一下新的拉路序位表的事。之前大家也看了很多的文献资料，那现在来说说自己的看法吧。"工作经验丰富的老王首先发言："我觉得以前我们仅仅依靠线路类型制定拉路序位表，制定的标准太单一了。这次我们还应该考虑线路负荷性质，线路设备寿命的情况。""还有运行环境！"

有人补充。大家七嘴八舌地顺着老王的思路开始讨论。看到大家都讨论得差不多了，老 K 说："好。综合考虑大家的意见，我们新的拉路序位表会以配网线路图纸为基础，要兼顾线路类型，运行环境，设备寿命，负荷性质等，争取做到全面覆盖配电网接地故障的所有原因。"在经过众人的同意之后，老 K 带领技术骨干制定了较为详细完善的拉路序位表标准。根据这套标准，老 K 整理出了一个新的合理有效的拉路序位表。但是老 K 还不满意，他发现由于配网线路改造频繁，运行方式随季节变化，拉路序位表必须随线路实际运行情况变化，所以一个合格的拉路序位表必须易于维护更新。

线路存在每户高危用户加 20 分，重要用户加 10 分；将电缆线路占线路总长度的百分比乘以 20 分，即线路电缆得分；电缆线路平均寿命在 5~25 年的线路加 10 分；由于线路运行环境很难进行量化，就以一年内每发生接地故障次数乘 –5 分；最后将各项得分相加，就得到了最后的线路得分。

老 K 又组织了全体班组成员召开讨论会。"我已经根据上次讨论的标准整理出了一个新的拉路序位表。但是大家也知道，配网线路改造频繁，如果拉路序位表不能及时更新，那么我们之前的考虑可以说是浪费了。今天召集大家来，就是希望能够制定一个维护更新拉路序位表的标准。""不如这样，我们也对拉路序位表进行标准量化管理。按我们之前的标准给线路打分，最后按线路得分排序。到时候要是线路的运行方式变化了，我们还可以根据标准更新线路得分并重新排序。"小李说。"好办法，我们这里有配网图纸和配网线路运行资料，你说的这个办法可行。那我们来讨论一下具体的细则吧。"经过激烈的讨论以后，大家一致决定以"电缆线路所占比例""高危用户数量""重要用户数量""电缆寿命""一年内接地次数"等项目为评分标

**思考 3** 老 K 制定的新拉路序位表有什么亮点？

准，制定接地故障拉路序位表，按分值升序排列，见下表。

**根据新标准制定的可更新维护拉路序位表**

| 线路名 | 高危用户数 ×20 | 重要用户数 ×10 | 电缆线路比重 % ×20 | 电缆寿命 5~25 年 +10 | 一年内接地次数 × (−5) | 总分值 |
|--------|----------------|----------------|---------------------|------------------------|-------------------------|--------|
| DQ273 | 0 | 0 | 0 | 0 | 0 | 0 |
| XT279 | 0 | 0 | 2 | 0 | 0 | 2 |
| GY271 | 0 | 10 | 0 | 0 | −5 | 5 |
| CG272 | 0 | 0 | 8 | 0 | 0 | 8 |
| XK275 | 0 | 0 | 10 | 0 | 0 | 10 |
| JC277 | 0 | 0 | 10 | 10 | 0 | 20 |
| LX276 | 0 | 10 | 12 | 0 | 0 | 22 |
| MX274 | 0 | 10 | 14 | 10 | −10 | 24 |
| JT278 | 0 | 10 | 14 | 10 | 0 | 34 |
| XN270 | 0 | 10 | 14 | 10 | 0 | 34 |

持续维护，效果显著

制订了新的拉路序位表后，就要保证接地故障拉路序位表的实时准确。为防止因为负荷改切、运行方式调整造成拉路序位表不正确，老 K 将拉路序位表更新工作纳入周计划工作中，并将更新工作以变电站为单位分配到个人。他规定每周周五根据线路变化，运行方式调整等情况重新梳理拉路序位表，实现专人维护，定期更新，实行闭环管理。

拉路序位表的更新维护工作也被老 K 纳入月绩效考核体系。如果碰到恶劣天气、负荷过大、线路大范围改切等电网特殊运行时期，工作人员要提前对拉路序位表进行更新，并且做好故障统计等工作，保证配电网平稳渡过特殊时期。

这次的更新工作卓有成效。老 K 所在的配网调控班接地故障拉路次数成功实现平均拉路 1.4 次，并且超过 70% 的接地故障均可实现试拉 1 次找到接地线路。老 K 终于可以宣布，拉路正确率这块难啃的"硬骨头"被他们啃下来了。由于接地故障拉路次数显著减少，配电网线路安全稳定供电也得到了保障。配调班通过团结一致的不懈努力，为客户提供了优质、不间断的电力，提升了公司企业社会形象。

> **思考 4** 调度故障处理应该从哪些方面着手？

## 问题解析

**思考 1** 如何有效降低接地拉路次数？

**解析** 制定有效的拉路序位表，但必须全面分析。

配网调度员在接地故障拉路时选择拉路顺序的依据是接地拉路序位表，拉路序位表是否合理有效正确直接关系到拉路次数的增减。但是，制定拉路序位表不能标准单一，并且不能制定后就置之不管。全面分析、闭环管理是制定拉路序位表的准则。

**思考 2** 仅仅依靠线路类型制定拉路序位表为什么不可取？

**解析** 标准单一、考虑不周取得的效果低微。

依靠线路类型制定拉路序位表是在调度运行中的一种普遍做法，但在实际的工作中出现了其他问题，是因为老 K 在制定过程中考虑不够全面，具体如下。

（1）电缆线路也会出现接地现象。虽然 70% 接地故障主要发生在架空线路，但剩下 30% 电缆接地情况不能置之不理。电缆线路在运行期间因为电缆头击穿、设备烧毁、外破等情况均会发生接地故障。这些情况也必须考虑。

（2）没有考虑线路负荷性质。随着国民经济的发展，社会及用户对于电力供应的质量要求逐年升高，对于高危、重要用户如煤矿、铁路、医院等用户而言，停电可能会造成严重的人身、设备事故。将存在重要用户供电线路延后拉路不仅保证了重要用户的供电可靠性，也为通知用户停电预留了时间。

**思考3** 老K制定的新拉路序位表有什么亮点？

**解析** 全方位制定标准，量化更新，并且更新闭环管理。

老K制定的可更新拉路序位表主要亮点如下。

（1）标准全面，综合考量。深入研究线路运行状况，以配网线路图纸为基础，分析线路运行状况及负荷性质，重新制定合理的，适应现在线路运行状况的拉路接地标准，具体有以下几个方面。

1）电缆比重高的线路延后。

2）存在重要、高危客户线路选择延后拉路，例如煤矿、化工企业、医院等。

3）电缆运行的1~5年是故障易发时期，5~25年进入稳定运行期，25年后故障风险概率大幅增加。故运行5~25年电缆线路延后拉路。

4）用一年内接地次数表现线路运行环境。

（2）量化管理，易于更新。老K以配网图纸和配网线路作为运行资料，制定了新的拉路序位评分表，并将线路拉路标准量化，以"电缆线路所占比例""高危用户数量""重要用户数量""电缆寿命""一年内接地次数"等项目为评分标准，综合得出线路得分，并按分值升序排列，制定出拉路序位表。并且对于线路运行和负荷性质一目了然。

（3）落实责任，实时更新。为保证接地故障拉路序位表的实时准确，防止因为负荷改切、运行方式调整造成拉路序位表不正确，老K将接地故障拉路序位表更新工作纳入周计划工作中，并将更新工作落实到个人。每周规定周五根据线路变化，运行方式调整等情况重新梳理拉路序位表。专人维护，定期更新。

（4）实时更新、闭环管理。老K将拉路序位表更新维护工作纳入月绩效考核体系，重新修订班组考核规定，将拉路序位表维护使用及接地故障处理评价写入文件，按照工作量及工作质量考核，每月绩效评分与之挂钩，实现闭环管理。针对恶劣天气、负荷过大、线路大范围改切等电网特殊运行时期提前对拉路序位表进行更新，并且做好故障统计等工作，保证配电网平稳渡过特殊时期。

**思考4** 调度故障处理应该从哪些方面着手？

**解析** 注重数据累计，全面分析助力故障处理。

质量提升是班组管理的重要方面，提升故障处理质量是运行班组的重要课题。学会思考、分析，需要把握以下几点。

（1）注重数据积累，保证处理问题有经验可循。调度运行是一个持续的过程工作，不出问题，少出问题是工作的基本，当然出现了问题，不能只满足于处理结束就置之不理，应付了事。必须主动思考分析，再次回顾故障处理全过程，找到其中暴露出的问题和缺陷并制定有效的改进措施，从根本上杜绝问题的再次发生。这需要我们在故障处理时不怕麻烦，详细记录故障经过，并且定期进行汇总分析。本案例中，得益于调度日志系统中详细的故障记录，才能很快找到问题所在并加以改正。

（2）分析问题需全面，不可片面。分析问题不能片面，考虑问题不能单一，任何统计结果都不要只看占比高的因素而忽略了占比低的因素。这里可以提供一个思路：主动勾画工作流程图，从流程中找到问题节点，运用因果图或鱼骨图找出问题节点的所有原因，逐个分析，找出主要原因并依次改正。

（3）改进措施执行需闭环管理。取得的成果不仅要付诸实施，更要通过闭环管理维护守住成果，不能仅满足于取得成果，更要注重成果的持续性改进和维护。

## 要点点睛

（1）少用拿来主义，要因地制宜。

（2）拉路序位表制定需全面分析，标准需覆盖所有故障原因。

（3）制定拉路序位表实行量化管理，易于更新维护。

（4）成果需守护住，责任落实到个人，闭关管理，持续改进。

## 知识链接

1. 拉路序位表制作

本案例中根据标准量化制定拉路序位表过程如下：线路存在每户高危用户加 20 分，重要用户加 10 分；将电缆线路占线路总长度的百分比乘以 20 分，即线路电缆得分；电缆线路平均寿命在 5~25 年的线路加 10 分；由于线路运行环境很难进行量化，就以一年内每发生接地故障次数乘以 –5 分；最后将各项得分相加，就得到了最后的线路得分。将母线出线线路的得分进行升序排列，就得到了一份合理有效的拉路序位表。

2. 拉路序位表维护闭环管理

本案例中的拉路序位表维护闭环管理流程（见下页图）是以变电站母线为单位将更新责任落实到个人，并规定每周五根据线路改切、运行方式调整等情况检查、更新拉路序位表，并留存记录，这样就可以实现拉路序位表专人维护，定期更新。配调班长每周会对本周发生的故障处理过程进行检查评价，当发现某个接地故障拉路次数超过 3 次时，就主动检查该变电站母线拉路序位表维护工作的正确性和及时性。如果是因责任人工作失误造成，则在月度绩效考核中扣分，并由班组长连续 1 月每周检查该责任人拉路序位表更新工作，加强巩固，实现闭环管理。

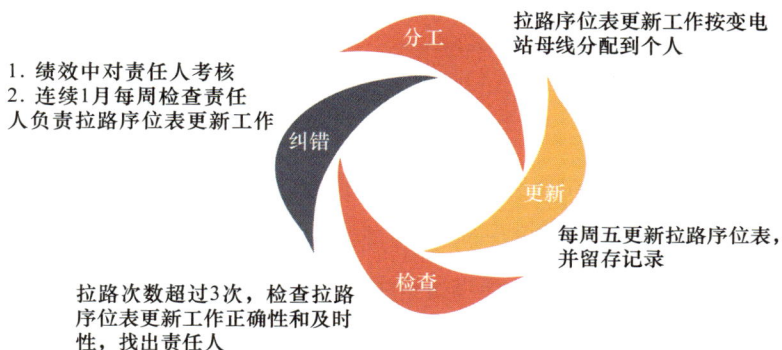

拉路序位表维护闭环管理流程

# 技能一流班组炼成记
## ——班组业务培训引发的思考

**摘　要**

"三个臭皮匠赛过诸葛亮"，叶班长集思广益终于将调度班炼成技能一流班。本案例描述了 A 地区调度班叶班长不断探索，提高班组成员对业务培训的积极性，最后集思广益终于改进培训效果，使班组成员业务能力普遍提高的故事。案例分析了技能培训中可能存在的问题并提出了相应策略，展示了影响奖励和考核制度的因素，为班组如何通过培训提高班组成员业务能力提供了借鉴。

**关键词**　业务培训　技能提升　集思广益

## 情景聚焦

又是一年的年尾，A 地区调度班叶班长又要开始写班组年终总结了。回顾一年，叶班长对班组本职工作的完成情况基本满意。但一想到这一年班组人员的业务能力的提升情况，叶班长皱起了眉头：在平时的调度工作中，大部分调度员对地区电网网架和业务知识不够熟悉，导致大型操作和事故处理的快速性远远不能达到叶班长的期待。虽然在过去的一年中，业务培训每月都有进行，但效果并不好。作为一名老班长，叶班长深知调度工作的重要性，要想把调度工作做好，调度员的业务水平不能低。但想大幅提高调度员的业务水平，必须充分调动每一位班组成员的积极性，让每一位组员从心里认可业务培训与考核，自愿积极提升业务能力。那么如何提高班组成员参加培训的积极性呢？叶班长陷入了沉思。

### 定时培训，物质奖励，收效甚微

叶班长仔细回想了平时的情况，认为大家参加培训积极性不高的原因很有可能是以往的培训都是临时通知的。在培训通知下达之前很多人都已经有所安排，所以等培训的日子到了之后，有人就会因为调配不开而缺席，即使赶到的人也时常有所抱怨。要想解决这个问题也很简单，只要把培训时间固定下来就好了。于是叶班长决定每月确定两个固定的时间——每月第一周和第三周的周五早上交接班后为每个月固定的培训时间。同时叶班长还提出给出勤率最高、培训态度积极的几位奖励。这个通知一经发出，反响很好，班组成员听到后都表示会积极参与培训。看到大家的表现，叶班长满心欢喜，以为今年的培训参与度一定会显著提升。

但是实际情况却让叶班长大跌眼镜。培训"新规"发出之后，每次的培训请假的人和迟到的人并没有减少。而且到场的人也并没有将培训放在心上，依然是心不在焉。至于叶班长提出的奖励，并没有多少人表达出兴趣。在一次班级例会上，叶班长再次苦口婆心，动之以情、晓之以理的恳请班组成员积极参加培训，认真学习，努力提高自己的业务水平。看到大家并没有被触动，叶班长提出如果大家积极参加，将加大奖励力度，还表示对不积极参加的将给予考核。但是一段时间之后，班组成员发现叶班长是"雷声大雨点小"，并没有什么明显增加的奖励或者惩罚，于是依

> **思考 1** 为什么固定培训时间加激励都不能提高组员的积极性？

然我行我素。

### 加大奖励与考试考核，效果未达预期

　　既然大家是因为奖惩方案并没有落到实处而懈怠，叶班长决定认真制定奖励与考核方案。原有的方案奖励激励作用太小，那就加大奖励把奖金纳入班组考核；原来的惩罚只说不做，力度太轻只是"挠挠痒"，那就加大惩罚力度并严格执行考试考核制度。

　　叶班长颁布了新的实施细则，明确了培训奖励及考核的标准，加大考核力度，同时对积极参加培训并在考试中取得良好成绩的组员给予适当的奖励。方案公布后，效果很不错。员工的培训态度发生了改变，刚开始被扣掉奖金的员工变得认真起来，拿到奖励的员工也喜笑颜开，变得更有干劲。培训取得了一定的效果，班组成员的业务水平也有所提升。但时间一长，问题又出现了，千篇一律的培训使得大多数人没有了开始的激情。而且看着培训效果有起色，叶班长没有一开始那么严格，有时候还会因为心软而对表现不好的班组成员考核不彻底。奖励与考核制度的执行远远没有开始那么严格了，效果自然越来越差。

**思考 2** 叶班长加大奖励与考核为什么依然没有达到预期效果？

### 改变培训方式，营造良好的培训环境

　　叶班长有点束手无策了。他在一次班组会议上说："相信培训的重要性不用我再跟大家强调了，我们之前的努力也有了一些成效，但是最近大家又懈怠了。以前都是我一个人磨破嘴皮子，这次我也想听听你们的意见。怎么样，才能让大家自觉自愿地参加培训呢？"参加会议的成员你看看我，我看看你，谁也没有发言。

　　看着沉默的会议室叶班长说："那这样，我来抛砖引玉一下。我先做个反思，虽然我一直向大家强调培训的重要性，但是我自己也并不是每次

培训都参加。从下次培训开始，我会尝试邀请专业人员或者部门领导进行授课，我以身作则，一起听课，一起参加业务考试。"听到叶班长这么说，经常找借口不参加培训的"刺头"老李也坐不住了："那我也来说说我的看法。我干调度也有些年头了，我不参加培训不是因为别的，说出来也不怕大家说我自负，实在是讲师的水平有时候还不如我哩！"听到老李的发言，会议室的每个人都笑得前仰后合，叶班长也有点绷不住严肃的表情。

定了定神，叶班长说："那老李你觉得这种情况怎么办呢？"老李笑着说："这好办，我看以后也别请什么讲师了。以后就让我们这些老家伙来讲，保证字字句句都来自实践总结！"

叶班长点点头，说："这是个好办法。其实我觉得大家都可以讲。年轻的调度员也可以讲讲自己的感受，有经验的可以来分享自己的经验。老李的话也提醒我了，我们有一批有经验的老员工，这是我们的宝贵财富，应该利用起来。"看到有些老员工收起了笑嘻嘻的表情，有的还偷偷挺起了身板，叶班长接着说："我还想在我们班形成'老带新'机制。请我们工作经验丰富、业务能力强的老师傅带一名新员工当徒弟。两个人签订师徒合同，师傅为徒弟制定学习计划、讲解典型操作及案例、进行现场指导。在新员工进行故障及事故处理时，如果能得到老师傅的指导，能最大程度提高新员工业务能力。"

新来的员工小李说："我还有一个提议。我们也应该鼓励课下的交流和沟通。同值的两名员工进行互相帮助，互相促进。其实也不局限于同值员工，所有人都可以在课后或者平时的工作中互相交流讨论，特别是对于发生的典型事故。"看到叶班长赞许的目光，小李接着说："而且我们可以改进培训模式，让形式更加多样化。我们可以组织不定期进行现场参观及学习，比如反事故演习等，对于演习中表现优秀的给予奖励。"

叶班长点点头，说："大家都说得很好。我会在会后把大家的发言整理成可以落实的细则。散会吧！"

会后，叶班长按照整理的细则对调度班的培训进行了规划。果然大家的培训积极性和培训的效果都提升了，看着班组成员日益上升的业务水平，叶班长高兴地想：今年的年终总结我可有写得啦！

> **思考 3** 开展班组人员技能培训方式多样化达到了怎样的效果？

## 问题解析

**思考 1** 为什么固定培训时间加激励都不能提高组员的积极性？

**解 析** 规定培训时间加奖励以及考核都是流于形式。

班组的成员都会有一些懒散的情绪，仅仅固定培训时间加一些奖励，成效肯定不明显，如果不进行具体的奖励和制定具体的考核考试标准，制定的方案就难以落地，激励成效难以显现，还暴露了以下几个问题。

（1）奖惩力度不够。进行奖励与考核是对班组人员进行激励的一种有效手法，叶班长进行奖励加考核的想法是值得肯定的，但奖励力度不够，且没有与奖金挂钩，直至流于形式，所以没有取得成功。

（2）不能调动班组成员的积极性。业务培训没有创新性，没有诱惑性，没有威慑力，不涉及员工的利益，所以完全不能调动员工的积极性，肯定达不到想要的效果。

**思考 2** 叶班长加大奖励与考核为什么依然没有达到预期效果？

**解 析** 奖励增加了员工的积极性，考核给予了员工一定的压力，但时间长了就松懈了，问题也就出现了。

叶班长的第二次方案针对之前失败的原因有了较大的改进，也取得了一定的效果，但依然没有达到预期的效果，主要原因如下。

（1）利益驱使，但激励作用不能长久。奖励制度对积极参加培训、考试成绩显著的员工进行肯定并予以物质奖励，让大家实实在在地看到了利益，开始时确实调动了班组成员的积极性，但时间一长，班组成员的懒惰性又占据了上风，积极性大不如之前，特别是一些老师傅，奖励对他们的诱惑性本来就不够。

（2）未严格执行考试考核制度。新制定的考核制度对参加培训态度消极怠慢、考试成绩较差的员工予以惩罚，并且也不再是口头批评等象征性的，而是实现了与绩效工资相关联，但随着培训的进行，因为种种原因，考试不再如之前定期进行，考核也不再如之前严格。

**思考 3**　开展班组人员技能培训方式多样化达到了怎样的效果？

**解 析**　培训方式多样化，员工的积极性才会长久保持，通过现场提问、互帮互助、事故演练等方式，形成了良好的班组学习环境。

长时间同一方式做同一件事，每个人都会有所懈怠，即使有奖励与考核制度，时间长了难免也有所松懈，因此培训方式多样化，能最大程度地让每个组员参与其中，能长久地保持组员的积极性。同时，不同的培训方式，更能让每个人对所学的知识更加深刻。培训方式的多样化及其优点主要体现在以下方面。

（1）虚心请教，耐心指导。副值向主值请教，新员工向老师傅请教，不懂的人向懂的人请教谁，不管是谁请教谁，大家都是耐心回答，遇到较复杂的问题，每个人都会提出自己的观点，然后共同讨论，给出最好的解决方法。

（2）自我要求，奋发向上。自从实行了奖励与考核制度，每个人的积极性都是前所未有，无形中也形成了相互竞争，特别是年轻员工，一个个都干劲十足，生怕与别人拉开差距。这样就形成了一个良好的竞争环境，在这个过程中每个人都取得了长足的进步。年轻调度员沈某说：以后工作中我出现一次业务上的差错，我就在班组群里发一个红包。每一次发完红包，沈某都说，以后碰到这样的问题我都会记忆犹新，再也不会错了，因为都是钱啊！

（3）交接班提问制，培训无处不在。白班发生了一个事故，交接班时，交班人员问接班人员：35kV 化工厂母线电压异常如何处理？接班人员给予事故处理大概过程，交班人员通过白班的处理给予相应的纠正与解释，一场小型的业务培训就完成了。

（4）领导参与，效果明显。调控中心分管生产刘主任参加培训与考试时说，业务是最基本也是最重要的，我很愿意参加这样的培训，也愿意跟大家一起进行考试。领导的参与给予了一定的压力，每个人都认真学习，积极准备考试，调度员汪某说："可不能比领导考得差啊。"

（5）不定时事故演习，学以致用。事故演习时，两名演习调度员再也不像之前一样战战兢兢、心里没底了，因为不管什么样的事故，肯定都学过类似的。一场演习下来，调度员临危不乱，事故处理有条不紊，受到了参加演习领导的一致好评。

（6）理论联系实际，现场答疑解惑。参观变电站时，大家也不是走走形式，而是把电脑上的图片、平时的故障处理与现实相对应，真正从理论到实际都对一个问题有了透彻的理解。

## 要点点睛

（1）班组培训中，奖励与考核不能有效提升员工积极性。
（2）培训方式多样化，保持活力不松懈。
（3）环境造就人才，班组学习氛围至关重要。

## 知识链接

### 培训方式多样化

沃伦贝尼斯说过："员工培训是企业风险最小，收益最大的战略性投资。"

为保证企业发展需要，坚持开展职工培训工作已经是企业各级管理者的共识，如何更好发挥职工培训作用，避免流于随意性、形式性是各级培训管理部门不断研究的课题。传统的职工业务培训基本都是方式单一，流于形式，既浪费了时间和精力，还未取得成效。因此，要想职工业务培训取得预期效果，应不断摸索制定相应对策以形成多样化的培训方式，见下图。

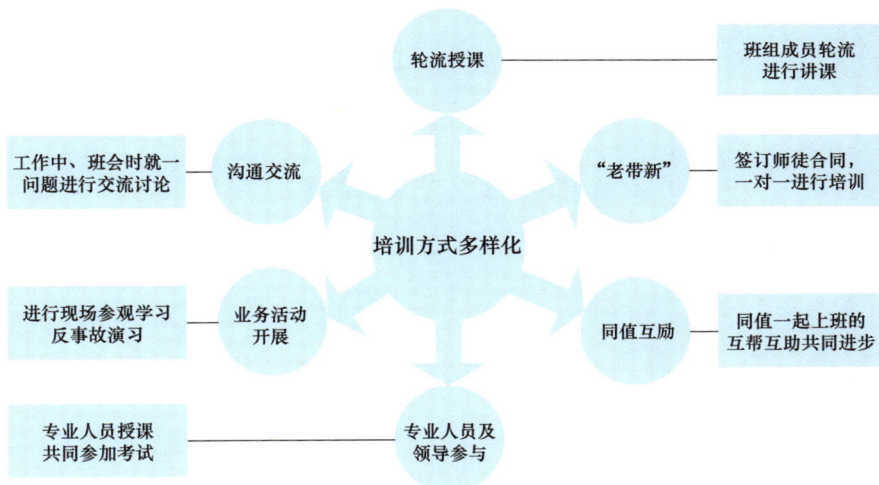

多样化的培训方式

根据以上多样化的培训方式，在不同时间内，叶班长根据实际情况，选取更符合实际的培训方式，以达到最佳的培训效果。比如，闲暇时段可以到现场进行现场学习，可以邀请领导进行授课；迎峰度夏迎峰度冬期间，沟通交流及开展反事故演习能让大家学以致用，更好地提升培训效果。长此以往，班组形成了良好的培训与学习氛围，班组成员的业务能力也得到了大幅度的提高。

# 第三章
## 现场管理

◎抓好现场本质安全，降低安全风险成本

◎一张发票暖人心

◎知行合一、弃"善"从"恶"

◎小班组肩负大任务

◎开拓精进不休化管理　打造稳如磐石型桩基

◎现场建管团队"融合"记

# 抓好现场本质安全，降低安全风险成本
## ——山区施工习惯性违章的思考

**摘　要**　施工组习惯性违章害人害己，项目部呕心沥血"顽疾"终被治愈。案例讲述了 F 省电力公司送变电工程有限公司送电分公司送出工程项目部在解决习惯性违章的过程中做出的努力，最后通过多种手段抓好班组建设，提升施工人员整体素质，成功减少习惯性违章的故事。本案例分析了习惯性违章的形成原因，探究了如何减少习惯性违章的管理方法，研究了如何落实考核标准，给如何提高施工人员素质，做到文明施工提供了借鉴。

**关键词**　习惯性违章　整改教育　班组建设　素质培养

## 情景聚焦

　　F 省送出工程全线 136km，新建杆塔 271 基，其中 98% 位于山区，共 202 种基础型式、42 种塔型，采用全方位高低腿，最大级差 16.5m。工程沿线人迹罕至，多为连体山脊，道路狭窄，交通不便，且施工点位空间狭小，作业面窄。

　　F省的送出工程刚好进行到一个"天时""地利""人和"都不占的阶段。先讲天气条件，夏季是送变电行业风险的高发期，也是各类安全管控的重点时期。在超过35℃的高温天气下工作会导致施工人员易疲乏，劳动工效低。刚好在这个时候，进入到立塔工程高峰和基础工程尾声。这个时候由于基坑深度较深，立塔施工面狭窄、安全风险高，再加上涉及的点多、面广，导致项目部管理难度大。再讲地理条件。施工现场多在山区无人区，人烟稀少，山路难行。这两个因素加在一起，导致了严重的施工安全问题。在施工过程中，施工班组为了图省事、降成本，在安全设施上就地取材，利用树桩、山石等作为桩锚，利用树枝等作为孔洞盖板，利用树木作为索道的支撑。至于工程的本质安全，更是被施工班组抛到脑后，高空人员上塔不打攀登自锁器，小工具未拴尾绳等情况屡见不鲜。文明施工早已变成一句空谈，不文明施工现象在施工现场经常地、反复地出现。

> **思考 1** 如何定义习惯性违章？

### 组织安全事故案例学习，结果不尽理想

　　为了遏制住这种习惯性违章的现象，F省电力公司送变电工程有限公司送电分公司项目部利用月底会议，班组利用每日站班会、周例会的形式，组织施工队学习历年来发生的安全事故案例，以血淋淋的事故教训警示施工作业人员。这些安全事故案例的发生的原因基本都是无计划施工、施工人员不清楚自己的作业危险点和相应的应急措施，现场安全管控不到位等不文明施工行为。项目部管理人员及施工班组骨干利用通俗易懂的话语，语重心长地与施工人员交流，将案例调查结果详细地、重复地给各施工人员宣贯。但是经多次会议后，项目部管理员的苦口婆心反而使许多施工人员产生抵触心理，导致实际情况与会议宣贯的相去甚远。到了现场，施工

人员早已将开会学习的东西抛之脑后。班组长组织的班会也没有什么成效。施工队参加完站班会并没有什么改进，仅仅为了早点赶到工地干活而简单拍照敷衍了事。

### 违章行为月度通报批评，流于形式，效果不佳

开会学习结果不理想，项目部决定在月度例会上通报检查发现的各类习惯性违章，点名到队、点名到人，希望通过对各队的对比来增强各队人员的荣誉感，加强班组骨干对现场的管理。但是，会上被批评的人诚恳认错，而到现场实施却又坚决不改，该违章的人员还是继续违章。事实上，就连项目部也不能严格贯彻定下的考核标准。项目部在现场检查过程中，只将严重违章进行扣分。对于习惯性违章，为了让施工班组能继续干活，项目组未严格按照考核表进行认真打分，基本是现场进行批评整改，象征性的扣几分。施工班组人员往往因此一而再，再而三的违章。同时，在考核打分上，项目部各部门未联动，只有安全部门到现场才进行检查打分。而唯一负责检查的安全部门却经常因为外部事情如跑跨越等原因，未能对每个施工点进行全过程监督检查。因此，一段时间下来，每个施工班组还是一如既往。

> **思考 2** 组织安全事故案例学习、违章行为月度通报批评为什么对习惯性违章的管理效果不佳？

### 加强现场巡查，记录违章行为，责任认定，指导整改，落实处理

项目部为了能真正杜绝习惯性违章行为，将安全文明施工做到实处，就要落实考核标准。所以项目部要求所有人员在日常巡查中，将分公司的违章检查记录本随身携带，方便人员在检查中，随时记录违章行为，如"杨某 2018 年 × 月 × 日登杆未使用攀登自锁器"。如果发现人员违章，项目部人员要立即对施工班组骨干及相关人员进行现场教育，让施工队现场

整改，及时消除安全隐患。项目部人员还要及时下发违章情况通报处理单，将通报处理单发给施工队及所属分包商，以及现场各施工班组，起到举一反三的作用。所谓通报处理单，就是一份包括违章基本情况、违章原因分析、违章责任分析及考核处理意见在内的单据。而项目部本身，也将从重处理违章，将违章处理从班组级处理到分包商级，加大施工队的违章成本，从而将安全做到实处。以工程 N42# 立塔现场因小工具未拴尾绳习惯性违章为例，在责任认定及处理如下。

（1）立塔施工班组高处作业人员李某没有认真履行其岗位安全职责，对使用的小工具检查不认真，违章未及时整改，违反《安规》4.1 高处作业中 4.1.13 要求："高处作业所用的工具和材料应放在工具袋内或用绳索拴在牢固的构件上，较大的工具应系保险绳"。按《××××公司安全生产反违章工作管理规定》立塔施工第 56 条："高处作业使用的工器具、材料未采取防坠落措施"，属严重违章行为，按照公司反违章管理办法，违章记 5 分。

（2）立塔施工班组长杨某、安全员谢某，未及时组织检查高处作业人员的工器具，按照公司反违章管理办法，属于严重管理违章行为，分别记违章 2.5 分，班组月度考核综合扣 1 分。

（3）某输变电工程有限公司(劳务派遣公司)对施工班组安全管理工作监督检查不到位，日常教育培训不到位，现场安全管控缺位，根据分包安全协议第五章第 3 条"严重违章，甲方按照 500~1000 元的标准对乙方进行经济处罚"的规定，处以 1000 元罚款，分包商季度考核扣 1 分。

通报处理中，个人违章分数将影响个人及班组的月度绩效，个人违章分数超过 20 分的直接将个人清除出场，班组月度绩效最低，分

**思考 3** 项目部应该如何落实现场习惯性违章检查？

包商扣分将直接影响分包商考核，从而影响下个工程的投标，促使分包商加大对现场的管控力度。

### 发挥班组骨干作用，落实每日关键点放行制度

由于施工现场点多面广，项目部管理人员不能每日巡查到所有的施工现场，此时，班组骨干（班长兼指挥、安全员、技术兼质检员）应负起相应的责任，认真履行自己的岗位职责，重视基本安全，认真开展作业前必备条件的检查，严格落实每日关键点放行制度，严格落实施工现场作业十不干等。现场施工人员应与当日站班会照片、每日站班会及风险控制措施检查记录表、日管控记录单中的人员数量及分工一致，认真履行数码照片上传要求，完善现场安全文明施工布置，规范化作业过程中发现的安全隐患应及时消除，发现安全违章要及时制止并整改教育。工器具应正确使用，消除因工器具使用不规范带来的安全隐患，确保施工作业过程规范可控；高处作业人员必须正确使用个人的安全防护用品，正确使用攀登自锁器、速差自控器、安全带（绳）等安全用品用具，确保高处人员作业的安全；同时，高处作业人员使用小工具，螺栓等应使用"马桶包"，防止物体坠落，导致地面人员受伤等。

> **思考 4** 班组骨干人员如何利用好送变电每日关键点放行制度？

### 通过首次施工现场、站班会的学习及微信群等方式加强对各施工人员素质的培养

送变电施工人员来源大多来自偏远山区、普遍文化程度不高，且人员流动性大，整体来讲素质不高。然而，施工人员的素质直接影响施工安全生产。

因此，项目部在全线路开展首基基础浇制、首基杆塔组立、首区段架线的学习，将所有班组人员聚集在一起，从项目部层次引领大家学习，加深对习惯性违章行为危害的理解。

通过班组每日站班会，班组骨干组织大家学习施工现场关键点作业安全管控措施、应知应会手册；项目部在现场检查时，根据不同作业点人员，随机询问"工作任务是什么？危险点有哪些？应急措施是什么？"并针对回答不清楚的现场培训教育。

项目部管理人员根据不同的施工阶段，每日通过微信群向各班组人员传达相应施工安全技术方案、作业点的危险点及应急措施，要求班组骨干每日站班会必须与施工人员宣贯。

如：2018 年 × 月 × 日 N132# 耐张塔组立，其注意事项如下。

（1）杆上技工人员做好 100% 防坠落措施，所使用个人小工具用绳索拴牢，塔上严禁抚搁辅材，严禁抛物。

（2）抱杆倾斜不得大于 15°，抱杆钢丝绳与塔材接触必须衬垫软物。

（3）地面普工抬塔材时，注意做好同起同落。

（4）钢丝绳内角侧严禁站人。

（5）绞磨留绳人员两人以上，且站位 2.5m 以外，不得站在钢丝绳内弯侧。

（6）吊件垂直下方严禁逗留（通过）。

（7）机械操作工与指挥人员做好密切配合，起吊前检查绞磨的制动，起吊荷载严禁超过 1.5t。

（8）浪风看护人员做好拉力表二道保护措施及个人站位等。

长此以往，施工人员接到自己的工作任务就会清楚作业危险点及知道相应的应急措施，从而降低安全管理难度。

**思考 5** 如何提升班组施工人员的素质？

## 问题解析

**思考 1** 如何定义习惯性违章?

**解 析** 习惯性违章是人员长期逐渐养成的、经常发生的、违反规章制度或操作规程的作业行为。

**思考 2** 组织安全事故案例学习、违章行为月度通报批评为什么对习惯性违章的管理效果不佳?

**解 析** 管理效果不佳的原因在于人员有抵触心理,对被批评习以为常,考核流于形式。

（1）安全事故案例学习,人员产生抵触心理。典型的安全事故经常被用作案例,施工人员学习次数多了,容易产生产生抵触心理;对于施工人员而言干活才能拿到钱,往往忽视了学习的重要性,因而,到了现场将开会学习的东西抛之脑后;同时,大部分班组长为了早点赶到工地干活,站班会往往简单拍照敷衍了事。

（2）违章行为月度通报批评,被批评习以为常。关于月度例会上通报检查发现的各类习惯性违章,虽点名到队、点名到人,因为是习惯性违章,人人无意间就会违章,对于通报批评习以为常。

（3）考核—项目部各部门未联动,流于形式。项目部在现场检查中,只将严重违章进行扣分,对于习惯性违章基本是现场进行批评整改,象征性的扣分,未严格按照考核表进行认真打分;在考核打分上,项目部各部门未联动,只有安全一个部门到现场才进行检查打分,而安全部门也经常因为外部事情原因,未对每个施工点进行全过程监督检查,久而久之,考核成了一种形式。

**思考 3** 项目部应该如何落实现场习惯性违章检查?

**解析** 项目部对现场习惯性违章检查应从加强现场巡查、现场培训违章人员、检查同绩效挂钩这 3 个方面进行落实。

(1)加强现场巡查,记录违章行为。项目部所有人员在日常巡查中,应随身携带违章检查记录本,边检查边记录违章行为。

(2)现场培训违章人员,指导整改。针对违章行为,对施工班组骨干及相关违章人员进行现场教育,现场整改;发现隐患应立即停工整改,完成后方可同意进行施工。

(3)落实处理,检查同绩效挂钩。对违章行为下发违章情况通报处理单,项目部对违章从重处理,传达各施工班组及所属分包商。个人违章扣分直接影响个人及班组月度绩效,个人违章超过 20 分的直接将个人清除出场,分包商扣分直接影响分包商考核,从而影响班组的绩效及分包商对下个工程的投标,促使个人提高对违章行为的警惕性,分包商也加大对现场的管控力度。

**思考 4** 班组骨干人员如何利用好送变电每日关键点放行制度?

**解析** 利用好送变电每日关键点放行制度,班组骨干人员应认真履行岗位职责,并严格落实作业前必备条件的检查。

(1)认真履行岗位职责,负起相应的责任。班组班长兼指挥、安全员、技术兼质检员必须要清楚自己的岗位职责,认认真真去履行自己的职责,负起相应的责任,每日交代清楚各个施工人员的作业任务、作业风险、应急措施等,严格落实施工现场作业"十不干"。

(2)严格落实作业前必备条件的检查。班组骨干人员对每一项工作都要做好现场勘察和隐患查明,认真开好站班会,做好作业前必备条件的检查,不满足条件不允许开工,确保任务清楚、危险点清楚、作业程序清楚、安全措施清楚,严格落实每日关键点放行制度。对有安全意识但业务能力较差的员工，只能要求做一般指定的工作，同时加强其业务能力培训。

**思考 5** 如何提升班组施工人员的素质？

**解 析** 班组管理中提升施工人员的素质有搭建交流平台、加强每日学习、充分利用网络这 3 个方面。

（1）搭建交流平台。项目部因地制宜，将所有施工队员集中到一起，组织大家对同一个作业现场进行"安全大找茬"，引领施工人员发现违章的行为，促使每人认识习惯性违章及其带来的危害。

（2）每日通过站班会宣贯学习，现场随机抽查、提问；班组长每日站班会组织大家学习施工现场关键点作业安全管控措施、应知应会手册；项目部在现场检查时，随机拷问作业点施工人员，对于回答模糊不清的，现场培训教育，达到了 "缺什么、补什么；干什么、学什么。"的目的，帮助施工人员快速掌握相关安全知识。

（3）充分利用网络平台，通过微信群传达施工安全技术方案、作业点的危险点及应急措施等。根据不同的施工阶段，每日通过微信群向各班组人员传达相应施工安全技术方案、作业点的危险点及应急措施，要求班组骨干每日站班会必须与施工人员宣贯，大力营造争先文化氛围。

## 要点点睛

（1）加强对相关规程规范的宣贯、带领员工学习相关规程规范及管理制度的要点。

（2）每日安全隐患排查，现场培训违章人员、加强对各施工人员素质的培养，提升员工的安全意识和能力。

（3）充分发挥班组骨干的作用，严格执行相关规程规范及管理制度的要求。

（4）通过微信群向各班组人员传达施工安全技术方案、作业点的危险点及应急措施。

## 📋 知识链接

### 海因里希事故法则（Heinrich's Law）

1941年美国的海因里希提出的事故法则即"300：29：1法则"。海因里希首先提出了事故因果连锁论，用以阐明导致伤亡事故的各种原因及与事故间的关系。该理论认为，伤亡事故的发生不是一个孤立的事件，尽管伤害可能在某瞬间突然发生，却是一系列事件相继发生的结果。

任何伤害事故的发生、发展过程都可描述为具有一定因果关系的事件的连锁发生过程。

（1）人员伤亡的发生是事故的结果。

（2）事故的发生是由于：①人的不安全行为；②物的不安全状态。

（3）人的不安全行为或物的不安全状态是由于人的缺点造成的。

（4）人的缺点是由于不良环境诱发的，或者是由先天的遗传因素造成的。

海因里希统计了55万件机械事故，其中死亡、重伤事故1666件，轻伤48334件，其余则为无伤害事故。得出在机械事故中，死亡、重伤和轻伤的比例为1：29：300，这就是现在我们所说的"海因里希事故法则"，见下页图。

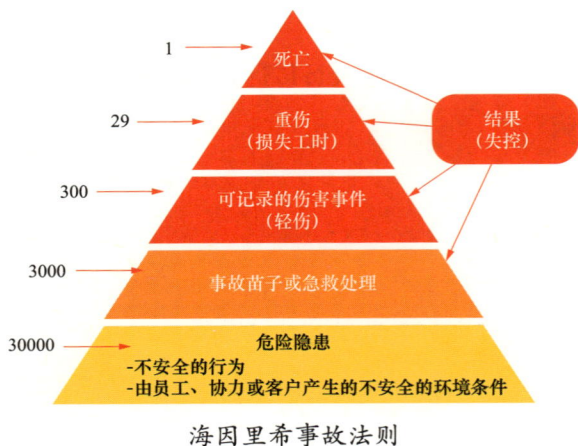

海因里希事故法则

　　若想要减少人身伤亡事故的发生，必须从根本上减少危险隐患。本案例在山区施工习惯性违章处理方面就是借鉴了海因里希事故法则中的这一点，再结合自身班组实际，开展了一系列针对习惯性违章的措施，取得了良好的改善。

# 一张发票暖人心
## ——以客户为中心贯彻于行

**摘 要**　一件简单的"发票丢失案"背后的隐情。本案例讲述了 F 县供电公司孙村供电所营业大厅营业人员和陈大娘因为电费发票产生的纠纷，之后工作人员耐心解释，化解了矛盾的同时也顾及了陈大娘的难言之隐，还普及了相关电力业务办理方式。通过案例介绍了如何贯彻"以客户为中心"，还介绍了面对客户的刁难的应对技巧，为各营业人员提高服务水平，解决客户问题提供了借鉴。

**关键词**　电费发票　客户服务　投诉　人性化

## 情景聚焦

"同志，请看下这个月我家电费是多少？"2018 年 8 月 27 日上午 8 点，陈大娘来到孙村供电所营业厅大声地问。

营业人员在询问了用户姓名和户号后，告知陈大娘本月 98 元电费在 3 天前就已结清，当场就已开具发票。

"陈大娘，您家这个月电费已经交清了。"

"我知道交了，可是你们没有把发票给我。"

### 问题产生，耐心解释未有果

面对这样罕见的情况，营业人员再次仔细核对收费清单，并当即与当天收费人员联系。当天的收费人员证实陈大娘家 8 月份的电费确实已经结清，发票也当场给了陈大娘。由于时间间隔不长，该收费人员还记得陈大娘当时拿出来的是两张 50 元面值的纸币，他找给客户的是两个 1 元面值的硬币，然后客户将硬币连同发票一起装进了一个红色塑料袋中。

得到收费人员的确认，营业人员立刻跟陈大娘说："陈大娘，发票当天就给您了，您将发票和两个一元钢币都装进了一个红色塑料袋中，您找过那个红色塑料袋没有，是不是弄丢了？"

"不会，两元钱还在，发票怎么会丢！肯定是你们没给我！"陈大娘态度始终强硬。

营业人员继续面带微笑地耐心解释："陈大娘，电费发票我们确实给你了，请您放心，我们不会重复收费的。"

"不行，交了钱没有发票，孩子会怪我的。你们这不是有监控吗？为什么不能给我看？"然而不巧的是，刚好设备发生故障，暂时调取不到录像，没有办法按照陈大娘的要求当场给她视频录像。无论收费人员如何解释，大娘坚持收费人员就是没有给她发票，不给个说法她是不会离开的。

天气炎热，营业厅的气氛也因为前台人员和陈大娘的僵持变得尴尬起来。见状，营业人员及时给大娘倒了一杯水，扶大娘坐在休息区的板凳上歇息，耐心地陪大娘闲话家常。通过聊天，营业人员得知陈大娘已经 73 岁了，自己独居，每天还要下地干农活……聊着聊着，陈大娘没了刚开始的盛气凌人，但还是坚持索要发票，直到眼瞅着时间该回家做饭了，才不依不饶地离开。

> **思考 1** 遇到客户的刁难如何应对？

　　营业厅班长目睹了此次事件的全过程，凭借他多年的工作经验和职业敏感，认为这件事情不会这么简单，如果处理不当会持续发酵，给公司和所里造成不良的负面影响。于是营业班班长按照所里对舆论管控事件的相关要求，将整个事件的来龙去脉向所里进行汇报。

　　"以客户为中心"一直是所里的重点工作，因此这件看似不起眼的"小事"引起所里的高度重视。为了防患于未然，同时将舆论事件发生的可能性降到最低，所里立即召开所委会对本次事件进行分析、研判，会上一边商讨如何做好对客户解释、安抚的准备工作，一边将此事向公司及 95598 进行报备。

### 矛盾升级，举家上门欲投诉

　　果然，次日 8 点，这位陈大娘又准时出现在了营业大厅，旁边还多了两个怒气冲冲的中年人。原来是陈大娘带了儿子和儿媳两个帮手来"兴师问罪"。一踏进营业厅的大门，二人就开口冲着孙村供电所的营业人员嚷嚷着"讨说法"。

　　"我们交电费为什么你们不给我们开发票，视频监控也不给看，是不是你们中饱私囊？你们是如何为人民服务的……"夫妻二人一唱一和，顿时引起缴纳电费群众的围观，个别不明真相的群众还时不时帮衬着说话。

　　最后陈大娘的儿子说："如果这个事情不给我们解决好，我们就要打95598 投诉你们！"

　　昨天负责接待陈大娘的营业人员不停地耐心解释，可是磨破了嘴皮子也不见效果。为了防止事态扩大，营业厅班长立刻将此事报告给相关领导并将陈大娘一行三人请到办公室进行后续事件处理。

　　经过反复耐心劝说，陈大娘仍一口咬定当时未将电费发票打印给

> **思考 2** 在第一次沟通效果不佳的情况下，此时作为大厅营业人员应该如何做？

她。这时，营业人员单独把陈大娘的儿子请到另外一个办公室，调取出当天陈大娘缴费时候的监控录像。

## 水落石出，妥善处理暖人心

监控中的前台营业人员收下陈大娘的 2 张 50 元纸币后说："户号**********，陈某，98 元电费，收您 2 张 50 元共计 100 元。"然后将 2 枚 1 元硬币和 1 张电费发票交到陈大娘手中，并对陈大娘说："找您 2 元，这是电费发票，请您收好，欢迎下次光临！"而后陈大娘随手放进一个红色塑料袋便离开了。看到此景，陈大娘儿子顿时目瞪口呆。

营业人员告诉他，之所以单独请他来看这段监控视频，是因为公司考虑到陈大娘年事已高，如果在儿子儿媳和众人面前直接把这件事情说穿可能会对她造成负面影响，回家后也不利于家庭和睦。营业人员再三叮嘱陈大娘的儿子暂时保密，同时承诺可以重新给大娘打印一份电费收据。

> **思考 3** 为什么第二次沟通后取得了较好的效果？

陈大娘和儿媳焦急地坐在另一间办公室里等待沟通结果，见到儿子手拿发票从前台走回来，儿媳脸上露出了胜利的微笑："我在家怎么说来着，他们供电所收电费不开发票说不定就是想私吞这笔钱。"同儿媳的志得意满不同，陈大娘的儿子脸上带着羞愧。他什么都没说，拉着陈大娘想赶紧离开。

在一家三口走出大门那一刻，陈大娘犹豫了一下，停住了脚步，转身走到前台，眼圈有点泛红。她拉住了刚才那位营业人员的手："闺女啊，大娘对不起你们，其实发票是我自己不小心弄丢的，我担心回家孩子会责怪我，所以才……没想到你们的服务态度这么好，刚才拿到发票的时候，我越想越不好意思，大娘在这里给你们道个歉，不能让别人误会你们啊。"

儿媳满脸诧异，儿子羞愧地低下头，一个劲地催促母亲赶紧回去，仿佛一秒钟都不愿意多待……

思考 4 贯彻以客户为中心，我们还能做什么？

### 将心比心，后续保障知真心

事情到此已经有了一个比较圆满的结局。就在陈大娘一家三口正准备走出营业厅大门时，营业厅班长及时跟了上去，把一家三口又请到了办公室。

这又是什么情况呢？跟着营业班长进办公室的陈大娘一家三口感到疑惑。

坐下以后营业厅班长对陈大娘的儿子说："你看，你们家离这里也不近，陈大娘都这么大年纪了，每个月还要跑大老远的到这缴纳电费，万一遇到什么刮风下雨的天气，路难走不说，万一路上摔一跤就不得了。"

陈大娘儿子回答得颇有些无奈："谁说不是呢，可是老人家思想太过于保守，在电费代收点交不放心，非得自己跑过来当面交才踏实。你们的担心不无道理，我们也劝过好多次，可是都没有效果啊。虽说现在网络很发达，通过支付宝或网银什么的也能缴，但老人家年龄大了，眼睛也花了，跟不上时代，用不了那些。"

营业厅班长用手指了一下放在营业厅里的"电力微信推广号"宣传画："看到了吗，只要绑定这个微信号，就可以随时随地的查看你们家的用电情况，可以很便捷的缴纳电费，还可以通过手机了解相关电力方面政策和安全用电方面的宣传，同时在手机上办理一些简单业务，真正实现了'让数据多跑路，客户少跑路'，这也是公司推出这个公众号的初衷。以后功能还会陆续完善，给用户带来更多更好更便捷的体验。"

随后，营业厅班长掏出自己的手机，在这一家三口面前做了缴纳电费、更名过户、更改分时等简单演示，让客户更直观的了解了微信公众号的一些功能。

陈大娘的儿子看了后，当即掏出手机，把自己家的户号和母亲的户号绑定在了自己手机上。陈大娘的儿媳看了后感慨地说："以前总以为这些很麻烦，也很不靠谱，今天到这里来看了演示，没想到你们的公众号这么人性化，实在是太方便了，我现在就给我爸妈也绑定一个！"

营业厅班长还与陈大娘之间互留了电话，表示以后用电方面的问题随时联系。最后一家三口面带笑容，满意地走出了营业厅大门。

## 案例解析

**思考 1** 遇到客户的刁难如何应对？

**解 析** 调整心态，换位思考，迎难而上。

（1）做自己情绪的主人。在一线工作时间久了，难免会遇到各种类型的客户，其中不乏为了达到自己的诉求而故意刁难者，首先就要学会调整好自己的情绪，调节身心，学会自我安慰、自我减压，提高心理承受能力。

（2）尝试换位思考。更多的时候，我们往往是在衡量自己得到了多少，而很少有人去问自己付出多少，对待客户也是这个道理。我们总在想客户是如何的不讲道理，为什么客户不听我说，为什么客户不理解我？其实我们只要站在客户的角度，多思考一下，多理解一下，很多问题就可以迎刃而解。

（3）学会驾驭挫折。我们服务的客户形形色色，素质参差不齐，所以在客户服务上难免会遇到挫折，我们要敢于面对困难和挫折，不气馁、不退缩，在问题中寻求解决的办法，在困难中吸取经验，不断提升自我修养，不断完善优质服务水平。

**思考 2** 在第一次沟通效果不佳的情况下，此时作为大厅营业人员应该如何做？

**解析** 自省吾身，明察入微，将心比心。

遇到客户无理要求，首先要心平气和从自身上思考问题，是否自身还有未做到位之处？如果有的话应该主动承认错误，争取客户谅解。但遇到案例中提到的客户，明明已经打了发票，如果轻易地再次打印，容易导致工作秩序混乱，同时也会给客户造成公司内部管理混乱的假象，甚至引起一些不必要的纠纷。

因此，当前台值班人员查明情况后，及时将情况向所里相关管理人员汇报。我们还可以开展主动走访，上门为客户做出解释，用我们的诚意感化客户，对客户的不合理诉求及时进行化解。

其实，将心比心，很多看似不合理诉求背后也有其合理的缘由：有的是因为宣传不到位，有的是信息传递不及时造成的消息不对称等……当遇到这种诉求时候可以将"不合理"的潜意识暂时抛在脑后，多站在客户角度思考一下问题，比如是不是因为老人年纪大忘记了？或者丢掉了不好意思说等，毕竟人性化也是我们企业倡导的主旋律之一，这样既节约了供电所的人力资源，又满足了客户诉求，何乐不为。

**思考 3** 为什么第二次沟通后取得了较好的效果？

**解析** 理解客户，先入为主，妥善处理。

（1）及时分析客户心理。对于已经矛盾激化的客户，不仅要进行安抚，还要妥善处理好事情，更要维护好供电所的声誉。分析客户心理，对症下药，投诉是为了满足自己的需求，还是只为出一口气？客户又想达到怎样的预期效果？

（2）维护客户尊严。客户就是上帝，无论如何客户的尊严都要维护。即使客户做得不对，我们在条件允许范围内也要尽可能考虑客户的感受。本案例中将客户儿子单独请到办公室调取视频就是如此，这样将事情缘由说清楚后不仅可以及时消除误解，同时也可以最大程度上维护客户尊严。

（3）积极协调客户解决问题。产生矛盾后最主要的是解决问题，随后通过不断沟通协商这个过程，哪怕不是自己责任，在能力范围内也要协调帮助客户解决好。只有这样，方能让客户从内心深处对我们的服务产生共鸣，从而获得更多的肯定和认可，毕竟金杯银杯都不如老百姓的口碑。

**思考 4** 贯彻以客户为中心，我们还能做什么？

**解 析** 准确定位，端正态度，善于倾听。

（1）定位准确。随着电力体制改革的不断深入，以客户为中心成为各行各业不断追求的理念，作为供电所窗口员工应该就以为提升客户满意度来实现公司的价值体现，只有深入了解客户背景，掌握客户真实诉求，才能从根本解决问题。

（2）态度决定一切。供电所是供电企业最基层单位，也是面向社会的窗口单位，员工的一言一行代表了公司形象，必须努力为客户提供用心、专业、高效的服务，耐心解答客户的各类诉求，严格把控工单质量，提升服务技能，力争达到客户诉求止于我，微笑服务进万家。

（3）倾听客户心声。充分地学会换位思考，多站在客户角度思考问题，客户的抱怨其实可能是由于我们某些工作流程或者程序上出现了问题，正是因为这种抱怨的存在，才督促我们重新审视自己的工作，发现存在的不足，及时改正提升，所以我们要学会正确的面对抱怨，并且善于倾听。

## 要点点睛

（1）及时调整好心态，以热情和真诚应对客户。

（2）观察客户需求，准确分析出矛盾的焦点。

（3）处理问题的同时，也要顾及客户情面，提供"台阶"。

（4）凡事预则立，提前做好各种可能发生的事件预控。

（5）与客户换位思考，多角度分析问题。

## 📖 知识链接

### 供电优质服务策略

随着市场经济的逐步完善，我国的社会主义市场经济体制不断健全，带动了电力体制改革的加快，在日益激烈的市场竞争中，供电企业的垄断地位被打破，失去了往日的优势。在这种情况下，企业需要不断提升自身的服务质量，为电力用户提供更加优质的服务，提升供电企业的形象，才能在竞争中赢得市场，促进企业的持续发展。

参考了 F 县供电公司的优质服务案例，可以总结提炼出优质服务策略，见下表。

优质服务策略

| 策略 | 手段 | 效果 |
|---|---|---|
| 创新服务方式，增加服务内容 | 增设电力爱心宣传栏，举办企业电工专题讲座，开展客户满意度调查等 | 了解客户电力需求，满足客户知情权，又能提供个性化服务，简单便捷 |
| 提高职工素质，提升服务水准 | 开展相关培训班，提供技能学习与交流机会，提升职工职业技能素养等 | 调动员工主观能动性与积极创造性，能良好地实现供电企业与用户的双边收益 |
| 学会换位思考，拓宽服务思路 | 提高市场营销敏感度，借助网站媒体向社会发布电力供应与营销服务的新消息，开设公共场所自主缴费等新手段等 | 杜绝法律风险与服务投诉，推动供电企业社会效益与经济效益的提升 |
| 加强规范化常态管理，建立服务督查机制 | 建立健全供电服务质量标准和服务规范，开展基于服务流程的供电服务品质内部评价，加强供电服务全过程监督管理，落实省公司城乡供电服务一体化服务标准等 | 提供客户更好更优的服务体验，从供电内部满足客户的相关需求，同时完善自身体制 |

这些优质服务策略均值得班组结合自身实际借鉴学习，不断提升优质服务水平，满足客户需求，提升企业形象。

# 知行合一、弃"善"从"恶"
## ——变电班组现场管理历行记

**摘　要**

刘班长带领班组成员弃"善"从"恶"，班组的安全意识却从"弱"变"强"。本案例讲述了 B 市供电公司变电班刘班长在安全生产上"吹毛求疵"，班组成员从不理解到主动把提升效率和文明生产作为目标，最终在全班组形成了互相监督，共同进步的好氛围的故事。案例分析了安全生产中细节的重要性，展示了管理人员是如何从大局出发兼顾细节概念，表现了班长是如何加强宣贯并以身作则带动效果，给其他班组如何建设安全运维班提供了借鉴。

**关键词**　现场管理　风险管控　效率　文明生产

## 情景聚焦

　　B 市供电公司变电班班组的刘班长是一个有点矛盾的人。他的个头很高，看起来人高马大，但是走起路来却步伐轻盈，不发出一点声音。他平日为人低调谦和，对待班组员工也是关怀有加，总是设身处地为下属考虑，但是一涉及工作上的问题，刘班长却变成了一个十足的"恶人"，对安全问题"吹毛求疵"，容不得一点疏忽。

> **思考 1** 完善现场管理应从哪几方面着手？

### 初做"恶人"立规矩

8月3日上午8:30，某220kV变电站3楼控制室充满了欢声笑语。大家站在电脑桌的南北两侧相向而立按照顺序进行班组交接。大家既是同事，更是相熟的老友，边说笑边进行着操作票移交、故障异常情况交代等工作。小王正在和同事边聊着最近上映的电影，边进行手头的工作，却突然发现整个控制室都静了下来。他一回头才发现刘班长木着脸站在自己的身后。

"工作票的许可方式和工作终结报告方式要写'调度'，不能写'电话'"刘班长一边说一边拿出一堆误操作票示例，成员接过依次传阅，纷纷点头。刘班长又说："这都是跟大家一而再、再而三强调的，到现在还在犯这种错误，真是不应该。还有，现场勘察过程中，不能只是粗略浏览，一定要注意细节。你们想想，哪一个安全事故不是因为一个小的纰漏最终导致覆水难收？厚厚的安规条条没有一个是白来的，每一条都是血的教训！检查的不要看了一遍就万事大吉，这样到最后倒闸操作的时候又会有许多小问题出现。"刘班长说完就转身离开，留下众人面面相觑。大家都心知肚明，刘班长说得十分在理，但是实际操作时，总觉得的不会出现什么严重后果。无非就是因为忘记带钥匙而多跑一趟控制室，或者是因为忘带一个器材而多跑一趟安全工器具室，只是耽误点时间、降低了效率，也没什么大不了的。

> **思考 2** 班组成员为什么不能按照刘班长的要求做到标准化操作？

## 二度责众显成效

8月6日，班组动态微信群显示有新消息，小王看到手机屏幕上方显示是刘班长发的消息，不知怎么回事瞬间被一种莫名的紧张感笼罩。把手机解锁点开查看消息以后，小王心想：这刘班长检查得也太细了吧，简直有点"鸡蛋里挑骨头"了。原来是刘班长在现场倒闸操作完成后进行巡视的时候，发现室外高压开关柜内少挂了一个"禁止合闸 有人工作"牌子。这本来是很小的一件事，换作是别人，可能根本就不会发现，就算发现了可能也就轻轻揭过不提。可刘班长不同，他不仅要指出来，还在微信群里反复讲述遵守安全规章制度的重要性，最后决定，本来专人负责的现场挂牌现在改由一个有经验的师傅带上一个入职不久的员工来完成。一开始，班组成员觉得刘班长有点"小题大做"，后来发现这个安排非常巧妙。老员工的技能经验与新员工的追根刨底和旺盛精力完美结合，班组再也没有出现安措布置不到位的问题。

解决了安措布置问题，刘班长又将重点放在了极易疏忽的安全工器具摆放问题。小王作为新进员工，一开始还能按照规定进行安全工具摆放，可是日子久了难免产生懈怠情绪。平日里工作较忙的时候，一天跑好几次安全工器具室也是常有的事情，在这种情况下本来就难以次次按照规定摆放安全工作器具。到了秋检期间工作更加繁重，光是要完成工作就已经筋疲力尽，看着大家并没有遵照规定，小王决定也随波逐流，对安全工器具室的混乱视若无睹。刘班长在现场监督指导工作时虽然会一一叮嘱班员："用完的安全工器具要放归原位"，但是忙碌琐碎的工作使刘班长的话成了"耳旁风"，并没有班组成员当回事。小王心想：法不责众，这么多人呢！难道刘班长还能一个一个的都记住？小王没想到的是，在次日早上交接班时，刘班长当众批评昨天晚上不遵守规定的人员，无一"漏网"。刘班长"斤斤计较"的"恶行"也在班组成员的心中埋下了一颗种子：看来安全生产不仅要注意大方面，细节也不能疏忽啊！

### 以身作则得其所

刘班长的这个"恶人"算是初有成效。他成功让班组成员个个打从心底害怕遭受在同事面前毫不留情的批评。为了避免自己"一枝独秀"惨遭刘班长"摧残",班组成员在工作中更加认真谨慎。

见到班组成员安全意识逐渐上升,刘班长也是趁热打铁。在参与现场勘察时,刘班长与员工保持同行进行"一对一辅导"。几轮"辅导",大家进步飞快,不仅在意识上有所提升,工作能力上也是大有提高。到了后来,即便刘班长不监督,同事之间也养成了互相督促的习惯。渐渐地,大家终于深刻体会到了刘班长日日放在嘴边的"倒闸工作现场勘察和工作票现场布置安措既要顾全大局,也要注意细节,将现场管理流程做到全面、完整、细致、标准化"到底是什么意思。

尤其是小王,他想到自己往日对安全规定的轻视,不禁感到后怕。自己以前老是觉得刘班长"小题大做",虽然自己确实有做得不到位的地方,但反正也并没有产生什么安全事故,何必这么严格呢?现在想来,哪一次安全事故不是因为细节没有做到位导致的?没有人会故意去犯大错,更没有人会以身试险,往往是被人忽略的细节,才是引发大多数事故的罪魁祸首。

在例会上,小王把自己的感想分享出来。刘班长赞许地说:"你们能这样想很好,也不枉费我做这么久的'恶人'。我也知道你们觉得以前现场操作疏忽一点不会有什么后果,最多也就是时间上延迟一点,也不会影响下一步的工作或者是和其他班组的配合。但是你们想过吗?万一"刘班长加重了语气,接着说,"万一要是因为这些细节上的疏忽造成了严重的后果,怎么办?谁来承担这个责任,谁又能弥补这个损失?"班组成员沉默了,仔细想想,刘班长说得很对。以前凡事只求过得去,不求尽

> **思考 3** 刘班长如何让班组员工完成由心理到行动上的转变?

善尽美，虽然事情马马虎虎地做完了，心里总是不踏实。可最近全力以赴做事，虽然一开始累了点，但是与之前相比更有充实感和成就感。

### "从恶如流"树新风

在刘班长的"恶人效应"产生显著成果之后，班组成员发现最近的工作更顺利了。以前的交接班时间很短，为了图一时轻松，交接班进程很快，但是交接班完成之后，当值人员需要互相询问相关事宜，反而浪费了大家的时间。如今，大家做事情都是追求高质量，注意细节，交接班的时间虽然变长了，但是不需要当值人员互相询问，反而比以前省了不少时间。

而刘班长的"恶人作风"也延续到了整个班组。在工作中，看到同事有做得不好的地方，班组成员不再像以往那样总是担心给同事指出小问题上的不足可能会引来同事之间的矛盾，现在大家没有这样的顾虑，有什么不足立即指出，没想到同事关系没有变坏，班组工作却更加有效率了。

## 案例解析

**思考 1** 完善现场管理应从哪几方面着手？

**解 析** 标准化操作、定制化管理、提升人员素质。

（1）标准化操作。电力行业是高危行业，工作中必须严格遵照安全工作规程。作为变电班组，倒闸操作是工作重中之重，若要确保倒闸操作安全稳步进行，需执行"两票三制"及到岗到位监督等制度，务必做到标准化操作，方可保证万无一失。

（2）定制化管理。安全工器具室以及钥匙柜等是变电站的标配，俗话说"一个萝卜一个坑"，工作中也同样适用，每一件安全工器具都有其所属位置，每一把钥匙也都有它的归宿。使用及维护过程中要遵循定制化管理，做到用完归位、妥善保存、定期检查、记录完备。

（3）提升人员素质。加强意识、知行合一。意识是人的头脑对于客观物质世界的反映，是各种心理过程的总和。只有加强意识，提高认识高度，才能为行动奠定思想基础，才可能做到知行合一。班组长作为班组最直接管理人员，有责任加强公司会议精神等相关文件的宣传贯彻，而召开班组会议只是其中一个方式，可以增加其他宣贯方式，如在班组增设宣传面板，定期或不定期进行要点梳理，调动大家积极性，增强工作意识。

**思考 2** 班组成员为什么不能按照刘班长的要求做到标准化操作？

**解 析** 从心理认知到行动上的转变需要一个过程，非一日可达。

班组成员在心理上已知晓自己有不足之处，但是并未产生任何事故和重大影响，只是在操作过程中多一些繁杂的小步骤，而这些是多跑几趟腿就可以解决的，所以一直没有做到足够的重视。

若要完成由心理到行动上的转变，班员需加强提升自我意识和能力，不断完善自我，提高专业技能，工作中不要害怕得罪同事，更不应把自己的行为是否会影响他人对自己的看法或者同事之间的关系作为衡量标准与行为准则。班长要加强督导作用，刘班长以身作则给了大家启发，同时也作为一个标杆和榜样激励大家前行，时刻引领班组成员携手步趋标准化。

**思考 3** 刘班长如何让班组员工完成由心理到行动上的转变？

**解 析** 反复强调、多形式宣贯、以身作则。

（1）反复强调、突出重要性。以往班组会议上或者平时交流中提到的缺点与不足之处，很多时候是当时知道具体情况，知道自己哪里做得不对，但是后来被其他的工作占用时间和思考，便不会将小事放在心上，导致重视程度不够，自然也不会想着怎么去改正或者去提升自己。而刘班长反复强调事件的重要性，会给班组成员引发思考：刘班长一直强调这种小事，必然是有道理，说明自己可能有思考得不到位的地方，从而引发班组成员自己思考，提升思想高度和重视程度。

（2）多形式宣贯、刷新存在感。班组动态群平日里频繁跳动多是讨论工作安排，或是交流探讨，甚为和谐。刘班长某日突然以班组群为宣传警告手段，将平时在班组会议上的模式转移到微信群里，必然会引起大家重视，同时也会留下深刻印象，刷了一波"现场管理存在感"。微信本身是远程通信交流，没有面对面，无法完整呈现所有人的表现、情绪和当下状态，大家明白之后再见面必少不了一次面对面的"友好"交流，这种想法给班组成员打了一剂预防针，也在某种程度上再一次给了不一样形式的警示与提醒。

（3）刘班长以身作则、事必躬亲。刘班长若只是停留在训斥阶段、只做表面工作、批评流于形式，事情必会不了了之。即便班组成员心里明白自己所做不足，也会得过且过，不会加以重视。而事实是，刘班长事必躬亲，不仅批评他人不留情面，更能够严格要求自我。本不需他亲自到场，他也会不辞劳苦赶来监督指导工作，发现问题从不心慈手软，总是当面指出，毫不顾虑会不会因此影响到自己在班组成员心目中的形象，也正是这样，让刘班长的形象更加高大伟岸，使得大家更加佩服、更加信服。因此，大家会以刘班长为榜样、更加严格要求自己，对于以往做得不好的地方，也会加紧改正，激励自己不断前行、不断完善自我，继续弘扬优秀传统，改正工作中的不足之处，使班组这个大家庭更上一层楼。

## 📖 要点点睛

（1）现场管理中要做到标准化操作、定制化管理与人员素质提高齐头并进，杜绝"木桶效应"。

（2）班组长作为班组主要负责人，严于律己、以身作则会对班员思想行为产生良性循环式"连锁效应"。

（3）同事之间在工作上应摒弃"好人情结"，敢于批评和自我批评。

## 📖 知识链接

### 现场管理

现场管理的定义是：用科学的标准和方法对生产现场各生产要素，包括人（工人和管理人员）、机（设备、工具、工位器具）、料（原材料）、法（加工、检测方法）、环（环境）、信（信息）等进行合理有效的计划、组织、协调、控制和检测，使其处于良好的结合状态，以达到优质、高效、低耗、均衡、安全、文明生产的目的。

简单来说，现场管理就指全员上下一心（士气）所践行的以标准化（秩序）、定制化（整洁、美观）和经济高效（成本、效率）为目标的行为活动，如下图。

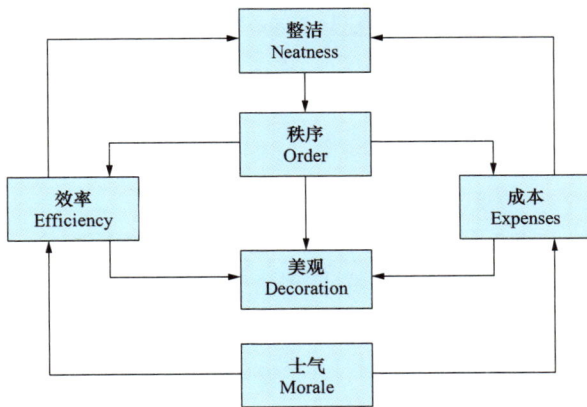

现场管理

# 小班组肩负大任务
## ——线路跨越河道采砂船现场管控治理

**摘　要**　输电运维班"智斗"非法采砂船，成功保护高压电网安全。本案例讲述了 HN 市供电公司某输电运维班在治理淮河非法采砂船穿越高压输电线路管控时，通过换位思考和改进工作流程解决人手不足和采砂船船主不配合的问题，最终保护高压电路安全运行的故事。案例分析了输电运维班如何通过换位思考使船主从不配合变为配合，介绍了如何在人力不足的情况下分配人手，利用各种手段提高资源利用率和工作效率，给如何应对在人力不足的情况下对电网安全进行现场管控工作情况提供了借鉴。

**关键词**　非法采砂　穿越线路　现场管控　电网安全

## 情景聚焦

　　2010 年起，淮河流域经济发展迅猛，基建原材料需求增加，在利益驱使下，淮河上出现大量采砂船在河道内实施采砂作业，高峰期达到 400 余艘。淮河大跨越是电力通道的要冲，其中在 A 省 B 地至 C 地河段的淮河上，跨越有 15 条高压线路。这些线路包括 7 条 35 ~ 220kV 的高压输电线路、6 条 500kV 的超高压输电线路、2 条 1000kV 的特高压输电线路。1000kV 特高压输电线路是国家重点工程,是全国"三纵三横"电网连接的重要组成部分,500kV 超高压线路是"三峡"电力送往中原地区的重要通道,其余线路担负着省、市、区域用电的输送任务。这些淮河大跨越线路担负着皖电东送和省内骨干线路的重任。这些线路一旦因为采砂船吸管支架的接近和刮碰而跳闸停电,A 省乃至区域网的用电安全就会受到影响。

### 常规管控,效果不佳

输电运维班临危受命,决心彻底消除采砂船对电网的威胁。解决问题要先找到病根,运维班从分析造成采砂船撞线的原因着手。正常情况下,跨河线路弧垂距河面的最小距离为 28m,采砂船在换采砂地点时需将吸砂管抬起,这个高度将会达到 40m,远远超过了最低弧垂点,采砂船若想安全通过只能靠避开线路档距内弧垂最低点或者拆卸船只吸砂管支架。因利益的驱使,有些船主抢时间以争取多产出多收益,不顾工作人员劝告。这些船主总抱侥幸心理,趁巡视人员工作间隙,偷干瞒过,不收起吸砂管支架擅自通过线路通道,威胁线路安全运行。而按照常规 8h 工作制的线路巡视无法完全实施管控河面船只的动态。因为线路设备巡视周期之间存在较大的空隙,一旦在巡视周期的间隙发生船只碰线的事故,设备、电网甚至人身安全都会遭受巨大的伤害。

> **思考 1** 如何做到河面状况的实时监控?

### 多措并举管控有力初见成效

在发现存在安全漏洞后,为保证可以随时查看淮河上采砂船的动态,输电运维班认真梳理和收集跨越河道电力线路行政区域、河道位置、交跨距离等资料，建立跨越河道电力线路安全隐患档案。考虑到原有的巡视周期存在较大的时间空隙，输电运维班决定改变之前的河道常规巡视方式，由 8h 工作制改为三班倒的值班方式。为了能够及时检查，输电运维班在淮河岸边搭建板房，雇用当地民船，以 3 人为一组，24h 进行蹲守及水面巡查。不仅如此，输电运维组还在航道上设置悬浮警示桩，对采砂重要防护区采取抛石硬性措施巩固杆塔基础，遏制采砂作业行为，以堵为守，看护着高压输电线路的安全。

除了加大采砂的难度，输电运维组还努力进行宣传活动。输电运维班组织开展采砂从业人员进行电力设施保护宣传，对采砂承包人明确提出保护电力设施安全具体要求。

线路巡视和维护的措施都比较容易落实，但是现场工作却"寸步难行"。输电运维组工作人员在现场工作开展时曾受到较多船主的抵触。这些船主认为工作人员是来阻碍他们采砂的。在与船主交谈的过程中，工作人员了解到他们的采砂船基本是合伙或贷款购买，采砂利润巨大，发动机少转一分钟，船主都会遭受可观的利润损失，因此没有船主愿意接受。也因为有巨大的利润驱动，船主的管控极为艰难。现场工作时，船主不配合，甚至躲避工作人员监控的行为经常发生。

**思考 2** 如何消除双方的隔阂，与船主更好地沟通？

### 主动沟通合作共赢共保安全

怎么才能消除双方之间的隔阂，使得之后的工作顺利开展呢？为了消除船主的抵触情绪，班组成员主动作为，决定用实际行动让船主感受到供电公司的工作人员是真正为他们的安全与利益考虑的。工作人员在和船主接触过程中发现，采砂船上控制吸砂管高度的钢丝绳经常断裂，隔三差五就要更换。由于平时对起吊重物对定滑轮和绳索有研究，工作人员很快就发现了其中的原因：卷扬机和定滑轮过近的距离和小直径定滑轮导致起吊时阻力增大，同时钢丝绳长期在水中浸泡极易锈蚀，这两个因素结合在一起，钢丝绳自然极易断裂。因此，班组成员建议他们更换大些的定滑轮，同时使定滑轮直径与钢丝绳长度的配比达到1∶10。船主采用建议后，钢丝绳的使用寿命显著增长。受益的船主们被工作人员的工作态度感动，抵触情绪逐渐减弱。经过多次接触，船主和班组成员渐渐成了朋友，一旦需要通过，船主会主动联系蹲守点，以便班组成员及时登船进行测量。班组成员检查高度合格后，引导船只从安全的位置通过。

工作就是发现问题解决问题的过程。一个问题解决了，新的问题又出现了。运维班组担负着管辖区域的所有输电设备的运行检修工作，在坚持看守采砂船工作同时，还要完成上级交给的各项任务。一个班组只有9个人，一次轮班要有3个人，人员的紧缺和繁重的工作矛盾日渐突出，怎么才能利用有限的人力、物力出色完成任务呢？

> **思考 3** 如何利用有限资源，提高工作效率？

### 自挖潜力科技创新效率倍增

改进工作流程，自然能够提高工作效率。随着工作经验的积累，值班人员发现了个节省时间的小妙招——声音。刚开始值班时，值班人员只要听到有发动机逐渐靠近的声音就立即使用望远镜，测高仪等仪器判断船只是否超高。然而当时淮河上采砂船多达400余艘，如此监视的话工作量之大可想而知。俗话说"熟能生巧"，随着工作经验的增加，值班人员发现当船只路过时，发动机的声音会有些细微的差别。值班人员登船之后验证了自己的猜测：采砂船的状态不同确实会发出不同的声音。因为采砂船上有一大一小两台柴油发动机，采砂时大的内燃机工作，发出低沉的轰鸣声，此时的采砂船不会危及线路；移动时只有小的发动机工作，发出类似拖拉机样的声音。这样值班人员就可以通过发动机声音辨别船只的工作状态，节省了大量时间，提高了工作效率。

除了根据工作经验改进工作流程之外，运维班还引入了"高科技"——导线警示球，声光报警警示光和夜视视屏微拍。导线警示球可以在夜间发光勾勒出导线形状，提醒来往船只上方有高压带电线路。声光报警警示桩会在夜间发光，在作业船只移动到保护区内时发出声光报警。夜视视屏微拍，可以在光线极弱的夜间拍摄到较为清晰的通道照片，让值班人员能随时查看河面上船只通行和停泊状况。在"高科技"的帮助下，运维班组实现了大跨越区段 24h 全天候能控、可控，弥补了人员能力和人手的不足，提升了线路智能化水平。

经过运维班常年的蹲守和治理，淮河河道电力设施的维护成效显著，船只有序安全通过。后来，政府也对淮河河道上的非法采砂进行了治理，采砂问题彻底得到了根除，高压线路安全运行也得到了保证。

## 问题解析

**思考 1** 如何做到河面状况的实时监控？

**解 析** 管控现场动态目标，只能通过自身的静态看守。

不同于寻常的电力设施保护，以往的管控只需针对一些相对固定的隐患点加强巡视即可，而此次要防范的是具有主观能动性的采砂船主们。认清这一突出矛盾后，班组只能从源头出发，以静制动，由常规的巡视方式改为三班倒蹲守，每天 24h 在水面上进行巡查。

**思考 2** 如何消除双方的隔阂，与船主更好地沟通？

**解 析** 弄清矛盾缘由，换位思考，真诚沟通。

一名优秀的输电运维人员必备的素质就是和群众的沟通能力。在日常工作中，常见的树障、房屋、外破等隐患，处理的关键归根结底还是与群众的协调沟通。树障的清除与修剪、房屋的拆迁、线下施工点的安全宣传，这些都是要和群众沟通才能顺利完成的工作。有了这些经验，和船主打交道就容易了很多。班组成员用实际行动让船主感受到供电公司的工作人员是真正为他们的安全与利益考虑的，让他们也清楚自身行为的危险性，换位思考，双方协商解决"船线"矛盾。

**思考 3** **如何利用有限资源，提高工作效率?**

**解 析** **挖掘自身潜力，强化科技手段应用，提升工作能力。**

俗话说得好，思路决定出路，老的方法不能满足当前需求，那就寻求新的思路来解决。解决途径可以是学习新方法，提升自身技能，借助新型工具等。在这次案例中，班组成员通过对采砂船发动机声音的研究，减轻工作量，对船只的登记造册，理清船只动态管理。运用科技手段，推广新技术应用，构筑多层安全防护网，这些都是自身工作能力提升的体现。

## 要点点睛

（1）班组的现场管理，要根据具体的现场特点，选择工作方式。

（2）现场工作，要注意工作人员与群众的沟通。

（3）班组成员要主动作为，善于学习，大胆创新提升解决现场问题。

## 知识链接

### "互联网+"的输电通道防外破管理

随着输线路外部运行环境的变化，线路遭受外力破坏事件频发，输电线路防外力破坏已成为线路运行工作的重中之重。以"互联网+"技术手段与输电线路防外破相结合为创新思路，以"线路通道可视化、线路巡视智能化、外破隐患可控化"为目标，通过打造"输电线路通道可视化远程巡检系统""输电线路智能巡检预检系统""输电线路外破主动防控系统""推广用户信息管控平台"等（见下图），实现了输电线路由"人防"到"技防"转变，防护效果取得了质的变革，运检人员巡防效率显著提高，外破隐患预控水平同步提升，线路外破跳闸率大幅降低，保证输电线路安全可靠运行的创新管理理念得到有效推广。

输电线路通道可视化远程巡检系统

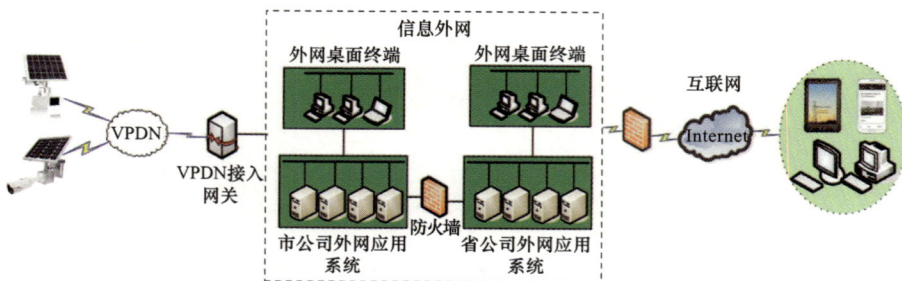

输电线路可视化远程巡检系统模型

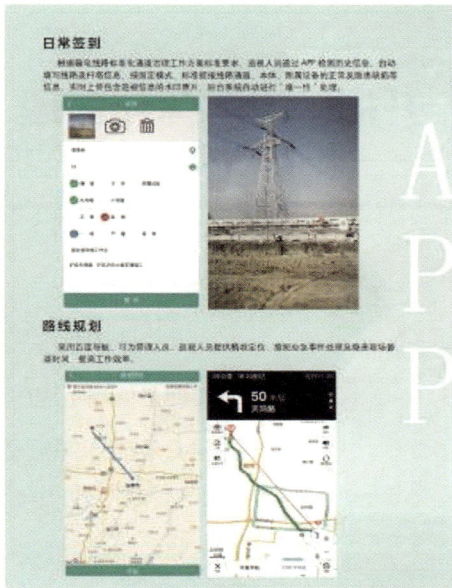

输电线路智能巡检预控系统 PC 客户端及手机 APP 应用

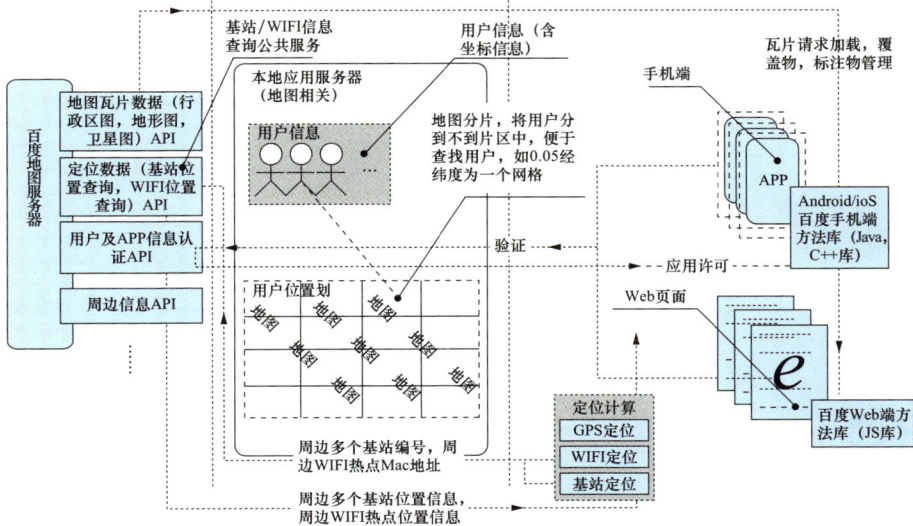

输电线路外破主动防控系统

## 开拓精进不休化管理　打造稳如磐石型桩基
### ——记 GQ 换流站工程桩基施工监理管理提升过程

**摘　要**

"方法总比困难多"，GQ 监理项目部不断攻坚克难，成功实现了桩基工程质量最优。本案例描述了在 J-Q 特高压工程 GQ 换流站桩基施工过程中，AH 监理公司 GQ 监理项目部在面对地质复杂、施工难度大、工程量庞大、工期任务紧等困难时，不断探索实践，创新桩基管理新模式，优化监理管控手段，实现了 GQ 换流站桩基工程 100% 达到 I 类桩标准的质量目标。监理项目部通过桩基施工监理管理策划、计划制定与安排、资源优化整合与配置、可视化看板管理、施工机械二维码生成与标识、质量控制卡使用等过程管理方法，为桩基施工监理管理提供了实践借鉴。

**关键词**　100% I 类桩　整合资源　创新管理　质量控制卡

## 情景聚焦

　　J-Q 特高压工程 GQ 换流站全站桩基总数 4676 根，均为旋挖钻孔灌注桩。桩基分部区域广，地质情况复杂，在干作业无法成孔时采用泥浆护壁或全断面钢护筒方式成孔，基桩最长达到 43m。桩径较小为 600mm，施工质量控制难度大，再加上场平工程移交桩基滞后，导致基桩工程进度计划较一级网络进度计划严重滞后，因此，桩基工程需要增加资源投入进行进度纠偏。为此，施工项目部计划投入 12 台套旋挖钻机同时施工，进行 24 小时轮班作业。并且，桩基工程为响应本站"精品中的精品工程"质量目标，制定桩基质量目标为"100% 达到 I 类桩"。

面对这样一个工程，A 省监理公司监理项目部（以下简称监理部）面临如下情形：①没有成熟的管理经验可供借鉴；②工程难度大、工期紧、质量标准要求高。这样的情形对监理部桩基管控来说是全新的挑战。如何统筹安排有限资源，充分发挥团队力量，带领团队合理控制桩基施工关键点，是桩基施工监理的重点难点。

### 直面挑战，合理组织

在如此复杂的形势下，监理部成立以小吴为组长的 12 人桩基施工监理专业组。在接到这项任务之初，小吴深知任务艰巨、责任重大。于是，他组织小组成员讨论编制了"桩基监理实施细则"，结合设计图纸及规程规范，以视频、动画、文字等形式组织开展全员交底会，向小组成员全面、深刻解读各环节管控要点。在看到监理人员由疑虑困惑变得逐渐熟知管控重点及流程后，小吴一直悬着的心才稍稍放下。

一个作业面需经历复查每根桩的定位放线点，动态检查成孔过程中的孔深及垂直度，成孔后核算钢筋笼长度，混凝土浇筑全过程旁站，混凝土试块见证取样等多项工作流程。由于现场 12 个作业面同时开展，因此单桩质量控制点多，旋挖钻机分布位置广。这些因素均成为此次施工过程当中的管控难点。为了实时掌握施工进度，小吴组织桩基施工监理专业组采用 24 小时三班连续工作制。要想把桩基监理工作做好，桩基监理组织工作就要做到细致周全。在施工之初，人员不足及交接班不清晰等问题成了又一件令小吴头疼的事。在监理人员数量有限的情况下，如何做到严格把握每根桩的质量管控，如何做到交接班之间监理人员全面、准确、有序交接？

面对上述一系列问题及难题，小吴经过一段时间的深思熟虑，在充分考虑各方面因素和资源的情况下，制定了值班工作时间表及相关纪律要求。要求规定：每班 4 个监理人员，每人负责 3 台钻机施工，各台钻机施工班组对应的值班监理明确到个人，交接班须严格执行口头和书面交接班记录制度，每周对夜班及白班人员进行动态调整，采用轮回形式进行夜班值守。

这一举措让每次交接班都非常清晰，值班人员再也没有怨言。这一系列措施的成效让小吴更加坚定了信心。

> **思考 1** 如何利用有限的资源完成 100% 达到 I 类桩的目标？

## 施工过程，举步维艰

人员安排的任务解决了之后，在具体的施工过程中，大大小小的困难纷至沓来。在小吴的带领下，监理专业小组成员毫不懈怠，"兵来将挡，水来土掩"，将施工过程中的各项困难逐个击破。

困难一：强夯作业干扰桩基施工

在桩基定位放线过程中，监理专业小组某成员在现场注意到场平施工并未完全结束，现场正在进行强夯作业。该成员发现这一情况，考虑强夯施工振动可能会对桩基成孔、成桩产生一定影响，存在质量隐患。于是，该成员立即告知小吴该项隐患测存在，小吴立即向总监理工程师汇报，总监理工程师即刻组织相关单位召开专题讨论会，会议决定由第三方检测单位进行现场实地检测，确定影响范围。经检测，现场距离强夯点 50m 以外的振动，不会对成孔、成桩质量造成影响，针对此情况，监理部按照施工平面布置图划分施工区域，组织场平及桩基施工单位编制区域施工计划，从而实现了桩基与场平同步施工。

困难二：桩基施工过程中关键控制指标存在超标现象

施工过程当中，监理人员反映混凝土浇筑前，时常发现沉渣厚度检测严重超标，混凝土浇筑首次贯入量不能满足导管进入混凝土深度的现象。这一情况引起了小吴的高度重视。他组织监理专业组潜心研究，制定出针对桩基各环节质量控制管理要点的桩基质量控制卡，将桩基从开始钻孔到浇筑结束过程中的关键数据记录在每根桩的质量控制卡上，如各节点时间、关键验收数据等要素，并要求施工、地质、监理责任人签字确认。这样一来，可以有效控制浇筑前沉渣厚度、混凝土首次贯入量质量，并且具有可追溯性。

困难三：钢筋笼验收方法程序影响施工进度

小吴在孔口验收钢筋笼时，发现钢筋笼长度、间距、焊缝等不满足验收要求，需要进行返回钢筋加工场整改，导致成孔后混凝土灌注时间推迟，影响成桩质量并加大工期压力。面对此情况，小吴向总监理工程师申请另增配一名专业监理工程师，专业负责在钢筋加工区域进行钢筋笼验收工作。并在钢筋加工区域布置钢筋笼待检区域和钢筋笼验收合格区域，对钢筋笼进行分类堆放，对已检合格的钢筋笼挂牌标记。这一系列举措从源头对钢筋笼的施工进行质量控制，避免造成返工处理。

困难四：混凝土试块管理混乱

一日，总监理工程师在对桩基工程巡视检查过程中，发现混凝土试块留置数量不足、标示不清、送检不及时、无台账等现象。对于这一情况，小吴组织监理专业组，集思广益，提出新的试块管理办法。在混凝土入模前，在试模底部安放有标识及监理见证人员签字并盖章的标记卡片。在要求施工单位配备试块试件取样管理人员的同时，监理部安排专职人员从事混凝土、钢筋接头试件的见证取样工作，并及时送检，按要求建立管理台账。有效解决了混凝土、钢筋试件混乱等问题。

施工过程中，根据旋挖钻机位置进行动态人员合理调配，集中抓质量重点等措施，在保证各工序节点质量受控的情况下，最终于 2017 年 5 月 28 日完成全站 4676 根桩基成桩。

> **思考 2** 如何在施工过程当中对各关键节点管控到位？

### 桩检验证，实现目标

全站桩基划分为 24 个分部工程，小吴将范围大的分部工程进行进一步细化分区，标记各区域桩基最迟浇筑时间，确定该区域桩基的开挖时间及各项检测时间，根据划分的区域，进行场地移交、开挖、检测等工作，做到在不影响施工进度的同时有序监测。分部工程结束后，第三方检测机构对桩基进行高应变、低应变及各项静载试验，结果显示全站 4676 根桩基 100% 达到 I 类桩，之前定的质量目标完成了。

> **思考 3** 如何在不影响土建施工进度的情况下有序检测、移交已完工项目？

## 问题解析

**思考 1** 如何利用有限的资源完成 100% 达到 I 类桩的目标？

**解 析** 精心组织人员、精进策划方案、精细业务管理、精准质量控制。

（1）精心组织人员，明确岗位职责。桩基工作策划初期便成立了 12 人的桩基监理工作小组，设立组长 1 名，明确小组成员工作任务及岗位职责，同时安排 2 名备用人员，主要用于动态调整人员补充配置，防止特殊情况发生。

（2）精进策划方案，创新交底形式。监理部根据工程特点、难点、重点，针对性组织编制《桩基工程施工监理实施细则》，结合设计图纸及规程规范，以视频、动画、文字形式进行交底，形象生动，不仅可以让无桩基施工监理经验的人员直观地了解成桩过程，还能更深度理解各节点中监理质量控制的关键点。把纸上谈兵转变为感官冲击，比单纯的文字说教更能让接收交底的人员建立深刻印象，从而起到立竿见影效果，大大提高了交底的实效性。

（3）精细业务管理，精准质量控制。

1）制作看板详记进度。监理工作小组现场制作桩基工程施工、检测进度看板，记录每个部位具体施工及各类型检测进度情况，每日更新，使桩基施工、检测避免产生遗漏现象。

2）设备编号跟踪管控。由于旋挖钻机分布区域广，不易识别，监理工作小组对每台钻机进行编号，并将机械型号、安检时间、结果以二维码形式贴在易见位置，根据每台钻机的具体位置安排固定监理人员分管每台旋挖机械，每名监理人员现场工作 8.5h，轮班值守。

3）双重交接明确责任。规定交接班人员交班搭接时间控制在30~40min。在现场进行当面交接的同时，在办公室放置交接班记录本，及时清晰的书面记录当班工作情况，交接内容包括本班所监督完成的桩基，未完桩基的施工环节，存在的问题，处理意见、结果及注意事项。并移交未完成桩基的桩基质量控制卡，做到管控环节无遗漏。

4）专题讨论提升管理。定期组织召开桩基监理工作组专题讨论会，对近期监理工作情况及发生的问题进行分析讨论，明确问题解决措施，提出相应工作要求，讨论制定管理优化办法，不断总结提升监理管理。

**思考 2** 如何在施工过程中对各关键节点管控到位？

**解析** 对施工环境、技术工艺、材料堆放、工作交接、信息采集全方位无死角管控。

（1）识别质量管控环境风险。时刻辨识环境因素的影响，施工策划过程当中虽未考虑到周边强夯可能对桩体施工产生影响，但在施工开始阶段就及时发现影响因素，及时组织设计、监理、施工等相关责任单位召开专题会议进行讨论，由第三方检测单位对强夯振动产生的影响进行检测，明确不受影响的安全距离。让桩基施工单位根据场平强夯计划，重新规划桩基各区域施工顺序，及时有效地避免由强夯带来的桩基施工质量隐患。

（2）实行单桩质量工艺卡管控。根据本工程成孔方式，针对旋挖桩各环节控制要点，制定桩基质量工艺控制卡，内容为每根桩的类型、桩径、开孔时间、终孔时间、孔深、桩端进入持力层深度、桩长、浇筑时间等关键因素，并由现场质检员、地质工代、监理验收人员签字确认，保证每个环节监理人员监督到位，每根桩都有一张完整的桩基质量控制卡留存，有追溯性。

（3）实行定置化制作、集约化管理。材料堆放与加工区域安置在一处，便于加工材料的运输和使用。桩基施工从开始到结束，钢筋加工区域位置基本不会发生变化，可作为钢筋材料、钢筋笼验收、钢筋笼堆放的固定地点，便于集中管理。安排专人监督钢筋加工过程，遇到问题及时整改，避免运至桩孔位置后再重新回运整改的不便。钢筋原材料进场，经施工单位自检后可直接检查其质量证明文件，并对其进行见证取样复试工作。除孔口单面搭接焊接的试件外，接头试件均可直接在加工区域进行见证取样。混凝土试块在加工区域集中脱模、堆放，脱模后的试块标记统一、清晰避免遗漏。

（4）实行微信群传递、快捷化响应。由于现场12台旋挖钻机同时作业，桩基组每人每班需要对3台旋挖钻机进行安全、质量管控，通过在全站平面图上，标记每台旋挖钻机位置，再结合施工的进度、桩长、难易程度综合考虑，统筹安排。每天动态调整每位监理人员负责的旋挖钻机编号，并将交接班时间发布到微信群内，同时告知施工项目部，可以让每位监理人员提前了解当天工作任务。除此之外，还将交接时间提前半小时，可以让大家充分了解未完成桩基具体状况及注意事项。

（5）实行影像化采集、高效化归档。为做到桩基施工质量控制具有可追溯性，监理项目部对每根桩从定位放线、成孔、钢筋笼制作安装、混凝土灌注、桩基检测、试品试件见证取样送检各环节均进行影像资料的采集工作，并及时分类编号整理归档。

**思考 3**　如何在不影响土建施工进度的情况下有序检测、移交已完工项目？

**解 析**　实行施工与监理区域化、集约化管控。

优先安排工期紧区域。桩基施工前可根据土建单位场地需求计划，安排各区域施工、监理顺序，工期需求紧的区域实现优先完成检测并移交土建施工。

大区域细化逐步移交。桩基检测根据分部工程进行划分，考虑到分部工程区域比较大，区域大的分部进一步细化分区，进行检测移交。

根据各区域最迟浇筑时间，明确最早检测及开挖时间。本工程桩基检测项目主要为低应变检测、高应变检测、静载试验检测。根据（JGJ 94—2008）《建筑桩基检测技术规范》及本工程土的类型，了解到低应变检测时间为混凝土浇筑后 15 天（同条件试块达到 70%，且不小于 15MPa），高应变、静载试验检测时间要求达到 28 天的要求。分区域移交至主体土建施工单位，在桩基移交土建、检测单位的资料当中以图表的形式，明确各区域最早开挖、破桩头时间以及各检测项目最早时间。最大化合理安排开挖检测时间节点，减小了桩基进度滞后对土建施工单位带来的工期压力。

《建筑桩基技术检测规范》相关说明见下页表。

**桩身完整性分类表**

| 桩身完整性类别 | 分类原则 |
| --- | --- |
| Ⅰ类桩 | 桩身完整 |
| Ⅱ类桩 | 桩身有轻微缺陷，不会影响桩身结构承载力的正常发挥 |
| Ⅲ类桩 | 桩身有明显缺陷，对桩身结构承载力有影响 |
| Ⅳ类桩 | 桩身存在严重缺陷 |

## 要点点睛

（1）在交接班方面，以现场交接与书面记录形式相结合。

（2）项目实行可视化现场管控，结合工程一级网络进度计划，制定桩基施工、检测进度，并以看板形式进行实时跟踪。

（3）对施工机械进行编号，以二维码形式对施工机械进行管理。

（4）按工程进展需要，动态进行人员调整，明确工作任务及岗位职责。

（5）结合桩基工程区域大、范围广、数量多的特点，进行分区管理，合理优化工程进度管理。

## 知识链接

### 目标设置理论

美国马里兰大学管理学兼心理学教授洛克（E.A.Locke）和休斯在研究中发现，外来的刺激（如奖励、工作反馈、监督的压力）都是通过目标来影响动机的。目标能引导活动指向与目标有关的行为，使人们根据难度的大小来调整努力的程度，并影响行为的持久性，如下页图。

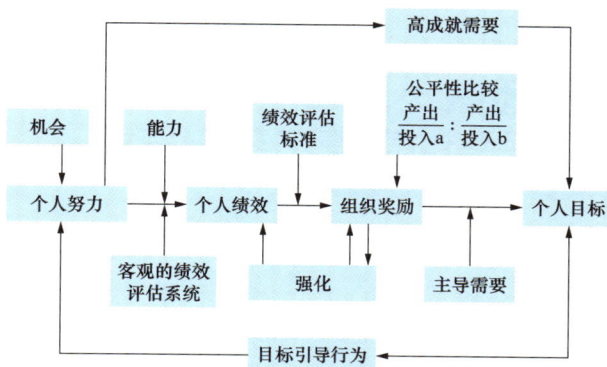

目标设置理论框图

　　无论何种形式的目标，都有助于个体对其时间和努力做出合理安排。无目标或目标不清晰的员工在工作时节奏缓慢、表现较差、缺乏兴趣，完成的任务也没有那些具有清晰而富有挑战性目标的员工多。另外，有明确目标的员工显得既能干又有活力。他们能按时完成任务，然后转向别的事情（和目标）。

　　案例工程将实现"精品中的精品工程"作为质量目标，也力求建造"精品中的精品桩基"，让所有桩基100%达到一类桩标准。在这样的目标驱动及高成就需要下，以小吴为组长的桩基施工监理专业组都很富有拼搏和创新精神，遇到问题集思广益、攻坚克难，最终顺利完成既定目标。

# 现场建管团队"融合"记
## ——创新思路的直管工程新模式

**摘要**

管理方案创新需要因地制宜，不断优化迭代。本案例描述了 A 省电力有限公司 ±1100kV GQ 换流站接地极及线路工程业主项目部执行经理老宋针对业主人员不足、专业缺失的现状，创新思路地策划出现场建设专业化、团队一体化的"融合"管理方案，包括方案初次实施的失败经历和后续两次改进方案，最终实现现场融合管理的过程。该案例说明了新的实施方案制定后应做好跟踪、及时进行改进，方案的考核机制要奖惩结合，为直管工程现场的管理模式提供了新思路。

**关键词** 现场管理 一体化 改进 考核

## 情景聚焦

周一上午的办公室，A 省电力有限公司 ±1100kV GQ 换流站接地极及线路工程业主项目部正在开碰头会，说是开会，其实也就老宋和小王两个人在安排本周的任务。"这周我俩分头行动，极址那边有领导检查，线路的中间验收你就去吧，照着以往的搞"，老宋说道。小王点了点头，又询问了需要关注的点。任务分配好之后，老宋和小王正准备散会，线路施工项目经理电话通知说，这周政府计划到线路踏勘，想要了解之前敏感点的具体情况，需要业主牵头。

### 人少事多，捉襟见肘

老宋放下电话，和小王对视了一眼，两人都叹了口气。老宋负责极址，小王负责线路的中间验收，还有谁能去配合政府进行线路勘探呢？其实像这种情况已经是屡见不鲜了，近年来省内 500kV 和特高压工程项目急剧增加，建设管理人员数量与专业配置难以满足现场标准化管理，业主项目部普遍就 2~3 人，还要兼顾中心的会议、培训、信息报送和其他事务，人手总是不足。有时安排好的事，也只能一再推迟，不能推迟的，就只好到处赶场。这次老宋只好给属地公司和监理打电话，让他们派人协助，属地配合政府，监理代表业主配合现场。

这件事发生不久，又发生了一个小插曲。业主项目部在安排施工报送作业信息时，施工项目经理忘了通知质量员，事情未进行跟踪导致报送不及时，受到了领导的批评。但是这也不完全是施工项目经理的责任。虽然一般是项目经理或项目总监给施工、监理布置任务，但是项目经理和项目总监他们一天中电话不断，往往会有遗漏发生。这种难以避免的失误经常给下面的人员开展工作造成一定的麻烦。

业主项目经理老宋结合特高压的管理经验，提出了一个想法：针对目前存在的业主项目部人员不足、专业缺失和各项目部工作协调复杂的局面，将各参建单位人员在某个层面上进行"混编"，即通过专业分组，将项目建设中涉及的安全、质量、技术、物资、协调、环水保、档案、技经专业等各自分组，每组设一名组长，由组长牵头负责，定期向领导小组反映情况。

## 团队初建，成效甚微

说干就干，老宋起草了一个方案，并在月度会议上组织了探讨。会上大家讨论激烈，各项目经理和总监也倒起了"苦水"，抱怨自己负责的事情又多又杂，结果有些事明明记得，但是往往被别的事打个岔，就把之前的事忘得一干二净。会上各单位都表示赞成老宋提出的新方案，并对方案进行了改进，最后命名为"现场建设专业化、团队一体化管理策划方案"。根据方案内容，团队设协调领导小组，协调领导小组由各参建单位项目负责人组成，业主项目经理任组长，总监理工程师、属地协调负责人、物资负责人任副组长，其他项目负责人为领导小组成员，协调领导小组主要工作是组织引导、部署安排、协调解决、考核评价。

团队协调领导小组下设安全、质量、技术、物资、技经、档案、协调、环水保8个专业小组，各专业组长由业主项目部或监理项目部主要专业人员担任，其他项目部成员为各组工作人员，见下图。组长带领各小组开展专业管理活动，及时传达领导小组管理要求，负责专业组内重点工作及任务分工，带领小组成员落实具体工作。看到大家对这个方案都很赞成，老宋也很高兴，心里想着可能项目上明天就要开启管理的新篇章了。

但实际情况却成效甚微，现场管理情况和往常并无两样，先前讨论的方案压根没有人遵照执行。小组成员有事直接找到专业组长时，专业组长却表示组内人员涉及单位多，指派不动，仍需业主找各单位协调。新路走不通，只好走老路。因此大家又都回到了之前的工作模式。之前的那场热烈讨论定下来的方案，似乎都被大家遗忘了。

> **思考 1** 第一次方案实施成效甚微的原因有哪些？

### 正式发文，考核跟进

发现会议通过的方案没有效果，老宋决定组织其他项目经理对方案进行二次改进，加入了考核的内容，希望通过激励手段来提高大家的积极性。除此之外，老宋再次组织了专题会议，邀请各参建单位领导参加，充分讨论，形成新的方案，随后通过建设单位正式下发文件给各参建单位。

在考核机制上，每月各专业工作组进行分级考核，专业组长对各组人员考核，领导小组对各组组长考核，主要考核计划准确率、工作执行力以及工作质量。建设管理单位在工程结束后对综合表现较好的工作组组长或成员，通过发表扬信或荣誉证书等形式进行奖励。

正式行文后，大家又开始有了热情，主动问起专业组的事。各参建单位相同专业人员开始联系频繁，思考、安排本专业的工作。一段时间后，业主项目部决定：各专业组尽量统一在微信群中安排工作。这样一方面方便项目经理、总监了解总体情况，另一方面大家的工作放在明面上，有助于保证大家的积极性和督促专业工作的开展。月底，老宋综合大家的评分结果，将各组的得分情况和排名进行公布。评分结果公布后，大家的热情再次高涨。专业组工作开始走上正轨，各专业各司其责，现场管理开始与之前区分开来。

好景不长，二三个月后，老宋发现群里的汇报越来越少，大家的热情开始减退，遇到事情又需要业主协调实施。老宋仔细研究后发现：原文件里的考核太远，要等到工程结束后才有结果。加上施工、监理项目部人员普遍流动性大，每月的分数就慢慢变得只是个数字。而且文件的考核只有表扬，而没有针对过程的惩戒手段。这几个因素加在一起，考核就难免逐渐流于形式。

### 奖惩结合，方获硕果

为了避免之前开创的好局面逐渐消失，业务项目部及时调整了考核方案，结合建设单位刚刚推行的参建项目部月度考评，将原来的专业组打分和月度考评挂钩。新考核方案规定：每月月底，大家根据每个专业组当月的工作成效对专业组进行打分并注明原因，结果不记名反馈至业主项目部邮箱，再由业主项目部根据专业组得分情况，把各组员的得分情况纳入对其单位的考评中，并在每月的月度会议上对考评进行通报，考评结果按季度由建设单位通报各参建单位。月度考评得分和合同的最终结算挂钩，得分较低的单位将视得分情况进行扣款。

实施过程中，领导小组结合过程管控和检查情况，对各专业小组的工作成效进行评价。各专业小组工作成效有表现不好的，也有表现优秀的。

有的专业小组组员不认真，组长也没有尽到责任，导致日常的安全质量检查失去了应有作用。在一次省公司安全质量检查中，接地极极址被发现存在诸多安全隐患。其实在省公司安全质量检查前其实安全组已检查发现这些问题并要求整改，但负责极址施工的安全组员未严格督促，组长也没有及时跟踪，最终问题一直拖到省公司安全质量检查来也没有整改。省公司安全质量检查结束后，领导小组在微信群内对安全小组进行了通报，当月的打分也受到了影响，导致组长所在的监理单位和组员所在的极址施工单位在月度考评中不及格。

有的工作小组尽心尽责。有一次，接地极线路施工中发生了改线。

物资小组及时协调各单位，保证及时供货，满足了现场施工进度要求。

物资小组及时响应，工作高效，受到了大家的一致好评，业主项目部也给专业组所在的物资、设计、监理、线路施工单位下发了表扬信。

> **思考2** 新的考核模式与之前有何不同？

通过严格实施专业组考核制度，在接地极及线路工程建管过程中，业主项目部开创了一种区别于传统管理的新型"融合"模式，各专业各司其责，分工明确。计划、组织、协调、监督、考核等管理手段并用，提高了建设管理效率，推动工程建设按计划实施，实现了工程安全、质量、进度、造价和技术等各项建设目标。现场建设一体化管理在建管团队中引入了监理等参建单位的力量，并发挥其主动性，专业互动、问题处理高效、管理过程扁平，既锻炼了管理队伍，也积累了现场管理的新的宝贵经验。

> **思考3** "融合"管理模式与传统的现场管理模式相比，实施起来有何效果和亮点？

## 问题解析

**思考1** 第一次方案实施成效甚微的原因有哪些？

**解析** 方案实施缺乏考核机制，亦未引起领导重视，高度不够。

（1）方案实施缺乏考核机制，而考核机制是人员管理中很重要的一项内容。考核机制可以通过奖惩来激发管理人员的积极性，使方案不沦为无关痛痒的纸质文件而是真正得到落实。

（2）方案制定只在基层项目部层面讨论，形成后既没有正式发文确立，也没有让参建单位领导知悉，方案的高度不够，容易让人忽视。

**思考 2** 新的考核模式与之前有何不同？

**解 析** 新的考核模式由单方面激励改为奖惩结合，与合同挂钩，互评方式更真实，并获取领导支持。

（1）考核方案奖惩结合，利于执行。刚开始的方案中考核措施中只列出了对于表现好的组员，由建设单位通过发表扬信或荣誉证书等形式进行奖励，只奖不惩，对现场人员的管束力度很小，方案难以推行。

（2）考核与合同挂钩，加入经济措施。考核结果体现在月度考评中，从而与合同挂钩，直接涉及参建单位的合同款，使得这项工作的被重视程度上升了数个等级。经济措施的加入，有助于方案实施。

（3）不记名互评，确保真实。参建单位的各专业人员每月按时将评分结果反馈至业主项目部邮箱。评分表不记名，可以保证分数评价真实、可靠，反映专业小组实际的工作成效。

（4）获取领导支持，增加公信力。在后来组织的讨论会上邀请了各参建单位的领导参加，保证方案被重视。方案在会上得到各单位领导支持，有利于方案的全面推行。

**思考 3** "融合"管理模式与传统的现场管理模式相比，实施起来有何效果和亮点？

**解 析** "融合"管理模式有效解决传统建管模式人手不足、专业不齐的问题，扁平化管理模式节约了时间成本，提高了管理效率。

"融合"管理模式的效果和亮点具体如下。

（1）弥补了业主项目部人员不足、专业配置不均衡的工作局面，有利于直管工程建管工作的开展。

（2）业主项目部协同监理项目部联合管理，既提高监理主观能动性，又发挥监理人员和专业优势，促进建设管理目标实现。

（3）各单位团队协作氛围浓厚，沟通充分，实现工作全覆盖、管理无死角。

（4）通过专业化和垂直化管理，实现了工程管理的扁平化，对现场各专业进行垂直管理，弥补专业上的漏洞，缩短管理流程，充分发挥每个人的积极性，进一步提高了工程建设的效率、效益。

## 要点点睛

（1）方案实施应及时更新改良，考核方式奖惩结合，确保方案可行有效。

（2）"融合"模式实现扁平化管理，专业协作，垂直管理，提高了现场管理效率。

## 知识链接

### 4Y 管理模式

中国成长型企业结合自身的管理实践，提出 4Y 管理模式，即计划到位（Yes plan）、责任到位（Yes duty）、检查到位（Yes check）、激励到位（Yes drive），如下页图。

计划到位：好的结果来自充分的事前准备和有效的协同配合。

责任到位：计划的完成需要行动的支撑，责任到人才会有真正的行动，中国成长型企业普遍存在指令不清，责任不明的状况，所以责任到位才能够助力企业完成目标。

检查到位：人们不会做你期望的，只会做你监督和检查的，检查到位是为实现目标保驾护航。

　　激励到位：有反馈必有激励，好报才会有好人，所以激励到位是实现目标的闭环管理。

4Y 管理模式

# 第四章
# 技能提升

# 攻坚克难，"问题导向式"人才培养实践

摘　要

培训与考核是促进技术工作者学习新技术的引擎与助推器。本案例描述了 A 市供电公司某调控班组在生产工作中碰到变电站数字化设备故障处理难题，在班组成员技能水平有限时，班组长如何通过"问题导向"，以解决这一新型技术难题为契机，带动班组人员钻研、学习，同时以绩效考核为工具提升班员积极性，最终实现人才培养、考核激励与生产工作相结合这一目标的实践经验。此次实践既提高了班组成员的技术水平，又解决了实际困难，而且活跃了班组的学习氛围。即使今后工作中再碰到新的技术困难，也不足为惧，并为部门制定人才培养计划提供了宝贵的参考经验。

关键词　　问题导向　人才培养　考核激励

## 情景聚焦

"汪班长，TJ 变电站 301、302 开关还是有问题，主站这里无法抄通……"汪班长接完调控中心的电话，一阵头疼。TJ 变电站 1 号主变压器 301 开关

和 2 号主变压器 302 开关都是采用的数字式电能表，是随着变电站数字化改造而设置的。以往变电站数字化设备故障时，经常需要联系相关设备厂家安排技术人员从外地过来处理，费时费力工作效率又低。随着变电站新建、改造与县域变电站接收，变电站数字化设备日渐增多，但是班组里面这方面知识却是缺失的，班组成员的技能水平日渐跟不上新技术的发展，班组工作显得越来越繁重。汪班长意识到这一问题的严重性，他决定借助厂家服务人员的力量来解决问题。

> **思考 1** 如何处理班组在生产实际工作中碰到的技术难题？

### 破局，培训宣贯

汪班长拨通厂家服务人员的电话，要求故障处理后厂家技术人员在现场组织一次培训。在培训会上，汪班长提出要求，希望所有人能认真学习，确保以后在遇到变电站数字设备的一些简单故障时能独立解决，不需再等待数字设备厂家派技术人员过来处理。这样既能掌握一门技术，又能及时解决现场作业问题。班组成员纷纷表示积极响应，并在汪班长带领下，认真的学习变电站数字设备的结构和常见故障的解决方法。随后汪班长将从数字设备厂家那里要来的相关方面的材料，用内网邮件发给大家，并将部分材料进行纸质版打印，供大家传阅学习。

### 实战，成效不佳

现场培训之后，汪班长借着一座新建变电站模拟了一次现场故障，并且告知厂家人员不要提示相关内容。然而花了半天时间，大家还是没有能够查出原因所在。不是记不清相关的技术参数，就是无法确定正确的端口，同时对排查顺序也起了争执。最后还是在厂家服务人员的帮助下，班组成员才恍然大悟，弄清了原因。这次的实战结果表明，班组成员的理论水平还有欠缺，解决问题的思路也不够清晰。汪班长又请厂家培训了一天，并要求大家在之后工作空闲时多翻看相关资料，持续深入学习，同时约定将在下周进行摸底考查。一周后，汪班长兴致勃勃地对班组成员进行了一次摸底，想检查下大家对上次培训及之后的学习收获如何，对变电站数字设备的理解认识是否有了提升，故障处理是否有了思路，然而结果依旧不尽人意。通过摸底，班长发现一些问题，纸质版的材料大家传阅几次后便丢在了一边，加上数字设备相应工作现阶段本来遇到的就少，班组成员对此重视程度不够，在摸底回答时模棱两可。若是以大家现有的知识储备，是无法满足日常数字设备故障处理现场工作的工作要求的。

### 开会，沟通与交流

针对摸底结果，汪班长决定召开一次班组会议。会议上，汪班长鼓励大家敞开心扉，大胆表达自己对变电站数字表以及其他新设备新技术的意见。有人表示数字表故障处理可学可不学，毕竟公司与数字表厂家有服务合同，有了问题打一个电话等厂家派人过来解决就可以了。也有人表示，数字化设备比较复杂，与大家经常接触的常规多功能表、智能表功能型式不一样，现场实物接触的少，学起来比较困难。班长先将大家的问题进行汇总整理，然后解释了学习数字设备的意义：第一，学习数字设备是为了提升自身业务水平。学会之后简单的故障可以自行解决处理，就不需要再联系等待厂家来人处理，提高了工作效率。第二，按照当前的趋势，以后变电站内的数字化设备会越来越多，将来学习掌握甚至工作常态化是难以避免的。既然迟早要学，那么提前学习只有好处没有坏处。第三，这也是大家通过解决实际问题提高技能水平的绝佳机会。在解释了学习数字设备的意义之后，汪班长再一次强调，为了班组的现在和将来可能面临的问题，建议大家会后各自认真思考，之后会再次召开班组会议，落实学习数字设备的方案。

### 激励，方案制定

经过几天的观察与工作之余的闲聊，汪班长见大家的热情又在慢慢消退。汪班长借鉴以往参加公司青年人才培训班的学习心得，结合班组执行过的"工作积分＋项目考核"绩效评价体系建设，决定在班组的人才培养上进行改革试验。思考几天后，班长草拟了一份班组人才培训考核方案，并在班组会议上进行公布。班长在会议上提出班组的人才培养将与个人绩效挂钩，摒弃以往班组培训会走走形式，不注重对培训结果的考核的做法。班组成员对班组人才培训考核方案有异议的可以当场提出，经过大家讨论整理修改过后的考核方案将报告部门并在班组内严格执行。大家虽然对方案的效果将信将疑，但是仍然认真讨论，对方案进行提议修改。修改后的培训考核方案经班组每位员工签字确认、部门审批后，就在班组执行了。

> **思考 2** 班长在制定班组人才培训考核方案过程中，有哪些值得肯定的地方？

### 考核，首先培训

班长拟定好方案后并没有立即执行，而是依照与大家的讨论结果，制定了一个方案执行缓冲期。首先，在培训的形式上，针对前期 PPT 培训模式进行了修正，多次组织实物操作，并组织安排班组成员前往变电站进行现场作业培训。在变电站数字设备参数设置处理作业时，班长再次邀请数字表厂家服务人员对大家进行现场培训。方案缓冲期结束后，根据缓冲期大家的反馈，汪班长和班组成员经过多次的交流与沟通，修订了最终的考核方案，经过部门审批后，在班组执行。

### 奖惩，收获肯定

缓冲期结束后，汪班长开始考核方案执行。考核主要有两个内容：①不定期抽问班组成员对数字表故障处理的解决方法；②组织数字表操作的现场考核。根据考核标准对表现优异的进行月底绩效加分，表现不良者进行绩效惩罚。第一次考核时，大家有喜有忧，同时也认识到了班长的严肃态度。汪班长在随后的多次班组会议上，根据大家的建议对班组人才培训考核方案进行了多次优化，并采取了相应措施确保培训效果。首先，培训考核结果将会在会议上公示。表现优异者，绩效加分，并班组会议表扬，号召大家学习。表现不足者，进行分析指正，鼓励学习。其次，认真学习和义务搜集并向班组提供数字表或变电站数字化设备资料者会有绩效加分。最后，帮助解答班组成员间问题，或者担任班组培训讲解员、宣贯员者有绩效加分。在今年 9 月份某变电站数字表处理中，在没有联系数字表厂家的情况下，该班组成员顺利解决了数字表数据查询与故障处理工作，获得了部门领导的肯定。

> **思考 3** 班长对班组的人才培养进行了哪些改革试验？

### 拓展，成果欣慰

经过此次实践后，变电站数字表的简单问题大家都能够处理得游刃有余。班组的学习氛围渐浓，班员技能水平得到显著提高，尤其是新来的大学生小王不仅知识吸收快，还能够举一反三。但是汪班长并没有满足现状，仍在思考下该如何巩固和提升培训效果。首先，班长继续在班内推动培训，让班内培训形成常态，约定每周五下午大家抽出半天工作时间来学习新的业务知识。班上成员轮流做授课讲师，这样，班组成员在准备材料之前必须得先吃透材料。其次，汪班长向部门申请采购了模拟设备，做到理论学习和实际操作双管齐下。同时，约定每个月抽考一次，考评结果纳入月度绩效考核中。再次，汪班长在班内组建学习结队小组，年轻人和老师傅一对，年轻人向老师傅讲解理论中较深奥的内容，老师傅向年轻人传授现场实际处理经验和技巧，做到各取所长，相互促进，相互提高。最后，班长积极鼓励班上年轻人负责或参与一些科技项目，并且亲自指导。有的班组成员在经过一番努力后，还在省级竞赛中取得了不错的成绩。看到班组在人才培养方面有了显著的进步，班长心里很是高兴。

## 📖 问题解析

**思考 1** 如何处理班组在生产实际工作中碰到的技术难题？

**解 析** 研究问题，结合现状，不断学习，以问题为契机，攻坚克难，全员提升。

（1）班长在遇到新技术难题时，想到的不是如何快速"摆平"这件事，好对上级领导有交代，而是想到技术变革日新月异，班组成员水平却原地踏步不前。

（2）班长开始思考如何利用解决这个问题的机会带动全员学习，攻坚克难。

（3）班长研究了这个问题，确定此类问题是以后班组工作中会经常碰到的工作难题。

（4）结合班组现状，先带动大家一起学习，再上阵实战练兵。这样做不仅能够解决实际问题，同时也让所有人都能够掌握新技术。班组遇到问题时不至于只有班长出面才能解决。同时也加强了团队建设，大家一起在解决这类难题时自然而然有交流、合作以及探讨，班组凝聚力得到进一步提升。以后班组再遇到新的问题时，有了行之有效的解决模式，班组成员不会再产生畏难情绪。

**思考 2** 班长在制定班组人才培训考核方案过程中，有哪些值得肯定的地方？

**解 析** 反思问题，借鉴以往，结合民主，执行有度，确保有效。

（1）班长决定对班组的人才培养进行改革试验，是在以往班组人才培养存在的问题上进行的反思。以往的培训不注重效果检查，导致培训结果经不住时间的考验，很快班组成员又回到起点。

（2）班长借鉴公司青年人才培训的收获，结合以往工作经验，多次组织召开班组会议，以民主的方式将方案摆在所有人面前进行讨论修正，确保方案的基础性。

（3）缓冲期的设定、严肃认真的执行、班组人才培养考核方案的多次修改、班组会议公开表扬、考核结果与绩效考核的挂钩等措施，保证了方案不流于形式，深入人心，确保了考核方案的生命力。

**思考3** **班长对班组的人才培养进行了哪些改革试验？**
**解析** **多样化培训，考核保驾护航。**

汪班长把以往的PPT培训方式进行了多样化拓展，并将培训考核的结果与个人绩效相挂钩，实现了对班组人员的有效激励。

（1）常规的培训方式是依据PPT照本宣科。这种培训方式不与现场作业相差较远，给人的印象不深。汪在PPT培训的基础上，采取现场培训，把所培训内容与现场相结合。这样既符合工作实际，又有利于培训成果深入人心。

（2）汪班长邀请变电站数字化设备厂家的服务人员提供现场培训。厂家服务人员能准确解答班组成员的提问，还能全面的讲解班组成员未提到的故障类型，确保了培训的准确性和全面性。

（3）汪班长鼓励班组成员主动搜集资料、鼓励班组成员相互解答疑问、鼓励班组成员担任班组培训讲解员或宣贯员等。这些措施极大地调动了班组成员的积极性，丰富了培训形式。

（4）培训考核的结果与个人绩效挂钩。这样考核可以班组人才培养保驾护航，也可以对班组人员进行有效激励。

## 要点点睛

（1）班组管理中，切忌把"困难问题"抓在班长一人手中。

（2）遇到困难，不仅要解决困难，同时可作为最好的培训教材。

（3）班组管理中，民主管理是基础。

（4）班组管理，要做好激励潜能的工作。

（5）奖惩分明，严肃认真，精神奖励与物质奖励双保证。

## 知识链接

1. 人才培养的 3 种方式

（1）培训：通过培训方式集中学习岗位所需要的知识和技能，可快速形成体系性的知识和技能。

（2）实践：以工作任务和短期体验为主要模式，是培养发展体系中最核心的最有成效的方法。

（3）导师制：采用"一对一"的指导方式，特别适合解决员工职业生涯发展进程中产生的各种个性化的问题。

2. 企业培育骨干的有效 3 招

（1）置于"高温炉"里大胆炼，险恶的市场环境、艰苦的工作条件、沉重的思想压力，才能历练出杰出的人才。

（2）公众场合里使劲抬，公开表扬如成长肥料，能给他的成长鼓劲加油。

（3）单独辅导热心"浇"，倾注感情地和他们泡在一起，以情、与爱"浇"其心。

# 老冯"人才培养"三部曲
## ——青年班员技能培养模式的思考

**摘要**

"水滴穿石，非一日之功也"，新生力量的培养需要一套科学有效的模式。本案例描述了Ａ市供电公司变电运维班班长老冯对如何更好地培养班组青年员工的技能水平的探索之路，通过制定相应培养模式，依据培养模式执行过程中的实际效果不断改进培养方法，总结提炼"培养三部曲"，最后实现对青年员工的有效培养。案例揭示了班组青年员工培养模式必须抓住"小实新"等关键要素，把握"三个利用""四个落实"的班组管理之道。

**关键词** 员工培养 "小实新" 三个利用 四个落实

## 情景聚焦

近年来，班组新入职了不少大学毕业生，班长老冯看着不断年轻化的队伍心情非常愉悦。这些大学生无疑给班组增添了活力与创造力，然而班里老师傅却有不同的看法，他们的抱怨让老冯高兴不起来。

"活儿是越来越没法干了，你给我找几个工作久点的当帮手吧，带着年轻人去干活，他们只有在学校学的一些皮毛，现场什么都不懂。""班组里年轻人几乎没实际工作经验，我现在每天做完自己的工作，还得帮着他们做各种事情，太累了。"老冯回想刚刚一个老师傅发的牢骚，陷入了沉思。这些年轻人学习强，善于创新，但却缺乏实际的理论技能，得想办法尽快培养他们成才，从而胜任自己的各项工作。

### 技能培养三部曲第一部——"以老带新"现场教学，效果甚微

老冯打量着班里几个抱怨不断的老师傅，心里有了主意。老冯想：班组内老师傅们工作时间长，理论技能娴熟，具有十分丰富的现场作业经验。而工作现场既有实际应用情景，又有可见的设备设施，可以说是技术传承的绝佳场地了。不如让老师傅帮忙，把工作现场变成"教学现场"，让青年员工迅速成长。第二天一大早，老冯便召集大家开班组会议，向班组成员介绍青年员工培养初计划——以老带新。老员工与青年员工一对一签订师带徒合同，合同要求：老员工在和青年员工一同到现场工作时，不能只局限于完成工作，更要针对工作向新人传授相关技术和理论知识，同时青年员工要积极主动向老员工学习。老冯认为通过"以老带新"，可以顺利地进行技术传承，用不了多久，年轻人便足够胜任工作了。老冯望了望几位老师傅，"以老带新"计划提出后，老师傅的脸色缓和了不少，显然新计划表示赞同。看到这个反应，老冯暗暗地松了口气。

好景不长，"以老带新"计划实施没多久，新一轮的抱怨接踵而至。有老师傅反映自己是"剃头挑子一头热"，虽然已经很积极地去教了，但刚刚教过的知识，遇到了却还是不会，令人无语无奈。还有老师傅表示："这样教得太零碎了，年轻人学得很凌乱，很多相似的东西都记混了，我可怎么放心让他们干活呀。"听到老师傅的反馈，老冯知道这个培养模式

> **思考 1** 工作现场"以老带新"为什么没有发挥很好的效果？

成效不好。他仔细思考后终于找到了症结所在："以老带新"模式虽然可以让青年员工很快对现场工作有初步的认识，但知识的学习太过零碎，导致青年员工对知识的理解也是停留在表面，难以建立起完整的知识构架。

### 技能培养三部曲第二部——多元化模块教学，美中不足

见"以老带新"现场教学成效甚微，老冯思索良久，认为应当进行多元化模块教学。模块化便于青年员工理论架构的搭建和知识补充，采用多元化的手段，能够形成多重刺激，更能加深记忆。"微信作为互联网时代常用的通信手段，方便多人随时随地进行沟通和交流讨论，而班组日常工作有一个工作群，不正是学习交流的有力平台吗？另外，以往的班组会议多是讨论班组事务，大家好不容易聚到一起，何不抽出一个小时时间进行集中理论学习？"想到这里，老冯脑海中有了微课堂和专题大讲堂的设想，于是制定了新的青年班员培养模式——多元化模块教学。

班组会议上，老冯向大家介绍这种新培养模式的具体内容：微课堂在微信群里进行，每周提出一个技能培养有关的问题，指定一名班员解答，并在班组群内发布问题及答案，其后全体班员对问题进行讨论、拓展及补充；定期举办专题大讲堂，在收集整理青年班员技能薄弱点的基础上，由班组骨干结合现场实际进行专题授课。

微课堂和专题大讲堂就这么井然有序地开展着，老冯翻看每周的班组微信群，发现微信群比以往热闹了很多。每次指定的班员发出答案之后，其他班员纷纷跟进讨论，有不太理解的追问细节，有异议的提出质疑，还有认为回答不全面的补充，班员们学习热情空前高涨。老冯私底下找了班里几个青年员工询问专题大讲堂的效果，年轻人表示这种学习方式更有针对性，能够很短时间内掌握某一块内容，对技术提升有很大帮助。几个月过后，老师傅们的反馈均表示这些年轻人技术进步飞速，工作中也更加得心应手。

随着培养的不断推进，模式的一些问题逐渐暴露出来。由于缺乏理论技能的巩固与检查加上一部分青年员工主动学习和强化的能力较差，老冯发现不少年轻人遗忘了以前讲过或者讨论过的知识。以前学过但没有马上应用的知识点，青年员工现场再接触时明显显得生疏。看到这个现象，老冯知道自己得开始思考怎样进一步改进培养模式了。

> **思考2** 多元化模块教学模式"美中不足"在哪里？

### 技能培养三部曲第三部——以赛代练，以赛促学，尽善尽美

这次培训模式想要重点解决的问题有两个：①如何督促年轻人积极巩固所学知识；②如何有效地进行学习效果的检查。但是怎么样才能让年轻人积极主动的复习所学知识呢？老冯一筹莫展。某天下班回家，他看见以往放学后总是拖到很晚才极不情愿地去看书的女儿早早就坐在书桌旁苦读。老冯走上前去，问道："今天怎么这么自觉，早早地就开始看书了？"老冯的女儿回答道："班里马上举办知识问答竞赛了。我要好好准备，拿下第一名可是有奖励的！"女儿的回答让老冯灵机一动，班组里也可以举办类似的比赛，通过设置一定的奖励来激励青年员工，这样大家一定会积极复习，积极性一下子就调动起来了。事不宜迟，老冯当晚就拟定了"以赛代练，以赛促学"的计划，第二天和班组各值长探讨一番后，制定了青工技能对抗赛、技能风暴会、安全竞答系列活动、两票专题演练、岗位晋级练兵等多项竞赛活动方案。活动每个季度举办一次，班组长和几位值长组成竞赛委员会，设置命题组与评判组，负责竞赛的具体实施。竞赛内容定为以往培训讲授的专题理论以及相关内容扩展，青年班员则分为几个小组，进行组间竞赛，最终取得名次的青年员工，可以在绩效考核中获得相应的加分奖励。

班组即将举办青工技能对抗赛的消息一传出，青年员工的学习劲头有

了质的改变。新一期的专题大讲堂上，以往几个只支着耳朵听的年轻人也拿出了笔记本记课堂内容，有些不好意思问问题的也主动发问，颇有些打破砂锅问到底的气势。老冯发现年轻人们带了以往的培训资料来站里，上面有着密密麻麻的注解。工作之余，老冯经常会看到青年班员们复习培训资料的画面，偶尔还会遇到几个年轻人聚在一起你问我答，模拟比赛。看到这样的情形，老冯知道自己的计划奏效了。果不其然，青工对抗赛上，各个小组你争我赶，踊跃答题，每个人都表现亮眼。

**思考 3** 老冯提出的"以赛代练，以赛促学"有什么亮点？

## 技能培养三部曲，成绩斐然

"以老带新"现场讲授、多元化模块教学、以赛代练以赛促学三部曲实施后的一年多时间，班组内青年员工进步飞速，技术理论和实践能力有了显著提高。在操作票编写方面，以往青年员工编写的操作票，值长审核时发现正确率多在 80% 左右，而如今，基本可以保证 100% 正确；在现场工作完成方面，青年班员们与班组一道凝练出大型工作现场五步工作法，结合具体变电站情况制定了完整周密的现场勘查手册；在设备巡视检查方面，青年班员作为主力进行了全面巡视普查报告的编写，精准记录站内设备设施运行工况，从而做到对设备心中有数。青年员工技能培养三部曲层层递进，紧扣"小实新"三字方针，即"范围小，内容实，形式新"3 个关键要素；培养过程中时刻把控"四个落实"，即落实"讲有所实""听有所思""学有所用""效有所查"。在技能培养三部曲的影响下，在班组对近两年入职的青年员工进行的副值转正值考察中，班组的 3 位青年员工均表现优异，笔试和面试成绩优秀，顺利通过考核。

**思考 4** 青年员工的培养应当着重把握哪些方面？

## 问题解析

**思考 1** 工作现场"以老带新"为什么没有发挥很好的效果？

**解 析** "以老带新"培养模式存在碎片化，表面化等问题，难以让青年员工搭建起整体的知识框架，易导致一知半解甚至是记忆混乱。

"以老带新"现场讲授的培养模式有两方面作用：①对于基础薄弱的员工，起到了很好的入门效果；②对于有一定基础的员工，起到了理论补充和丰富实践经验的效果。青年班员初入职场，这种模式便于他们较快地对变电站相关设备有初步认识和感知，但入门过后模块框架尚未搭牢便进行碎片式填充，带来的结果只能是一知半解、记忆无序甚至思维混乱。因此需要模块化的整体教学做支撑，现场讲授则作为补充，专题式的授课和理论灌输作正餐，加之现场近距离的实践教学为甜点，才能搭配出一顿营养丰富且宜消化的美食。

**思考 2** 多元化模块教学"美中不足"在哪里？

**解 析** "美"在多元模块化弥补了"以老带新"存在的碎片化、表面化缺陷；"不足"在于不能检验和促进青年员工对于所教授知识的有效吸收。

多元化模块教学"美"在弥补了"以老带新"现场教学太过零碎的短板，两者相互配合，为青年员工提供了更加丰富多样的学习平台。但目前培养模式的"不足"在于无法检验和促进青年员工对于所教授知识的有效吸收。员工培养是老师傅和年轻员工间知识传送的过程，如同电脑的网络连接，只有发送和接收的字节都足够多，上网才顺畅。微课堂、专题大讲堂等为老师傅们提供了充分多元的知识传输路径，但如何确保青年员工的知识吸收效率，是培养模式是否成功的一大关键。

**思考3** 提出的"以赛代练以赛促学"有什么亮点?

**解析** 举办青工技能对抗赛、安全竞答、两票专题演练等比赛,解决了以往无法有效检验学习效果的弊端,同时对增强青年班员学习积极性起到了激励作用。

（1）加大青年员工间的竞争性,增强学习主动性。在比赛提供的竞争环境下,员工会生出紧张感与危机感,处于一种应激状态。比赛赋予的压力转化为年轻员工主动学习的动力,能最大限度地激发潜能。

（2）帮助青年员工树立团队意识,增强集体荣誉感。小组之间的对抗,既体现竞争性又包含合作性。一个能在比赛中所向披靡拔得头筹的团队,必然是高度协作,具有凝聚力和向心力的团队,这种团队协助力对今后处理大型工作至关重要。

（3）为青年员工展现自我、取长补短提供了舞台。这类比赛为年轻员工创造了展现自身本领的机会,尤其对于一些具有实力却性格内向的年轻人,是很好的锻炼契机。年轻人之间通过比赛认清自己的优势和存在的不足,取长补短,全面发展。

**思考4** 青年员工的培养应当着重把握那些方面?

**解析** 青年员工培养须抓住"小实新"的关键要素,把握"三个利用""四个落实"的关键点。

（1）培养模式抓住"小实新"。所谓"小",即范围小,现场考问与现场技能演练,结合现场具体工作进行教学,以点带面;所谓"实",即内容实,青年大讲堂与青工对抗赛,涉及内容皆是岗位基本技能与工作重点,查漏补缺;所谓"新",即形式新,技能风暴与微课堂区别于传统授课模式的呆板与生硬,技能风暴竞技性强更能激发青年班员主动性与学习激情,而微课堂不受时间场地限制,灵活多样,潜移默化。

（2）模式制定把握"三个利用"。

1）充分利用老员工的扎实理论与丰富经验。老员工拥有几十年的工作经历，经历过上千次大大小小的倒闸操作，处理过诸多或单一或复杂的事故，多年的技术进修与工作总结过后，他们宛然一本本行走的教科书。青年员工培养要充分利用这些现有资源，让"以老带新"模式起到该有的效果。

2）充分利用集中探讨机会深度学习。多元化模块教学作为"以老带新"模式的补充，更有针对性，让青年员工对问题的理解不再停留在表面，而是有着更深入透彻的认识，对青年员工技能提升十分关键。

3）充分利用竞赛机制激发青年员工学习的主动性。通过"以赛代练，以赛促学"竞赛机制，辅以绩效考核加分的激励，大大增强了青年员工主动学习的能力，实现了从"我得学"到"我想学"的转变。

（3）实践过程把握"四个落实"。

1）落实"讲有所实"。培养模式中的理论讲授部分不能浮于形式，要有实在的内容。内容要化繁为简，不求全但求精，以解决实际问题为导向，集中针对工作中频繁涉及的知识。

2）落实"听有所思"。对于青年员工，听课时不能只局限于听到的知识，更不能死记硬背，要挖掘背后的内容，理解深层含义。"学而不思则罔"，善思才有所得。

3）落实"学有所用"。青年班员培养，目的是培养出班组工作的中坚力量，学习只是一种手段，理论技术最终要应用于实际工作中。青年员工在工作过程中应主动应用学到的知识来解决问题。

4）落实"效有所查"。培养模式必须具有监督和检查环节，以掌握青年员工对于理论技能的掌握程度，检验培养成效，使整个培养体系形成闭环。

## 要点点睛

（1）"以赛代练，以赛促学"竞争机制大大增强了青年员工学习的主动性，快速稳步提升技能水平。

（2）青年员工技能培养三部曲紧扣"小实新"，把握"三个利用""四个落实"，层层递进，环环相扣，成果显著。

## 知识链接

### 1.执行力的三角关系

执行力的三角关系是由执行人想要达到的目标、行动者的执行人、与达到目标有关系的其他人构成的。也就是目标、自我、他人这3个要素构成了执行力稳定的三角关系，见下图。第一个因素是执行人要尽力达到的目标。第二个因素是行动者的自我。第三个因素是对达成目标有着直接影响的个人与群体。执行没有目标，就无法衡量执行力。所以，执行人第一个要思考的是，我的目标是什么。决策者安排执行层或者执

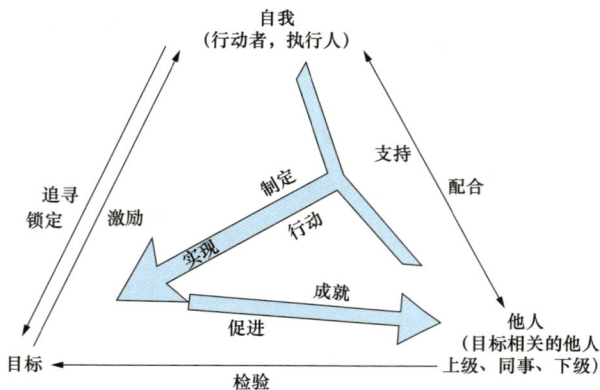

执行力的三角关系

行人的行动者，要明确告诉对方，你的目标是什么，你的目标在哪里，你需要完成哪些目标。作为执行层与执行人，则需要明白自己要赢得哪些人的支持与配合。执行层与执行人关键的是要考虑采取哪种行动方式最为合适。

　执行力的三角关系图于其他班组业务管理过程中均有一定借鉴作用，具有推广价值。

2. 青年员工技能培养"金字塔"

技能培养"金字塔"是老冯和班组成员利用多年经验摸索探讨所形成的青年员工专属培养模式，如下图。技能培养"金字塔"旨在帮助青年员工快速入门并提升技能水平，针对性强、见效颇快、实用性高，且体系完整、环环相扣、层层递进，可供同行或其他单位借鉴参考，具有普适性，值得广泛推广。

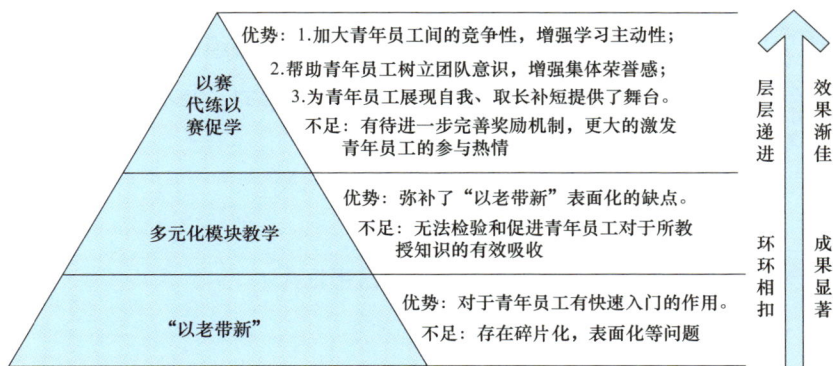

技能培养"金字塔"

# 基于电子发票推行下班组培训考核新机制的探索

**三 摘 要**

将激励与考核融入培训机制，效果事半功倍。本案例描述了班长老徐接到电子发票模块上线运行任务后组织班组人员进行培训，发现班组人员在传统培训中技能水平提升效果并不明显，经过不断探索，最终制定了"培训主讲人"以及"一日责任人"的机制，完善了班组培训考核的模式，实现班组成员技能水平有效提升的过程。案例表明了培训效果的提升必须激发班组成员的学习主动性，明确责任归属，坚持持续性学习，紧抓物质激励与精神激励相结合等关键点。

**关键词**　电子发票　培训主讲人　一日责任人

## 情景聚焦

周一营销例会上，一项任务下发到了 CG 县供电公司营业厅徐班长的身上：为了响应财税政策相关要求以及公司内部业务管理需求，省公司正全面部署推行电子发票在购售电业务中的应用。考虑到老徐曾参加过省公司电子发票项目培训，公司营销部决定从下个月起，以老徐所在的营业厅为试点推行电子发票，代替现行的通用机打发票。

回到班组后，老徐立刻召开了班务会，向班员们宣贯了电子发票模块上线通知和营业厅即将承担的推行任务。老徐话音刚落，班员们纷纷开始闹情绪：

"原来的发票我们不是领了好多箱嘛，用完了再推行也不迟呀。"

"就是，我见过移动公司的电子发票，只有金额，没有明细，开这种没指数、没单价的发票给用户，用户肯定有意见，到时候又要解释半天，这不是增加我们的工作量嘛。"

"对呀，班长，最近天天忙着推广微信公众号已经很忙了，还给我们增加工作量，哪忙得过来啊……"

老徐面露难色道："这是营销部布置的工作，我也没办法啊。时间比较紧张，暂定明天中午开始培训，记得准时参加。"

### 初次培训，摩拳擦掌，遭遇滑铁卢

时间紧迫，老徐连夜制定了培训计划和考试安排，还找出来当时的培训资料，整理成生动的 PPT 课件，力求让班员们能以最快速度掌握电子发票模块的应用。第二天的培训如期开始了，尽管班员们情绪不佳，但还是调整了心情，投入到新模块功能的学习中。老徐在台上讲得绘声绘色，班员们在下面听得十分专注，关键处还认真地做着笔记。看到大家的表现，老徐心里松了一口气：看来下个月电子发票改革的工作应该能稳步运行了。

但是，针对电子发票学习的考核成绩出来以后，老徐感觉自己被浇了一盆冷水。大家的成绩十分不理想，这样下去在实际工作中肯定会出现很

**思考 1** 老徐的这次培训为什么没有能提升班员的业务技能？

多问题。老徐又把知识点以及注意事项归纳整理出来，形成操作手册，发给班员们阅读学习，但是效果仍然不好，班员的技能水平依旧提升不明显。

### 转变培训方式，重新出发，再次碰壁

初次培训的效果不佳，老徐对初次培训成果进行分析，发现班员们的知识掌握水平存在明显差别。根据这个情况，老徐决定改变培训方式，实行差异化培训，各个击破。第二次培训主要是通过问题讨论法开展学习，老徐逐一解决了初次培训中班员的知识短板。为了巩固二次培训效果，老徐亲自编写了练习题，制作成手机单机版题库，要求班员下载题库并按时练习。一周后，老徐按计划组织考试进行效果检查，全员高分通过，良好的结果反馈使得老徐十分满意。打铁趁热，为了电子发票推行工作能够正常运营，老徐在取得营销部同意后，决定在试点运行前一周举行一次实践练兵，实践检验一下班员们的培训效果。

没想到练兵当日，班员的表现让老徐大失所望，大家仿佛从来没有经历过电子发票模块的培训。班员在开票过程中错误连连，开票失败率居高不下，老徐急忙拿出之前整理的操作手册，供班员们回忆培训内容，靠着操作手册，大家才勉强完成了当日的工作。次日上班，老徐就接到主任的电话，原来昨天练兵时有8条开票失败数据没有及时处理，给公司指标造成了不良影响，主任要求老徐及时整改，避免下次再犯。老徐这才想起，自己前期一直在做内容培训，没有及时把指标检查工作分配到个人。

> **思考2** 为何老徐的第二次班组培训考试成绩优秀，而实践练兵却以失败告终？

### 集思广益，大胆改革

两次受挫，老徐决定组织班务会，让班员们集中讨论，共同制定培

训计划。会上，大家一致认为前两次培训缺乏趣味性，效果检查方式单一，责任归属不明，缺少奖惩机制，所以培训收效不明显。研究了众人的想法后，班长老徐制定了新的培训考核机制。新的考核机制分为几个部分：第一，分模块讲解，老徐把电子发票功能模块的实操流程进行分解，安排每个环节掌握最差的员工负责该环节的培训，实行培训主讲人PK赛，主讲方式不作限制，全员打分评价，选出本项培训工作的最佳主讲人；第二，扩大效果检查范围，效果检查不再仅局限于考试，答题PK和情景模拟纠错等考核方式也将纳入效果检查范围，加强培训效果；第三，建立"一日负责人"制度，每日安排一名班员作为当日电子发票负责人，监督其他班员的实践操作，核查并解决当日开票异常问题，保障公司的指标考核要求。

培训考核机制建立以后，老徐又组织了全体班组成员对培训考核方案进行讨论。在会上，老徐向每位员工说明培训考核方案的具体考核标准，明确培训考核直接与当月绩效挂钩，具体如下。

（1）当月培训最佳主讲人可获得"优秀主讲人"称号，且最佳主讲人在当月班组考核中加3分，享有优先评定为A的权利。

（2）培训考核制度按月常态化执行，培训内容不再局限于新增任务指标培训。年度绩效考核时，当年获得最佳主讲人次数最多的员工享有优先评优的权利。

（3）每日负责人切实履行监督核查职责，确保当天的电子发票推行正常，若当班负责人未能及时发现解决问题，影响公司考核指标，则该员工在当月绩效中扣2分，以示处罚。

为了起到带头示范作用，班组长须参加培训主讲人竞赛和履行"一日责任制"，但只扣分不参与奖励。修改后的培训考核方案得到班员们一致认同。经过班组成员的全体表

**思考3** 老徐的培训考核机制有什么亮点？

决，新方案全票通过，正式执行。

### 完善机制，成果欣然

培训考核方案正式实施的第一天，班员们一上班就开始积极准备。主讲人讲课时为了培训效果显著，问题式讨论、情景模拟、互动纠错等形式轮番上演，班组成员学习热情十分高涨，学习效率得到了大幅度提升。主讲人把自己的薄弱环节研究得十分透彻，业务技能水平得到了很大的提高。老徐在制定"一日负责人"轮值表时，还充分考虑了收费员在收费高峰期时工作量猛增的特点，公平合理地分配各人的工作量。电子发票模块在班组培训考核机制的保驾护航下，终于在 CG 县供电公司某供电营业厅正式上线了。经过一段时间推行后，老徐的营业厅开票异常及时处理率迅速提升，开票失败次数大幅下降。

看到培训考核方案的积极效果，老徐终于长舒了一口气。为了巩固胜利成果，老徐总结了培训考核机制第一个月实施情况，在征求班组成员意见后，对培训考核的加 / 扣分标准进行了再度完善，如按照培训计划的新颖程度加 5 分，主讲人演示操作出现一次错误扣 3 分。除此之外，为了进一步激发班员们的学习积极性，老徐将员工职业技能鉴定评定成绩纳入班组培训考核管理中，班员专业技能鉴定等级提升按等级进行相应加分，在员工当月绩效评比中予以体现。老徐打算通过这种方式鼓励员工积极参加专业技能鉴定，持续提升个人技能水平。

## 问题解析

**思考 1** 老徐的这次培训为什么没有能提升班员的业务技能？

**解析** 缺乏群众基础，培训方式陈旧。

（1）开展培训≠布置工作，培训工作缺乏认可。结合新的工作要求进行班组内培训，提升班组成员技能水平，是班组长的日常工作之一。在班长老徐布置培训任务时，班员们已有负面情绪，对下发的培训工作并不认可。但是老徐没有重视班员们的情绪反应，也没有及时采取有效措施予以疏导，以工作需求为由，强硬开展培训工作。这样的做法使培训缺乏群众基础，也使得培训效果大打折扣。

（2）培训方式陈旧，未能调动班员的学习积极性。老徐的培训方式是传统的填鸭式教学，属被动式教学。教学方式单调，无法吸引员工的学习兴趣，更无法提高员工自主学习的积极性，教学质量很难得到保障。培训后老徐既没有给班员预留自我归纳总结的时间，也没有给予足够的理论练习和实践练习，培训效果难以保证，使得培训流于形式。

**思考 2** 为何老徐的第二次班组培训考试成绩优秀，而实践练兵却以失败告终？

**解 析** 缺乏持续性学习，责任归属不明确。

老徐的第二次培训采用差异化培训的方式，各个击破，也给班员预留了足够的强化学习时间，但是第二次培训依旧失败的原因是老徐在进行培训计划制定及安排的过程中出现了一些问题，具体如下。

（1）理论与实践环节不匹配，缺乏持续性学习。培训是为了工作中更好的实际应用，仅有纯熟的理论是无法适应工作需要的。老徐的二次培训忽略了培训的根本意义，仅注重理论学习，没有安排足够的实践训练，使得班员们在实践练兵时错误百出。另外，培训完成后一段时间内，老徐没有制定巩固计划，强化学习效果，坚持持续性学习，导致班员在实践中出现知识遗忘，影响工作效率。

（2）没有明确责任归属，做到奖惩并举。老徐从接收任务到完成培训，一直忽略了该项工作的指令性要求，没有提前宣贯工作指标，明确指标考核范围，导致班员无法明确职责归属，对该项工作缺乏足够重视，指标要求无人关心。另外，老徐两轮制定培训计划只是对培训的内容和形式进行了设计，没有对培训效果进行考核，培训结果没有与绩效挂扣，难以引起员工的重视，更无法激起班员的学习热情，培训质量自然得不到保障。

**思考3** 老徐的培训考核机制有什么亮点？

**解析** 全方位考量提高参与度，奖罚并举，多样化培训方式，公开透明。

（1）培训任务下发到个人，加强参与度。老徐的培训考核机制将培训内容有针对性地分解下放至每个班组成员，极大地增加了班员的参与感，获得了班员的全方位认可。由班组成员确定培训方式和效果检查方式，并形成竞争机制。竞赛结果与绩效和荣誉挂钩，极大地激发员工对培训的重视程度和学习热情，更锻炼了员工思维方式和语言表达水平。

（2）奖罚并举，注重效率公平。培训考核制度对培训成效显著的员工给予肯定和精神奖励。培训效果与绩效挂钩，关联物质奖励。对培训成效不高、影响考核指标的员工予以惩罚，实现了效率公平，极大地调动了员工的学习积极性。考虑到培训目的，引入的"一日负责人"机制不仅使得班组圆满完成了工作任务，更是增强了员工的工作责任感，避免了互相推脱的不良风气在班组内滋生。

（3）制定常态化方案，多样化培训方式。老徐在本次电子发票功能模块培训完成后，仍旧坚持了培训考核机制，固定培训周期，引入长效竞争的年度最佳主讲人机制，持续激发员工的学习积极性和主动性。老徐把先进做法常态化，放开培训内容的范围，从新增指标、新模块到日常的业务短板，由员工自主设计培训计划，有益于提高班组整体业务水平。培训内容的加、扣分项功能完善有助于激励员工创新培训方法、钻研培训效率，为后续培训任务展开提供了极大便利。此外，将员工专业技能鉴定等级的提升纳入培训考核机制中，并与绩效挂钩，有利于激励员工积极评定专业技能等级，提高自身业务技能水平。

（4）公开透明，严格考核程序。老徐的培训考核标准由全员共同认可并执行，考核结果与成效公开、透明，具有更大的公信力，因此也能更好激励员工。老徐在推行的培训考核机制中，规定班组长只参与培训竞赛不参与奖励，表明了班组长的态度，身体力行表明自己的立场，能更为下属员工信服。

## 🖐 要点点睛

（1）班组培训要加强过程中员工的参与度，引入竞争机制，激发员工的积极性。

（2）班组培训要坚持理论与实践并重，明确责任归属，坚持持续性学习。

（3）班组培训要综合应用物质激励与精神激励，做到奖罚并举。

## 📋 知识链接

### 目标管理

目标管理（Management by objectives,MBO）是管理大师彼得·德鲁克提出并倡导的一种科学有效的管理模式，即管理者通过目标对下属组织进行管理，它通过让组织的成员亲自参加工作目标的制定，实现"自我控制"，并激励员工努力完成工作目标。德鲁克认为，任何组织的目标和部门以及个人的目标必须步调一致，他们的贡献都必须融为一体，以产生出一种整体的业绩。目标管理的核心要素如下页图。

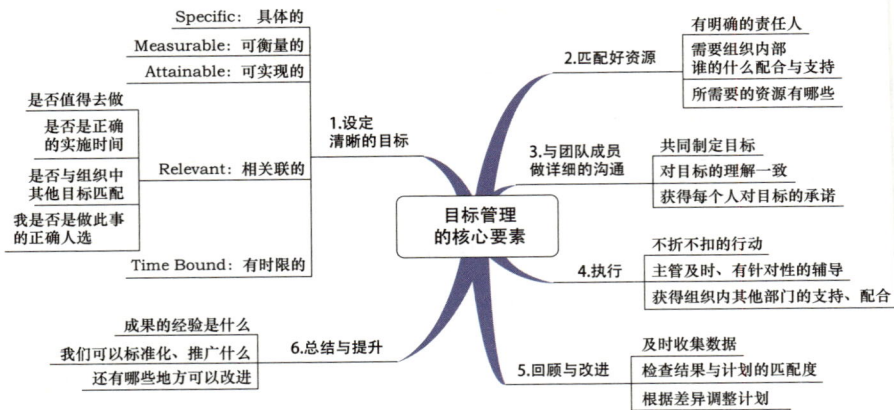

目标管理的核心要素

目标管理具有以下特征。

（1）目标管理是参与管理与自我控制相结合的管理形式。在目标管理过程中，目标的实现者即目标的制定者，员工参与了目标制定过程，而且承诺目标的同时被授予相应的权利，这无疑调动了员工自我控制性和工作主动性。

（2）从目标管理的整个实施过程来看，它要求注重"统一"。一方面，它强调工作与人的统一，管理者要不断地挖掘员工本身所具有的自我实现欲望，让员工从工作中获得生存的价值，更好地达成目标；另一方面，它强调个人目标和组织目标的统一。

（3）注重成果第一的方针。目标管理注重以制定目标为起点，并且以目标实施的最终考核为终结，工作成果是评价目标完成情况的标准。

# 老曹的转变
## ——关于精益型员工培养与塑造的几点思考

**摘 要**

转变心态、团队协助，是促进转岗员工老曹成功适应新工作并发挥出自己潜能的两大主因。本案例讲述了转岗员工老曹，在班组精益型员工的培养与塑造中，从一个对工作感到迷茫、手足无措，对计量一无所知的"门外汉"，成长为计量专业技术骨干的过程。本案例分析了班组在精益型员工的培养过程中，如何以塑造职工的精益管理理念为目标，引入"望闻问切"法对员工情绪及心态进行调整，着力于创造良好的学习氛围、不断提升职业素养为关键，进而打造出一支"精益型"团队。

**关键词** 精益型员工培养技能提升

## 情景聚焦

B 市供电公司某检验检测班是一支由 7 名员工组成的"娘子军"，在齐班长的带领下，班组获得诸多荣誉，各项工作得到上级部门的认可与好评，还被纳入创省公司一流班组的行列。但是，目前班组的发展却面临一个巨大的困境：部分老员工陆续退休，人员少事情多，班组成员严重不足。因此，该检验检测班急需培养一批精益型员工，以缓解目前的困境。但如何才能将员工塑造成精益化管理人才，这令齐班长多少感到有些烦恼。

随着企业的不断发展，"精益管理"贯穿于人力资源管理过程始终，是企业提质增效的手段之一。打造精益型员工、优化人才队伍更是大势所趋。正如前面提到的，齐班长现在要解决的问题就是结构性缺员和增加的工作量之间的矛盾。要想在人员减少的情况下，保证指标考核、安全生产、优质服务，那么只能注重精益型员工的培养与塑造，让每一个班组成员都能独当一面，高效高质地完成工作。

### "新"人加入，无所适从

2007 年公司改革，不少非主业人员通过层层考核转岗进入了主业，成为企业专业技术人员中的生力军。老曹就是其中的一员。老曹原是一名退伍军人，从部队退伍后，在 B 市公司车队从事驾驶员工作 16 年。2007 年，39 岁的老曹转岗进入了检验检测岗位，成了计量专业的一名"新"人。虽说，多一个员工，就是多一分力量。然而，"新"人老曹的加入并没有让班员们感觉到轻松。因为老曹转岗之后因为对工作无从着手，一直处于沮丧、消极、焦虑的状态，并没有投入到工作当中。齐班长了解到，老曹习惯了手握方向盘一年到头往外跑的生活，如今要坐在实验室里拿螺丝刀、对着检测仪器和电脑，这让老曹无从下手，很不适应。看到这个情况，齐班长打算让老曹去参加最近关于电能计量的培训班，通过尽快提升计量方面的相关知识，来帮助老曹快速适应新环境。

"老曹，最近有个电能计量方面的培训班，你去参加吧？"齐班长问。

"班长啊，这个培训就让年轻人们去吧，我啥都不懂，跑去丢脸哦。"老曹答。

原本想让老曹借此加强一下对专业的了解，老曹的回答却让出乎齐班长的意料。齐班长意识到，要想让老曹尽快适应新角色，仅从专业知识角度入手是不够的，他还要帮助老曹调整心态，让他不要"掉队"，毕竟打造精益型员工，一个都不能少！

> **思考 1** 如何帮助转岗员工调整心态适应新角色？

### 对症下药，重树信心

从此，齐班长一有机会就找老曹谈心，以便更深入地了解老曹和他的思想动态。经了解，老曹在原部门一直表现不错，在车队组织的技术比武中曾多次获奖，是一个工作认真负责有上进心的员工，但目前，老曹从对原工作的得心应手到对新岗位的一无所知，让一贯对自己有较高要求的他很是着急。面对新环境，老曹有许多顾虑，诸如自己已不再年轻，丢开书本很多年，突然面对专业技术要求较高的工作，该如何适应，能不能适应，怎样适应，现在学习还来得及吗？

为了帮老曹分忧，齐班长召开班组会议向全体班员征集意见，在会上大家就老曹的实际情况纷纷发表了意见。大家经过激烈地讨论，决定为老曹指派一名师傅，并为他制定一套培养计划，具体分工到人，大家决心合力帮老曹完成角色的转变。

随着老曹渐渐进入角色，齐班长对于精益型员工的培养方案的制作也在逐步深入。首先，齐班长把检验检测工作中精益管理的工作标准耐心地向老曹进行说明，并且以身作则做好示范。同时，不断完善培训机制，以老带新，给刚转岗的老曹分配专业技术过硬且经验丰富的老师傅。其次，班组根据培训需求有针对性的组织业务流程、实际操作等相关业务培训。班组内设有开放式学习书柜、职工书吧，为包括老曹在内的所有员工提供方便各类知识的学习的途径。最后，齐班长鼓励老曹参加参加各项知识竞赛、技术交流等活动，如取得优异成绩，班组内将给予奖励，通过该方式促进老曹吸收所学转化为相应成果。

随着这一系列举措的实行，老曹逐渐重拾了信心，之前的负面情绪也有所减少。

思考2 负面情绪调整的重要性和解决方法？

### 再接再厉，药到病除

针对类似老曹同志的负面情绪源于对自己的不自信和对新集体的陌生感等问题，齐班长决定"再接再厉"，从班组工作的大环境出发，建立良好的工作环境。①在班组工作中营造愉快、轻松、积极向上的工作氛围。②建立多种沟通渠道和形式，耐心倾听班组成员诉求，鼓励其重新振作并给予肯定。③加强心理疏导，了解班组成员思想，与班组成员成为朋友。④多鼓励班组成员参加文娱活动，丰富业务生活，运用活动增加班组成员之间的互动和交流，让身心得到放松。

班组的一系列举措逐渐让老曹消除了顾虑，树立了信心，燃起了对新岗位的热情，由开始的情绪上的低落到慢慢接受岗位的变化，用积极地心态，把转岗当作一次历练，保持乐观心态，全身心地投入到工作中。同时，新氛围也让班组的老员工大加赞赏。

解决了心态问题，明确了成长方向，但是老曹在专业方面仍是个外行。有效提升技能水平是培养精益型员工的基础，于是，齐班长想到了培训。

思考3 如何帮助一个"门外汉"迅速掌握新技能？

### 强化培训，独当一面

"工欲善其事，必先利其器"，对老曹来说计量工作十分陌生。在解决了心态问题之后，齐班长着手解决技能方面的问题。齐班长已经通过鼓励班组成员不断营造"比学赶帮超"氛围，树立"技术要学得进去、水平要提得起来，比赛要拉得出去、荣誉要争得回来"的思想，让学习成为班组的常态。班组的学习氛围很好。接着，齐班长通过班组指定的"师带徒"，技术传帮带，让老曹系统地学习专业知识，参加各级考试，取得相应资格。同时齐班长针对老曹的个人情况，帮助他查漏补缺，帮助他学技术、钻业务，对他进行"复合型"技能培训，达成了提高工作质量、减少工作消耗的目标，使其成为真正的专业骨干。

一段时期下来，老曹不仅适应了新岗位，慢慢也能独当一面了。但是班组需要的不是简单的操作人员，而是精益型员工。

**思考 4** 如何培养与塑造精益型员工？

### 挖掘潜能，成果欣然

什么是精益型员工呢？齐班长用了 4 个词语概括：精益、益处、求索和精神。所谓"精益"，就是精益求精，在好的基础上能做得更好、更完美；所谓"益处"就是好处，在工作中不要有抱怨，要想到好的方面，要有足够的信心能够胜任它；所谓"求索"就是不断地改进，通过改进、创新，不断提升工作效率；所谓"精神"就是一种文化的深入，相信自己所做的每一项工作都是有意义的，实实在在的。听了齐班长的解释，老曹对于精益员工有了新的认识，更加想成为一名精益型员工。

在帮助老曹适应工作的时候，齐班长发现了老曹工作责任心强，做事认真、细致的特点。于是，班组重新分工，让老曹负责高压大客户的计量资产配备工作。起初，老曹自认为不是很懂高压计量方面的问题，但是他为人谦逊，不耻下问，有一点不明白的就问，非要把问题搞明白。久而久之，老曹已经能针对大客户计量、高压互感器整理出一套非常好的工作方法。这个方法不但提高了工作效率，还能够及时发现计量方案的错误。2016—2017 年期间，老曹发现异常问题数十起，挽回电量损失近百万元，成了高压计量配备方面的专家。

从 2007 年到现在，经过 11 年的时间，老曹在班组的培养和自己的努力下，完成了华丽的蜕变，成长为一名精益型员工。在老曹的感染下，班组全体班员都不断地提升自己的职业素养，业务技能、服务水平。班组这个平台也让每一位班组成员的个人价值充分体现，该检验检测班在 2018 年初被评为省公司一流班组，齐班长也获得了省公司模范班组长的殊荣。

## 📖 问题解析

**思考 1** **如何帮助转岗员工调整心态适应新角色？**

**解 析** **正确引导，提升自信。**

（1）正确引导。班组长要正确引导转岗员工，面对现实，加强学习，勇于担当。随着企业改革的不断深入，转岗员工也渐渐变成班组细胞中的一个重要组成部分。他们往往经验丰富、技能熟练，但却可能出现工作热情度低、思维模式固化等问题，作为班组长一定要利用好资源，让他们为班组、企业发展发挥光和热。

（2）提升自信。要让转岗员工对自己的能力、对新岗位有信心。人的能力只有在学习过程中才能不断提升。"活到老，学到老"，只要想学、能学，没有培养不出的能力。人一旦有了能力，就能够独当一面，就敢于大胆做事。本案例中的具体做法如下。

1）有针对性的培养人才。做好人才培养的长期规划与落实。转岗后的老曹已经接近四十岁了，作为一名门外汉，必须从头学。此时，班长利用各种机会鼓励他，为老曹创造了许多培训和学习的机会。

2）班组长要适时搭建平台。作为基层班组，班组长利用各种类型的工作机会，为转岗人员搭建广阔的平台，以锤炼队伍，增强班组的战斗力。鼓励老曹在平时的工作中不断增长才干、提升自身的价值，注重全面发展。

3）班组长采取必要的激励。在工作中，施行精神激励与物质激励相结合的手段，通过通报表扬，请转岗人员谈心得、授经验，不断地让老曹体会到"存在感"，结合绩效考核体系，从物质上进行实实在在的奖励。

**思考 2** 负面情绪调整的重要性及解决方法？

**解 析** 如果负面情绪存在，就会对个体的身心、人际关系、日常生活带来负面影响，相关领导可通过"望闻问切"及时关注员工的负面情绪，了解其产生的原因，再对症下药进行缓解。

员工的情绪是相互影响的，一位员工的负面情绪可能会带来一系列连续反应，造成整个班组群体的消极。一旦有负面情绪发生必须尽快根除。本案例针对负面情绪调整做了以下两点。

（1）运用"望、闻、问、切"方法发现员工负面情绪。

1）所谓"望"，就是观察：通过观察员工的精神状态，工作的积极性、工作态度等，及时把握员工情绪状态，了解员工情绪走向。

2）所谓"闻"，就是听取：我们利用班前班后会等形式经常听取员工意见，平时也多制造和员工平等交流的机会，及时把握员工对企业制度、规范、工作环境、工作内容、工作业绩等的实际体会。

3）所谓"问"，就是主动询问：针对班组成员出现的抱怨、忧虑、烦躁、紧张、沉闷等负面情绪，班组长可以采用个别交谈或谈心的形式，具体细致地对员工情绪做深入了解。

4）所谓"切"，就是诊断和评估：总结员工工作质量、任务完成量、精神面貌等各种情况，综合以上的"望""闻"和"问"，对员工情绪进行整体分析、诊断和评估，精确定位员工情绪的特征和产生负面情绪的原因。

（2）采用"对症下药"法化解员工负面情绪。针对员工负面情绪产生的不同原因和负面情绪的不同特征，我们班组采用"对症下药"方法，有效帮助员工排除或者缓解情绪障碍，引导员工进行自我调节。

1）营造团队氛围，提升个体感受。工作中富有人情味，工作起来就会愉快，工作就会得心应手。因此，在班组中我们注意营造愉快、轻松、积极向上的工作氛围，对员工以表扬、鼓励为主，批评、教育为辅，布置工作多用商量口吻，少用命令口气。

2）丰富沟通形式，化解不良情绪。良好的沟通，能够让班组成员及时进行交流，使员工的不良情绪得以宣泄。

3）加强心理培训，鼓励自我调整。班组长也应努力成为班组的情绪咨询师，成为班组成员压力的倾诉对象，了解班员思想，理解班员痛苦，与自己的班员打成一片，成为朋友、知己，能够面对面对情绪员工进行疏导。

4）开展文娱活动，调节心理状况。我们在工作之余组织形式各异的文娱活动，丰富大家的业余生活。"读好书"活动，让大家分享读书的乐趣，培养读书的兴趣；桌球比赛和阳光户外行等活动，锻炼了大家身体，增进了友谊，提高了集体凝聚力和战斗力；知识竞赛活动，加强了班组成员间团队协作能力；迎春联欢会、大合唱，让班组成员各展才艺。部门设立了休息活动室，提供书籍杂志、桌球、乒乓球，还有轻松的音、视频，供大家在午休和工间休息时使用，让每位员工身心得到放松。每逢员工生日，班组都会送上生日蛋糕和祝福，让每位员工都有家的感觉。

**思考3** 如何帮助一个"门外汉"迅速掌握新技能？

**解析** 完善培训机制，有针对性地组织相关培训，鼓励员工多参与知识竞赛、技术交流，创建"学习型班组"。

转岗员工老曹即将从事的是检验检测工作，为了培养他的基础技术能力，首先要把技术中的理论问题具体化。

（1）经验丰富的老师傅在工作中倾囊相授，让老曹少走了许多弯路，对工作更有信心。不断完善培训机制，工作人员以老带新，对刚转岗的老曹给予指派专业技术且经验丰富的老师傅"师带徒"，为转岗员工的成长提供良性平台。

（2）根据培训需求有针对性地组织业务流程、实际操作等相关业务培训，班组内设有开放式学习书柜、职工书吧。

（3）老曹在思想上要求进步，鼓励他参加各项知识竞赛、技术交流等，如有取得优异成绩，班组内给予奖励。

（4）突出强化"学习型班组"创建活动，倡导工作学习化、学习工作化，技术交流、经验切磋等团队活动，确保班组成员通过综合能力素质提升培训，重视员工职业发展通道建设，让每一位员工都能胜任岗位工作。

**思考 4** 如何培养与塑造精益型员工？

**解 析** 重点在于有针对性的培养人才，创造良好的学习氛围，不断提升个人职业素养，进而打造一支出色的"精益型"员工队伍。

（1）确定被培养对象。转岗后的老曹已经接近四十岁了，作为一名门外汉，必须从头学，此时的老曹缺乏自信心。班长的做法是利用各种机会鼓励他，为老曹创造了许多培训和学习的机会，还专门指派师傅进行技术方面的"传、帮、带"，为他制定了人才培养规划。

（2）创造学习的氛围。古人云"近朱者赤，近墨者黑"，环境对于每个人的发展起着至关重要的影响。良好的学习氛围不仅使员工积极上进，而且可以增强他们的主人翁意识，这样对工作更认真更投入。老曹也感受到班长、班组浓厚的学习氛围和激励，自身也非常努力。

（3）提升职业素养。

1）精益型员工的职业素养内容包括职业道德、职业技能、职业行为习惯。一名精益型员工至少应具备的良好的职业道德：爱岗、敬业、忠诚、奉献、乐观、用心等；一名精益型员工应该具备扎实的职业知识技能：俗语说"三百六十行，行行出状元"，没有过硬的专业知识，没有精湛的职业技能，就无法把工作干好，职业知识技能是基础；一名精益型员工要具备良好的职业行为习惯。在工作中不断地学习、积累、创新、提高，不断地有进步，让练习成为一种习惯。

2）职业素养中包含着敬业精神及合作的态度这两个重要因素。敬业精神不仅仅是吃苦耐劳，更重要的是"用心"做好每一项工作。老曹同志从事16年的司机岗位后转岗从事检验检测这样的工作，起初是不够自信的。个人职业素养的提升，需要一个循序渐进的过程。作为一名基层班组长要清楚精益型员工的标准是什么，要确定出能力目标，并罗列出专业能力和综合素质能力标准作为参考依据。态度是决定成败的关键，也是职业素养的核心。老曹具备良好的工作态度，他通过不断的学习，把握好各种培训、比武的机会，不断提高自身的技能水平，还成了高压计量配置方面的专家，充分发挥了自身的价值。

（4）独苗不成林，众木材成林。精益是一种深度、一种拓展，它能培养人的一种深层次的文化，延伸成为个人的内在气质、工作习惯和素养，为以后工作、生活铺就平坦的路。一个班组，仅有一个精益型员工对于企业来说是远远不够的。除了老曹，要不断地发掘每位员工的潜能，激发工作热情，为每一位员工分别制定个人成长规划并实施。

其实精益型员工就在我们身边，推动精益的过程就是培养和塑造精益型员工的过程。

## 要点点睛

（1）培养员工精益化观念是提升员工价值的体现。

（2）班组管理中要及时从班员负面情绪引导其正面价值，转化为动力。

（3）以人为本，充分挖掘员工的潜能。

（4）培养一个优秀员工需要良好的班组学习氛围和环境。

**知识链接**

### 情绪管理

情绪管理（Emotion Management）是指通过研究个体和群体对自身情绪和他人情绪的认识、协调、引导、互动和控制，充分挖掘和培植个体和群体的情绪智商、培养驾驭情绪的能力，从而确保个体和群体保持良好的情绪状态，并由此产生良好的管理效果。

本案例在精益型员工培养中将"精益管理"理念延伸至一线班组精益型员工的培养，让其在本领域成为行家里手的基础上进一步塑造成一位精益型员工。在塑造的过程中还借鉴了"情绪管理"中的正面引导，让一名存在负面情绪的转岗员工成功转型。

# 班组"优秀青工"培养秘诀
## ——青年员工技能提升之路

**三 摘　要**　"师带徒、促竞争、做培训、重奖惩"四措并举，促进全员技能提升。本案例描述了 A 省电力公司检修公司特高压 HN 站从工区到班组为青年员工的快速成长所制定的自学以及师带徒等一系列的培训方案通过多样化的培养方式，让学习不流于形式，形成比、学、赶、超的班组氛围，为班组青年员工技能培养工作的顺利开展奠定坚实的基础，为培养班组学习氛围提供了借鉴。

**关键词**　自学　师带徒　技能比武　班组微课堂

## 情景聚焦

　　秋检期间 A 省电力公司检修公司特高压 HN 站站内工作任务繁重，倒闸操作不断，可是站内人员又有限，为了保证工作的顺利开展，吴班长不得已只能让大家轮流到站加班。短期的加班大家都可以忍，可是较长时间的加班，领导有意见，员工有怨言，这让吴班长也很为难。可是吴班长深知，面对繁重的工作任务，人员不加班根本完成不成任务。站内近两年入职的青年员工技能又有限，简单的操作完成起来尚很吃力，复杂的操作以及事故紧急处理就更谈不上了。要想减少班组成员的加班，就得让青年员工迅速成长起来，分担更多的工作。所以如何迅速提高青年员工的岗位技能是班组工作很重要的一环。

### 督促自学，三分钟热度

为促进青年员工成长，尽快掌握基本的岗位技能，承担起在班组的本职工作，在主任的提议下，吴班长决定让近几年入职的青年员工坚持每天写笔记，通过写笔记的方式，记录每天学到的知识和技能。吴班长还表示，会不定期抽查大家的笔记。青年员工也纷纷表示，自己一定坚持做下去，通过点滴积累，久久为功，相信可以很快掌握基本的运维技能。听到班组青年员工的表态，吴班长想：看来过不了多久，这些青年员工就可以独当一面，分担起班组的工作，这样，站内忙的时候，大家就不用轮流加班了。但是，结果让吴班长很失望。由于缺乏监督，抽查工作没有落到实处，大部分人写了几周就放弃了。即使有几个坚持写的，也只是单纯的应付一下，并没有认真去对待这份工作，技能的迅速提升也就更谈不上了。班组内部轮流加班的现状仍旧没有改观。

> **思考 1** 如何认识自学在技能提升中的作用？

### 师傅带徒，置身事外

鉴于依靠青年员工自学来提高工作技能没有达到预期的效果，吴班长经过思考，决定积极响应公司的要求，充分发挥老职工"传、帮、带"的作用，让青年员工在师傅的带领下快速成长起来。于是，吴班长组织青年员工与老师傅双方讨论交流，确立各自的师徒关系。为了保证方案的顺利实施，吴班长还要求师徒双方签订师徒协议，制定每个阶段的培训计划和内容。吴班长以为在师傅的带领下，青年员工可以很快掌握岗位技能。结果，在实际工作中，青年员工的自学意识不强，很少会主动跟在师傅后面学习，平时也不会主动发现问题向师傅请教。加上师傅们平时工作忙，没有时间专门盯着学员学习，班组也没有对教学情况进行考核。时间久了，师徒制度又流于形式，师徒协议成了摆设。因此，这个方法也就没有发挥很大的作用，青年员工的技能也没有多大提升。

> **思考2** 班组师带徒为什么没能显著提升青年员工的技能？

## 技能比武，不甘落后

见此状况，吴班长觉得这样下去不能解决根本性的问题，于是继续寻找提升员工技能的新方法。经过一段时间班组管理人员的冥思苦想，大家一致认为有压力才有动力，应加强员工技能的考核评价工作。基于这个结论，班长提出，后续班组会定期组织开展各种类型的技能比武活动，包括操作票和工作票的编写、倒闸操作、反事故演习等。通过技能比武的形式调动青年员工的积极性、主动性和创造性，激发员工的内在动力，促进青年员工成长成才。工区领导对此方案也十分支持。技能比武按照突出重点，注重实用的原则有序开展，为了保障活动取得预期的效果，班组下设评审小组，负责考核工作的具体执行。为了接下来的技能比武大赛，大家都积极准备，抓紧学习。结果，第一次技能比武下来，青年员工不仅在操作过程中锻炼了自己从容应对倒闸操作的能力，还熟练了操作流程，为后续开展各项操作奠定了基础。同时，为了进一步激励青年员工的积极性，班组还对技能比武中的优秀个人、小组和裁判进行口头表扬和物质奖励。表现出色的员工表示会再接再厉，表现稍逊的员工则表示会加倍努力，争取在下次技能比武中力争第一。

> **思考3** 班组开展的技能比武有什么亮点？

### 班组微课堂，知识进一步消化

通过定期开展技能比武活动，现在吴班长所在的运维班组，工作票、操作票的合格率，倒闸操作的正确率均有了大幅提升，违规违章操作更是少见。此外，针对技能比武中存在的薄弱环节，班组又利用闲暇时间开展班组微课堂的讲授活动，讲解比武中的难点疑点，查漏补缺，让知识形成体系。每个人都可以当老师，讲授的方式多种多样，可以是现场操作示范，也可以是制作 PPT。如今这个班组，大家的积极性都完全调动起来了，班组中很多的工作都能提前完成。经过将近一年的实施，一方面班组年初的任务指标提前顺利完成，不用再加班加点，另一方面班组内也逐渐形成了浓厚的工作和学习氛围，比、学、赶、超蔚然成风。

> **思考 4** 促进班组人员技能提升应该从哪些方面着手？

## 问题解析

**思考 1** 如何认识自学在技能提升中的作用？

**解析** 自学是提升技能的手段之一，应注重激励，加强监督。

自学是提升自我技能的必要手段。我们首先要从思想上让员工意识到不断自我学习的重要性，激励其潜能，更应该加强监督。

（1）缺乏激励，没有调动起积极性。要想自学达到良好的效果，首先要将员工的积极性调动起来，将"要我学"变成"我要学"。员工的需求是层次化的，既有生理需求、又有社交需求、尊重需求，又有自我发展和自我实现的需求。因此，班组要因人、因时、因地，有针对性地满足员工的合理需求，激发起员工自主学习的热情。由于缺乏激励，青年员工完全没有自主学习的意识，因此靠自学来提高技能也就达不到预期的效果。

（2）监督不到位，缺乏外在压力。人都是有惰性的，即使青年员工的积极性调动起来，缺乏外在监督和压力，也容易半途而废，达不到预期效果。对于青年员工的学习笔记，由于班组没有定期检查，导致青年员工没有坚持做下去。这样自学就成了一句空话，落实不下去，没有达到提高青年员工技能的目的。

**思考2** 班组师带徒为什么没能显著提升青年员工的技能？
**解 析** 没有形成闭环，停留于口头。

进行师带徒方案是对班组人员进行技能培养的一种有效手法，班组进行师带徒的想法是值得肯定的，之所以没有取得成功，必然是由于在执行过程当中出现了一些问题。

（1）缺乏定期技能考核，执行力度不佳。班组一开始推行的师带徒方案，由于没有对青年员工的培养结果进行定期考核，导致方案只是停留在口头上，青年员工也没有积极地利用身边的老师资源，缺少主动学习的动力，因此没有起到提升青年员工技能的作用。

（2）缺乏监督，自我约束能力不强。班组开展的师带徒培养方案，由于缺少师傅的监督，班组也没有制定相应的督察方案，青年员工自我约束能力差，浪费了大把的时间，技能也没有得到提升。

**思考3** 班组开展的技能比武有什么亮点？
**解 析** 全方位考量，注重实施。

班组开展的技能比武在师傅带徒的基础上进行了较大的改进，主要亮点如下。

（1）内容全面，注重实用。技能比武不再是单纯的纸上谈兵，而是注重实际应用的技能比拼。有倒闸操作，有反事故演习，这些都有助于全面提升员工的综合分析处理事故的能力，为员工的成长成才奠定了坚实的基础。

（2）物质精神并重，多样化激励方式。班组开展的技能比武，奖励不是最终目的，但通过一定的物质精神奖励却可以进一步提升员工主动学习的积极性，让员工更好地参与其中。

（3）设置裁判组，严格考核程序。班组进行的技能比武，由工区设置专门的裁判组监督比赛，以确保比赛的公平、公正。不仅对比赛选手进行奖惩，还对优秀裁判进行奖励。将考核结果公开化、透明化，做到了考核程序的严格透明，具有更大的信服力，因此也能更好地对员工实行激励。

（4）班组微课堂，查漏补缺。通过班组微课堂，对技能比武中存在的难点进行分析，让技能比武闭环管理，使技能比武有结果，有效果，有收获，有思考。

（5）领导大力支持，增强执行力。班组开展的技能比武，得到了领导的大力支持，能增加公信力，便于员工执行。

**思考 4** **促进班组人员技能提升应该从哪些方面着手？**
**解 析** **把握"自我约束是基础，定期培训是常态，查漏补缺形闭环"。**

员工技能提升是班组管理的重要方面，制定合理有效的培养方案，促进青年员工的成长成才也是班组长必须修炼的一项技能，开展恰当、行之有效的技能提升方案，需要把握以下几点。

（1）加强约束是基础，保证技能提升方案的可行性。凡成功者无不懂得自律，自律是修身立志成大事者必须具备的能力和条件。自控能力强，严格要求自己的人是存在的，可是在实际生活中又很少有人可以做到。因此在班组的青年员工技能培养方面，要求员工自学技能是没有任何问题的，也是必须要求的，不过却需要我们施加适当的压力和监督。一方面，要激发员工的潜能，调动起员工的积极性；另一方面，要加强监督考核力度，通过外在的压力督促青年员工认真学习岗位技能。内外兼修，两端发力，才能保证自学有效果，有收获，青年员工的技能才能不断提高。

（2）定期培训是常态，保证培养工作的顺利实施。岗位技能培训最贴近实际，与电力安全生产息息相关，其培训效果如何，直接影响着员工整体素质的高低。在新的形势下，随着电力生产技术的不断发展，新站相继投运，生产任务十分繁重，这无形中对员工的技能提出了更高的要求。为此，定期开展行之有效的技能比武，注重培训内容的实用性和有效性，使青年员工的知识技能得到提高，并立即应用到工作中去，边学边练，在工作中学习，在学习中提升，只有这样，培训才能获得最大的效益，班组工作才能顺利开展下去。

（3）查漏补缺形闭环，保证技能培训的效果。既要注重技能比武的结果，又不能单纯追求结果，我们的目的是通过技能比武找问题、找差距、找知识盲点。通过技能比武，找到知识技能的漏洞，然后通过日常班组微课堂的形式弥补这些漏洞，让知识技能培训工作形成一个完整的闭环管理，而不是只注重形式，有头无尾。

## 要点点睛

（1）班组技能提升管理中，要激发员工潜能，并加强监督。

（2）班组人员技能提升，要加强技能考核，检查培训效果。

（3）技能培训，要发现问题，查漏补缺。

## 知识链接

### 过程型激励理论

过程型激励理论是指着重研究人从动机产生到采取行动的心理过程。

它的主要任务是找出对行为起决定作用的某些关键因素，弄清它们之间的相互关系，以预测和控制人的行为。下图所示为过程型激励框图。

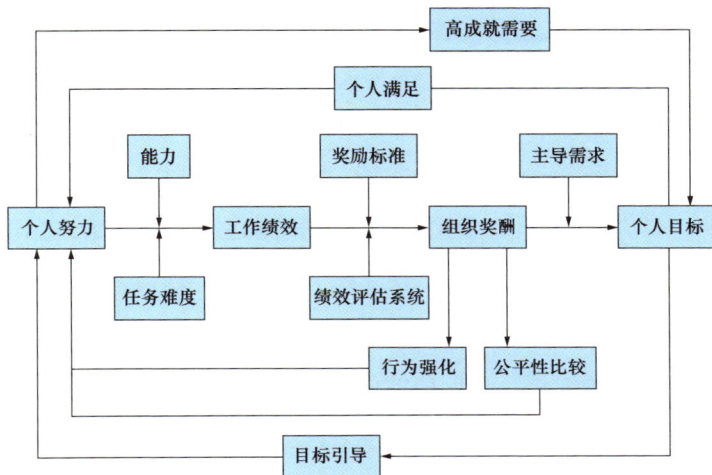

过程型激励框图

　　吴班长在班组管理实践中，通过适当的目标引导和期望，要求员工在一定期限内具备相应的运维技能，激发青年员工的生产工作积极性，并设置评审小组，以保证考核工作的公平性，消除不公平感，维护员工的学习积极性。对比武等活动的结果进行奖惩，又进一步强化了员工自我学习的意识，有助于员工个人能力的提升。

# 勘测专业新员工"南游"记
## ——员工培养成长之路

**摘　要**

不断改进，精益求精，两年培养效果终显成效。本案例描述了 A 省电力公司经研院部室主管老朱通过合理制定勘测专业新入职员工的人才培养计划，以及通过对培养成效考核方式的不断探索改进，最终建立良性的人才培养制度，实现精细化、多样化员工的培养与考核，从而健全了人才梯队体系。通过案例分析了员工培养计划的制定必须注重科学化并以员工能力以及素质提升为突出导向，员工培养考核必须兼顾公平性、深入性、差异性、实效性、准确性及可操作性，务必做到切实有效。为人才培养及考核管理提供借鉴意义。

**关键词**　人才培养　成效考核　精细化多样化

## 情景聚焦

　　老朱所在的部室 2016 年、2017 年两年时间新入职勘测专业员工 3 人，涉及岩土、测量两个专业，其中测量 2 人，岩土 1 人。自有新员工入职开始，老朱就明白自己作为部室负责人所负责任重大，要早早计划新员工的培养。新员工分专业入职，培养计划的制定也必须分专业有针对性地制定。按照长远规划，部室勘测专业今后的工作任务主要涉及工程的勘测及勘测业务的外委工程管理。由于部室无勘测专业老师傅进行"传、帮、带"，新员工的培养就无法通过内部完成。于是，老朱自新员工入职伊始就着手制定培养计划，考虑将新员工送至外单位进行相关专业培养学习。

### 勉励鼓舞，成效不显

2016届新员工入职后，按上级领导安排，老朱着手制定勘测员工人才培养计划，初步制定了外送至外单位进行相关专业培养学习的方案。外送培训之前老朱召集勘测专业新员工召开培训学习动员会，勉励他们到培训单位学习要积极主动,踏实勤奋，争取学有所成。新员工也纷纷表示将以饱满的热情投入到即将开始的学习中去。老朱考虑年轻人积极性高，学习能力强，认为只要按照既定的人才培养计划有序推进，勘测专业的新员工一定可以习得真本领，迅速独当一面。然而，实际的情况与老朱所设想的相距甚远。新员工去往外单位进行相关专业培养学习的一个月后，老朱召集新员工询问培训学习情况。经初步了解，新员工在进行培训学习满一个月后，还没有具体参与到真正的输变电工程勘测业务当中去，只是零星的参与了一点野外现场工作，未能将培训所学的知识应用于实践，业务能力提升较为缓慢。

> **思考1** 勉励鼓舞为何效果不是很明显？

### 月度汇报考核，效果不佳

见初期培训成效有限，老朱考虑通过考核加强培训效果。老朱经过思考并报领导批准后，制定了新员工按月汇报培训学习进展的方案，要求新员工定期将学习成果进行展示汇报。自实行按月进行工作汇报以来，情况较之前有了较大改善，新员工开始主动参与到勘测业务当中去，而不是像之前只是跑跑腿，打打杂。但是老朱梳理培训内容时发现，新员工主要参与的是输电线路勘测工程，对变电站的参与较少。这样一来，即使培训效果好，新员工最多也只能精通一项业务，日后开展其他业务时又会出现问题。这样的培训学习效果并没有达到老朱的心理预期。

> **思考2** 月度汇报考核为什么会效果不佳？

## 多样化培养考核方式并举，成效初显

鉴于之前员工培养的考核效果虽然比最初有所长进，但是还是离目标有不少距离，老朱决定着手制定新的培养方案和考核方式。通过召集大家集思广益，并向有经验的前辈领导取经，老朱想出了几项改变现状的举措。

（1）重新制定培养方案。老朱通过与培养单位的相关领导沟通，建议让新员工更多地参与到变电站的勘测业务当中，希望能借此机会补足新员工知识上的短板。

（2）在之前按月进行书面汇报的基础上同时增加每周汇报成果的考核方式。汇报可以通过微信等便捷方式传递，汇报中更侧重于体现对知识的获得、技术的掌握，讲明实实在在的收获。

（3）丰富实践经验。组织新员工去工地现场，解决工程中实际出现的问题。这样既可以实际解决问题，又可以检验学习成果。

（4）向领导建言。由领导亲赴培养单位了解新员工培养学习情况，以彰显对新员工培训学习的重视。

考虑到勘测专业新员工今后的工作更侧重于工程管理，老朱还与培养单位沟通，希望培养单位能够给予员工独立负责项目、独当一面的机会，最好可以完整负责一个项目设计全周期（可行性研究阶段、初步设计阶段、施工图设计阶段）。新举措落实后，新员工逐步地参与了各电压等级变电站的勘测业务，补足了业务上的短板；增加周汇报使培养考核方式更加精细化、多样化，提高了考核效果；培养单位对新员工的培训也愈发重视，给予更多参与学习的机会。新员工参与学习的热情高涨，培养及考核效果均有较大提高。

**思考3** 多样化培养及考核方式的亮点有哪些？

## 员工能力提升显著，良好学习氛围形成

通过新的培养方案的制定以及多样化考核方式共同作用，新员工工作学习的积极性逐步提高，业务能力不断增强，逐步可以在工作当中独当一面，培养的效果令人欣喜。同时，这一系列举措的实施以后，员工之间也逐步形成了浓厚的学习工作氛围。

**思考4** 新员工的培养应该着重从哪方面着手？

## 问题解析

**思考1** 勉励鼓舞为何效果不是很明显？

**解析** 勉励鼓舞只能造成一时的"振奋"，无法给予工作上更多的"动力"。

诚然，勉励鼓舞是一种必要的员工激励手段，但就实际而言，往往只能造就一时"振奋"，于实际工作效用有限。应当进行相应的职责划分，明确考核方式，量化培养学习考核指标，以期达到更好地培养学习效果。

**思考2** 月度汇报考核为什么会效果不佳？

**解析** 月度汇报考核的效果不佳，其具体原因在于周期跨度大，精细化考核难以实现；再加上还有勘测专业工作环境和性质的原因。

（1）考核周期跨度太大，无法进行准确化、精细化考核。按月进行

汇报考核，其周期跨度较大，很多具体的工作无法细化考核，新员工汇报时只是简单地将近一个月的工作进行简要汇报，逐一汇报工程名称，谈一下学习感受。这样的汇报，内容浅显，员工不会进行深入的思考，听取汇报的人也无法获得更多的有效信息。

（2）勘测专业工作环境和性质的原因。勘测专业员工因工作性质，需要经常出差，致使月度考核会议无法参加，影响培养考核结果。解决此问题的关键是，新员工需要从心底重视培养考核工作，如遇工作出差时间与汇报考核时间冲突，可提前与培养单位沟通并向领导汇报。

**思考3** 多样化培养及考核方式的亮点有哪些？

**解析** 多样化培养及考核方式的亮点主要有：考核方式多样化、完善培养方案、注重通过工程实践解决实际问题。

（1）变单一考核为多样考核，更突出实际，强调新知识新技术的学习。月度汇报考核的形式过于单一，无法更加全面深入的进行培养考核，容易流于形式。没有明确的考核指标，无法对员工培养考核进行有效精细的考评，实际效果不佳。多样化的培养考核方式更加侧重知识的获得，能力的提升。

（2）通过完善培养方案，补足业务能力短板。培养方案没有准确细化，致使变电站勘测业务新员工参与学习不够。经负责人请示领导并与培养单位沟通后，负责人针对新员工业务能力缺失及不足，有的放矢，重新制定培养方案，补足业务能力短板。

（3）注重通过工程实践解决实际问题。勘测不同于其他专业，不经过工程实践是无法获得工作能力的。这就要求新员工在学习过程中不能仅仅停留在理论层面，更应注重通过工程实践解决问题。重新完善的培养考核方案要求新员工具备解决工程实际问题的能力，对新员工的成长大有裨益。

思考 4　　**新员工的培养应该着重从哪方面着手?**

解 析　　员工培养应首先制定培养方案,务必切实可行,有培养还应当有考核,考核应力求精细可操作,侧重员工能力的提升。

(1)以员工能力提升和企业业务发展为导向制定详实可操作的培养方案。培养方案的制定是首要工作,应制定详实、精细的培养方案。根据培养的进展情况,可随时对培养方案进行补充修改。案例中老朱发现原先的培养方案致使新员工对变电站勘测业务学习参与不够,及时修改完善了培养方案,及时补足了新员工业务上的短板。

(2)逐步改进深入的考核方式。既然有培养学习,就需要进行考核,考核应当贯穿整个培养周期,逐步深入。老朱原先打算采取的月度汇报考核的方式,后发现月度考核时间跨度太大,无法细化考核指标,容易流于形式。在发现问题后,老朱重新制定了多样化的考核方式。相较于以往,考核指标更细化、更深入、更易于操作,有助于员工能力和素质的提升,促使员工早日成才。

## 要点点睛

(1)员工培养应注重方案的制定,应注重科学化,应以提高员工工作能力为基本导向,培养方案应适时完善,查缺补漏。

(2)员工能力的提升应保证理论和实践能力的统一。

(3)员工考核方式应兼具多样化、精细化,考核指标应逐步深入,注重实际能力的提升。

## 知识链接

### 期望理论

期望理论(Expectancy theory)由心理学家维克多·弗罗姆提出。期望理论认为，人们之所以采取某种行为，是因为他觉得这种行为可以有把握地达到某种结果，并且这种结果对他有足够的价值。换而言之，动机激励水平取决于人们认为在多大程度上人们可以期望达到预计的结果，以及人们判断自己的努力对于个人需要的满足是否有意义。下图所示为期望理论循环。

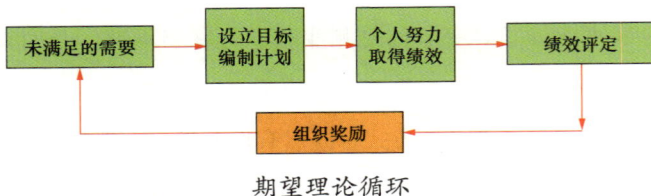

```
┌──────────┐   ┌──────────┐   ┌──────────┐   ┌──────────┐
│ 未满足的需要 │──▶│ 设立目标  │──▶│ 个人努力  │──▶│ 绩效评定  │
│          │   │ 编制计划  │   │ 取得绩效  │   │          │
└──────────┘   └──────────┘   └──────────┘   └──────────┘
     ▲              ┌──────────┐
     └──────────────│ 组织奖励  │◀──────────────────┘
                    └──────────┘
```

期望理论循环

　　结合工作实际，如果希望在工作中达到某种结果，就需要为之设立目标，编制相应的计划，并通过具体措施进行考核反馈以期达到这种效果。具体到案例中，当发现新员工的在月度汇报考核效果不佳时，老朱及时在月度汇报考核的基础上，增加了每周一次汇报；经考察发现新员工对于变电站勘测工作参与程度不够，员工工程实践能力不足后，老朱及时修改完善了培养方案，以期解决上述问题。

# 配抢班的华丽转身
## ——班组技能提升管理

**摘　要**

配网抢修指挥班（简称配抢班）新任班长小崔"新官上任三把火"，带领 M 市供电公司配抢班技术与业绩齐进步。本案例描述了小崔在担任配抢班长期间，通过不断思索和业务钻研，整顿班风，提升技能，带领配抢班从全省倒数变成全省前列的过程。案例展示了班组管理的技巧，为提升班组能力提供了借鉴。

**关键词**　整顿班风　技能提升　华丽转身

## 情景聚焦

2014 年，公司营销五项业务改革，故障抢修业务被单独分离出来，各项规定和要求也接连下发。各地市公司纷纷按照要求成立了配抢班。同年 2 月，通过参加公司岗位竞聘，小崔来到 M 市供电公司新成立的配抢班担任班长。接手之初，小崔了解到配抢班情况时，不禁倒吸一口凉气。小崔将要去的配抢班均为劳务派遣工，业务技能参差不齐，工作积极性不高，仅能勉强维持日常配网抢修工作，指标更是在全省倒数。领导告诉小崔，要做好心理准备，要管理好人，更要管理好配网抢修指标，争取从末游进到中游，最好能争上游。从领导办公室出来，小崔的心里像十五个水桶打水，顿时七上八下。

### 班长初体验，用心做，华丽转身

接受了领导下达的任务，小崔开始思考，怎样才能一步步完成领导给的任务呢？多年的工作经验告诉小崔，首当其冲的是要让自己业务"脱贫"。初期，小崔每天上班之后，与当班值班员一起值班。不仅观察每个值班员的业务水平，也让自己快速熟悉并掌握配网抢修各类业务。相处几天后，小崔发现这些值班员在工作态度、精神面貌、语言举止等方面确实存在不足。很多值班员临时有事不请假就离开，三天两头请病假事假。要是工作出现失误，大多数值班员也是一副无所谓的态度，根本不想着改进。值班员工作时也挑肥拣瘦，繁重的工作没有人做，接到新任务时，小崔分派不下去，许多工作需要她自己加班加点完成。遇到恶劣天气的时候，领导要求增加值班座席，保证工单派发及时率，但是值班员都以种种理由推脱，没有人愿意加班。一段时间的工作以后，小崔更加忧心忡忡，感到想要在配抢班开展工作，可能比她之前估计的还要困难重重。

> **思考 1** 配网抢修工作开展不起来是什么原因？

考核能够促进工作成果的转化。小崔感觉当务之急是要制定配抢班的考核制度。根据值班员劳务派遣用工性质，小崔借鉴了公司的一些考核规定，针对配网抢修工作特点和指标，制定了《班组考核实施细则》。细则规范了值班纪律，对各类影响指标的行为都一一列出考核办法。在一个周五的早上，小崔召集全班人员开会讨论新制定的细则。会上，小崔将草拟的细则打印出来发给大家传阅，开诚布公地说："制定班组考核细则的目的不是为了考核，是保证工作质量和值班纪律的一些必要措施，希望大家理解，说出自己的想法，我们一起修改完善，让考核细则更好地发挥作用。"小崔说完，看着值班员，希望大家能够表达出自己的想法，但是值班员们却窃窃私语，却没有一个发言。直至班会结束，也没有人提出意见和建议，因为这样，小崔认为大家接受了这份考核细则。在会议结束后，小崔请每个值班员在考核细则上签名确认。小崔以为，细则通过会议讨论并签字确认后，就有了一定的约束，大家的工作面貌应该会有所改变。没想到，随后发生的一件事让小崔意识到，值班员并没有真正重视这份《班组考核实施细则》。

事情的主人公是小张，她在当班期间派错工单导致用户故障迟迟得不到解决。第二天用户拨打当地市长热线进行投诉，当班值班员接到市长热线转来的投诉立即向小崔做了汇报。小崔了解了大致情况后，立即联系并安抚用户，随后与抢修人员沟通，很快解决了用户诉求。事后，小崔与小张沟通，小张也承认自己派错工单。小崔认为这正好是一个机会，准备按照《班组考核实施细则》的条款进行考核。在当月的班组例会上，小崔重点提出这件事，让大家吸取教训，杜绝类似错误再次发生。让小崔没想到的是，小张一改先前谈论《班组考核实施细则》的沉默态度，大声为自己辩解，小张说用户只是通过市长热线进行投诉，并没有通过95598下发投诉工单，所以她没有影响到公司投诉指标，不接受小崔这个班长的考核，也不承认先前制定的考核细则。她还在班组例会上与小崔争吵，认为班长小崔小题大做。而参加例会的其余人都持事不关己高高挂起的态度，没有一个值班员站出来为这件事如何处理发表意见。

> **思考 2** 小张为什么改变态度为自己的错误辩解？

班组例会上小张为自己的辩解以及大家的反应让小崔陷入了沉思。从接手班组管理以来，她感觉自己始终融不进这个集体，值班员对她表面上客客气气，但那看不见的距离感让小崔很尴尬。小崔知道，大家不仅没有接受班组公约，也没有接受她这个班长，从心里抵触她。这样下去，她怎么能管理好这个班组，更别说提升业务指标了。小张事件过去后，小崔去向领导寻求帮助，在领导的指点下，小崔痛定思痛，一改刻板严肃的面孔，力求尽快融入这个集体。在值班期间，遇到家里有突发事件的组员，小崔主动帮助代班；家里有实际困难的，小崔也向部门领导汇报，组织大家爱心捐款提供帮助；小崔每天上班还为夜班值班员带早餐。一段时间下来，小崔明显感到大家对她的敌意在慢慢减少，甚至消失了。就像春风化雨，小崔用心付出，总算得到了回报。看到小崔真诚的一面，大家不仅在态度言语上改变了，值班纪律和工作责任心也提高了不少，小崔的工作得以顺利开展。

> **思考 3** 是什么改变了值班员与班长小崔的关系？

### 值长的华丽转身

大家对小崔态度的转变和对小崔的逐渐接纳，使得小崔趁热打铁，她任命了几个技术好又有责任心的人为值长，并根据人员技能水平合理调整班次，尽量保持每个当值班组技术力量平衡，以保证日常工作质量。小崔给她们增加值长津贴，一个值的工作质量交由值长把关。并与几个值长一起再次修订了《班组考核实施细则》，认真听取值长的建议，细则里增加了奖励机制，并细化了一些考核细则，其中也包括值长的一些权利和责任。这之后，遇到上级下发的新要求新规定时，小崔首先自己剖析分解，之后带领值长一起学习讨论，保证几个值长率先掌握新规则，学会新系统应用。遇到有外出学习交流的机会时，小崔也创造机会尽量让值长轮流接受培训，然后由值长负责传授给当班值班员，负责监督检查当班的培训效果以及工作质量。当再次出现用户投诉时，小崔吸取教训，将当事人单独叫到一边，指出错误，并按照《班组考

> **思考 4** 选拔值长为什么能起到带头作用？

核实施细则》进行考核，当事人心服口服，相应的值长也会检讨自己的失误，与当事人一起接受考核，新的《班组考核实施细则》顺利推行。

### 值班员的华丽转身

要想提升 M 市公司配网抢修指标，必须要全面提升每个值班员现有的技能操作水平，包括工作态度，工作责任心，心理状态，都需要提升和改变，以适应新形势下更高的供电服务要求。小崔认为必须要对值班员进行系统培训。但是目前全省配网抢修现状是，没有老师，没有统一教材，常常通报下来了，大家才恍然大悟。这让小崔的培训计划陷入了瓶颈。为了减少乃至杜绝值班员的错误行为，保证总公司及省公司考核指标安全，小崔决定自己着手编写培训材料。她收集自己需要的资料，根据班组成员的特点，编写了实用型培训材料。不仅如此，小崔还找到总公司下发的故障抢修流程规范，结合省客服视频培训相关资料，汇总了自己取经学习来的一些操作技巧，将自己日积月累的通报案例分门别类都编进教材里重点分析。

培训材料编写完之后，小崔与几个值长沟通修改，征求她们的意见和建议，使培训教材更加完善。培训教材随后分发到每个值班员手里。值班员带着新奇和怀疑的眼光看着这本厚重的教材，小崔一时心里没底，担心效果还是会像以前一样不尽如人意。果然，和以往布置的任务一样，打印出来的培训材料不到一个月就被值班员拿来做草稿纸，或者干脆找不到了。

**思考 5** 辛苦编写的教材为什么不能发挥作用？

小崔不理解也不甘心自己的辛苦付诸东流。于是，她又一次求助领导。领导对小崔说，这些值班员长期以来缺乏严格管理，养成了不爱学习的惰性，加上值班员们有自己的小九九，什么都问班长，出了问题也是班长扛着，这样既不用动脑子又免除了自己的风险，何乐而不为呢？所以必须要将考核与培训相结合，培训到位，通过考试检验成果，考核奖惩机制也要相应跟上，调动大家学习积极性，这样才能收到实际效果。

小崔回到班里，贯彻了领导指示，开始重新对值班员进行业务培训。先召集大家集中培训，然后让值班员自学，最后考试。在当班期间小崔也会随机出题让值班员在电脑上演示操作步骤，重点把关容易混淆和需要注意的地方。小崔告诉大家，考试合格予以一定的奖励。

实践证明，新的做法收到显著效果，大大提高了值班员的学习积极性，值班员的依赖性也在逐渐降低。小崔抓住大家学习热情高涨的机会，把自己掌握的系统特性和工作技巧也倾囊相授，并鼓励大家在工作中检查县公司配抢班的工作，发现错误并有效规避考核的，也会给予相应的奖励。值班员对此感到非常高兴，工作起来更加认真积极了。

**思考 6** 第二次培训为什么会有效？

小崔惊喜地发现，值班员业务技能的提升不仅仅保证了配网抢修指标的安全，值班员的工作责任心也越来越强，以往做一天和尚撞一天钟的工作态度不见了。随之而来的是值班员的自信心也得到了有效提高，与兄弟班组联系工作时不卑不亢；接听用户电话时也能用自己掌握的业务知识给予用户实际的指导。小崔很欣喜地看到值班员的华丽转身。


## 华丽转身显成效

在小崔的带领下，配抢班有了全新的面貌，人员素质整体提升，人员技能水平保持在全省配网抢修前列，每个值班员基本都能独当一面，高质高效地完成日常工作及上级领导的要求和指示。M 市公司配网抢修指标也一年一年稳步提升，最后稳稳居于全省上游水平，并作为典型受到省公司领导表扬。小崔也获得省公司专业先进个人称号。

2015 年 9 月，小崔接受了上级领导下达的 PMS2.0 系统配网抢修管控模块使用试点单位的任务。作为全省唯一一家试点单位，小崔深深感到责任重大。她不能辜负省公司领导的信任，更不能为 M 市公司丢脸。她召开班组动员会，部署工作。在随后的一年里，小崔带领她的班员们克服了一个又一个困难，积极投入到试点工作中去。最终在 2016 年 8 月顺利完成总公司验收专家组的验收，圆满完成试点任务，并为兄弟单位提供了宝贵的可复制经验，为 PMS2.0 系统在全省推广使用贡献了自己的力量，获得省公司领导和项目组的肯定。班长小崔也很荣幸地作为验收专家组成员参与了北京公司和黑龙江省公司的 PMS2.0 系统使用验收工作。

## 问题解析

**思考 1** 配网抢修工作开展不起来是什么原因？

**解析** 配网抢修工作开展不顺利的原因有三：缺乏健全的管理机制、人员缺乏工作积极性、班长在人员心里接纳度低。

（1）人员缺乏系统管理，处于散养状态，没有相应的管理机制约束。

（2）人员缺乏工作积极性，没有有效的奖惩机制来调动和改变。

（3）人员心理上没有接纳班长小崔，所以工作很难开展。

**思考 2** 小张为什么改变态度为自己的错误辩解？

**解析** 小张态度前后不一样的原因在于：班长处理方式简单粗暴、缺乏管理情商，且当事人小张也没有认识到自己的错误行为。

（1）班长在处理小张这件事的时候方法粗暴，公开场合批评小张，没有注意小张可能是个好面子的人，班长对她的当众批评让她无地自容，所以才会改变态度，在会上与班长争吵。

（2）班长缺乏一定的管理情商，贸然实施考核细则，想抓典型，结果适得其反。

（3）小张没有真正认识到自己的错误行为，也反映出值班员并没有接纳班长制定的班组考核细则。

**思考 3** 是什么改变了值班员与班长小崔的关系？

**解析** 改变班长与值班员关系的原因在于：班长向值班员主动伸出橄榄枝，表达了亲和意愿，也赢得了值班员的信任。

（1）小崔的亲和动机起了作用。她吸取了贸然考核导致失败的教训，改变工作作风，以和蔼可亲的形象出现在值班员面前，并给予她们在工作和生活上实际的帮助，融化了值班员与班长之间的坚冰。

（2）班长的真诚付出，也换来了值班员心里的彻底接纳。

**思考 4** 辛苦编写的教材为什么不能发挥作用？

**解析** 编写的教材不能发挥作用，原因在于：人员有惰性，对班长有依赖性；对学习有畏难情绪；缺乏相应的奖惩机制调动人员学习积极性。

（1）长期养成的惰性让值班员不愿意主动学习，对班长依赖心强。

（2）值班员学习能力不强，对学习有畏难情绪。

（3）人员学习没有成就感，没有相应的考核奖惩机制来调动值班员的学习积极性。

**思考 5** 第二次培训为什么会有效？

**解析** 第二次培训收效显著的原因在于：班长组织培训并督促人员学习，且考试与考核挂钩。

（1）班长组织集中培训，并在工作当中随时抽查提问，督促值班员学习进度。

（2）考试与考核挂钩，以考促学的措施提高了人员学习的积极性。

## 要点点睛

（1）班长以身作则钻研业务，为提升全员业务技能打下基础。

（2）以点带面，通过选拔值长来初步提升工作质量。

（3）培训与奖惩机制共同作用，调动人员学习积极性，达到提升全班技能水平的目的。

## 知识链接

### 技能培训方法

培训就是培养＋训练，即通过培养加训练使受训者掌握或者提高某种技能的方式。它通过目标规划设定、知识和信息传递、技能熟练演练、作业达成评测等流程，让受训者通过一定的教育训练技术手段达到预期水平提高的目标。技能培训方法有分梯次培训，拔尖培训，补缺培训，补差培训和订单培训，如下图。

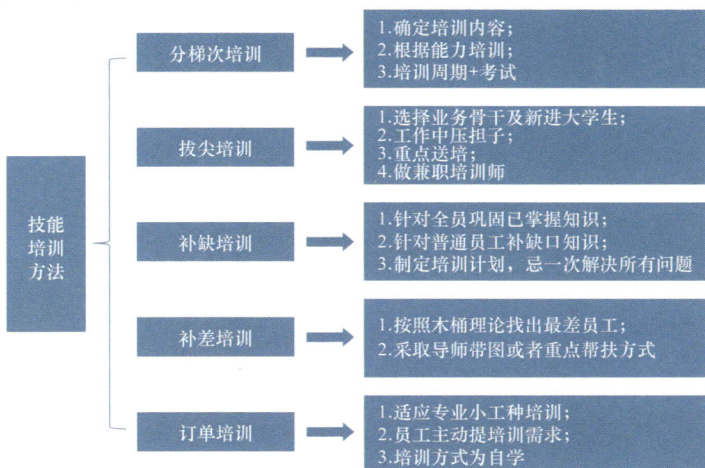

技能培训方法

技能培训方法
- 分梯次培训 → 1.确定培训内容；2.根据能力培训；3.培训周期＋考试
- 拔尖培训 → 1.选择业务骨干及新进大学生；2.工作中压担子；3.重点送培；4.做兼职培训师
- 补缺培训 → 1.针对全员巩固已掌握知识；2.针对普通员工补缺口知识；3.制定培训计划，总一次解决所有问题
- 补差培训 → 1.按照木桶理论找出最差员工；2.采取导师带图或者重点帮扶方式
- 订单培训 → 1.适应专业小工种培训；2.员工主动提培训需求；3.培训方式为自学

　　在本案例中，借鉴了技能培训方法中的"拔尖培训"和"补缺培训"的培训要点，收到较好的预期效果。在工作中先选拔技术骨干，通过压担子、重点送培等方式，使得他们更加优秀，成为班组内的兼职培训师角色，然后带动全员学习、巩固已掌握知识，补缺口知识，从而达到促进班员整体专业技能水平提升的目的。

# 一张有声的服务名片
## ——服务指挥班服务纪实

**摘 要**

客户服务指挥班不辱使命，用声音创造桥梁。供电服务指挥班在对客户的服务工作中，发挥着供电企业与客户之间重要桥梁作用，直接影响电网的客户满意度和社会赞誉度。本案例主要阐述了为提高班组优质服务水平采取的对策与措施：在班长的带领下，B 市供电公司供电服务指挥班通过实施理论学习加轮岗操作的双轨培训、制定全员认可的管理制度来保证特殊时期的服务热情、开展主动服务、推广"互联网 +"业务等有效解决方法，提升了客户代表优质服务能力，全面推动班组供电服务工作再上新台阶。

**关键词** 双轨培训 制度建设 主动服务

## 情景聚焦

随着人民生活水平的提高，对电能的需求越来越多，对电能的依赖性也越来越大；并且随着互联网日新月异的发展，人们的维权意识也越来强，对供电服务"以客户为中心，专业专注，持续改善"的要求也越来越高。只有以客户满意度作为权衡供电优质服务的唯一标准，才能更好地开展"人民电业为人民"工作，实现客户"满意百分百"。

2018年，为了贯彻落实公司"两会"关于加快构建现代服务体系的要求，B市供电公司客户服务指挥班被赋予了更大的期望。目前，客户服务指挥班虽然不再直接接听95598热线，但通过电话受理其他渠道各类电力业务仍然是班组的重要职责。这些年来，客户服务指挥班通过这张"有声的服务名片"，为全市电力客户带去了专业、温馨的服务。

但是，2015年B市供电公司配电抢修指挥班成立后，客户服务指挥班客户代表被抽调走了一大半。为满足客户服务指挥班正常运行要求，公司又新招了一批客户代表。虽然新加入的客户代表年轻，电脑操作基础好，学习能力强，可是这些客户代表在上岗前都是用电的"门外汉"。如何让客户代表尽快进入角色，班长觉得时间很紧。

### 开展以考促学，用培训提高业务知识

看着这一张张朝气蓬勃的面孔，班长思考：新组建的班组座席人员9名，实施四班二运转，现在4个班次每班就只有1个业务熟悉的客户代表，工作中遇到紧急特殊情况，该如何快速优质的接听客户的咨询、受理工单呢？

第一次班组培训会上，班长说道："本班是通过电话连接供电企业与客户的桥梁，要求客户代表自身具备较高的电力专业知识和业务素养。如何利用电力专业知识做好客户服务，这需要我们在工作中不断加强业务知识学习。为了让新员工更快上岗，我会给你们加强培训，以考促学。班组现在急需组建一支精于服务、乐于服务、真诚服务的服务团队。"

为了让新进员工能更快胜任工作，首先在提升专业化能力上下功夫，班长编制了对应班组职责的知识库，组织班员强化学习，并且每周开展一轮考试。其次对照《公司服务规范》《营销服务行为规范》等国家电网优

质服务的工作要求，按照标准内容定期对服务工作进行巡查，有针对性的持续整改完善。

但是，这一次的培训效果却不那么尽如人意，客户代表未将理论合理应用于实际，导致日常工作中依旧会出现错误。

2016 年国庆，班组接到一个客户电话，"请问你们供电公司受理我们的报装业务后，给我们指定施工单位吗？""为了更好地给您服务，我们可以帮您指定施工单位！"客户代表做出了这样的答复。

第二天，班长巡查电话录音的时候发现了这段对话。这样的回答明显违反电网公司"三不指定"的承诺规定。通过询问接听电话的客户代表，班长了解到客户代表理论知识已经娴熟，但不具备现场业务技能经验，经常会出现答非所问的现象。听完客户代表的解释，班长知道这个培训模式效果不大。

> **思考 1** 为什么以考促学的培训没有达到预期效果？

### 从书本到现场，双轨制培训提升服务质量

班长经过了一番观察后发现，客户代表之间的服务意识、服务技巧和工作质量等方面还存在一定的差距。

长期的工作习惯和自身工作方式使客户代表很难意识到自身工作的不足，班长就安排客户代表利用下班休息时间，主动去营业大厅、抢修班和抄核收班开展轮岗实训。了解各部门内部控制管理机制，明确各部门、专业的服务职责。通过轮岗培训，各班组之间增加了凝聚力，服务人员服务意识也得到加强，在服务过程中做到各负其责、紧密配合，使后台支撑成为前台服务的有力保证。

以 2017 年 6 月 4 日晚上客户代表与抄核收班紧密配合，特事特办为客户欠费复电为例：当日凌晨 1 点 41 分，一阵急促的电话铃在服务指挥班值班室响起，客户代表刚拿起电话，电话那头的客户就急切地打断了客

户代表的问候话术，坚决要求立刻恢复供电。

客户代表答复："对不起，停电给您带来不便，按照停复电规定，我们会在 24 小时内给您复电。但现在是凌晨一点多了，工作人员在晚上 10 点已经下班了，明早 8 点我会尽快安排工作人员为您复电。"

但客户坚持要求立刻恢复供电，一次比一次语气激动，经沟通了解到，客户母亲刚从上海动完手术回来，身上还插着吸氧机，而且还没有拆线，伤口一出汗就容易感染，家里没有电可能随时会有生命危险。

"好的，我会尽力协调，给您送电，您稍等。"时间就是生命！通过电话认真核实了客户的确切地址后，客户代表最后做出了恢复供电的承诺。但放下电话后客户代表心里也非常为难，相关班组已经下班了啊！

转瞬间想到客户的焦急情绪和不能及时送电的后果，客户代表思索片刻后将求助电话直接打给了营业及电费室主任。在营业及电费室主任的协调下确定了送电人员，期间客户代表还与送电人员保持紧密的联系，终于在凌晨 2 点 37 分送电成功。

班长在周例会上把这件事情作为典型案例让大家一起进行学习，案例核心体现了"为了在最短时间内让客户通上电，客户代表充分发挥调度职能，急客户所急，想客户所想"。在周例会中，大家纷纷为案例中的客户代表点赞，表扬该客户代表贯彻了服务行业的核心理念——客户满意。

2017 年 6~9 月是电网"迎峰度夏"期间，由于天气的炎热，用电负荷增加，电力紧缺。电网经历着严峻考验的同时，客户代表也经历着严峻考验，客户代表一边为客户做好停电解释及道歉的工作，一边还得接受着客户的各种谩骂指责。半天班上下来，班长发现客户代表在高频率的接听客户投诉电话后，俱神情疲惫，像霜打的茄子一样，没有了接待客户的热情。

但是，每年"迎峰度夏"和"迎峰度冬"是电力行业的特点，怎么能让客户代表在这个特殊时期保持

**思考 2** 如何在特殊的服务时期持续发挥服务热情？

服务热情，做好服务工作呢？班长开始了新一轮思考。

### 建立管理制度，激发服务热情

开班会的时候，班长将长时间、高频率接听客户电话后，客户代表服务水平下降的现象提出来让大家反思，客户代表纷纷倒出了一肚子苦水。但是工作还要继续，班长将客户高温停电和电量突增的场景让每位客户代表进行换位思考，站在用户的角度上想一想自己面对停电的情况会如何和客户代表进行交流。这个方法果然有效，没一会儿客户代表纷纷敞开了心扉，表示作为客户代表，更多的还是需要对用户进行安抚，多想想解决办法。实践表明，只有客户代表更新观念调整心态，才能用心服务、快乐服务，在服务中实现自身价值。

经过班组成员的协商，严格有效的监督是提升服务的有效手段和必然要求，因此，班组按照以下原则建立了系统、规范的监督办法和考核体系。

（1）按照服务价值理念的要求，不断梳理改进和完善服务机制流程，把优质服务的想法升华为服务制度，以制度的形式予以约定，通过创新的制度和规范，辅以强有力的执行力，让服务适应顾客要求，在服务过程中先人一步。

（2）要确保优质服务，行为规范，必须建立和完善管理考核制度，狠抓"首问负责制"的落实和服务过程的跟踪考核。考核制度必须明确、细化，具有可操作性。违反制度就要依此制度严格追究，达到教育群体，改进工作的目的。并将服务质量考核纳入月度、年度绩效考核体系。

（3）制度的制定要考虑到员工的积极心理状态，有利于员工主动将目标分解成容易实现和管理的阶段目标，这种容易达成的目标易获得阶段性成功，从而培养员工的积极性和乐观性。

在制度制定的过程中，班长与客户代表进行了充分沟通，并全员确立认可通过。

客户服务的目标是不断超越过去、超越自我、超越他人，客户服务的更高境界是变被动服务为主动服务。这是需要客户服务指挥班全员去思考和履行的命题。

> **思考3** 如何拓宽服务群体，做好主动服务？

### 开展主动服务，推广"互联网+"业务

随着科技的发展和互联网业务的完善，国家电网有限公司陆续推出了电力电e宝、掌上电力等方便客户的服务软件。2018年，以"指尖点亮生活，用电从此无忧"为愿景的A省电力微信公众号完成平台升级，以崭新的面貌带给客户全新的体验。这些软件的推广使用，大大地拓宽了服务群体。

下面一则案例就是客户代表开展主动服务，推广"互联网+"业务的优质案例：某家园107栋102室客户致电95598反映自家户号已被绑定，要求解绑。接到工单后，客户代表并没有被动的发起取消解绑流程。而是马上与客户取得电话联系，主动了解客户为何不再使用原来的软件，是否对服务内容不满意。经过沟通，客户表示使用不方便，信息不准确，不能满足使用需求。听了客户的诉求后，客户代表告知客户可以打开微信界面，搜索"A省电力"进行关注，绑定客户的用电户号，即可实现以下服务：①足不出户，直接就可以在公众号上办理"我要用电""充值缴费"等业务，客户不用再为办理业务而前往营业厅排队等待和打电话了，客服会主动与客户联系；②随时随地，可查询实时电量电费，每天用电多少一清二楚，公众号上可以直接使用"电费计算器"，客户也不用为电费账单的计算烦恼了；③可查询近1、3、7天的停电公告，操作简单，信息准确。在客户代表的引导下，客户成功关注安装了"A省电力"公众号。

2018年5~8月，服务指挥班受理公司下发的30多起类似工单，均在客户代表的引导下，客户成功

> **思考4** 如何做好优质服务，提高客户满意率？

关注了"A省电力"公众号。

## 📖 问题解析

思考 1    为什么以考促学的培训没有达到预计效果？

解 析    以考促学，学到理论知识是片面的。

对于没有工作经验和理论知识的其他员工，以考促学也许可以起到良好的入门效果。但对于开展服务工作，却有以下不足。

（1）缺乏技能知识。以最快的速度、最少的环节、最高的效率解决客户需求，提升业务素质，规范服务行为，光有理论基础还远远不够，班组成员具备有效、高效运转的技能知识也是必要条件之一。

（2）不能灵活运用。除了要了解相关业务知识外，还需要灵活运用，一个知识点，客户会有很多种询问方式，只是靠死记硬背知识点，往往会答非所问，不知所措，造成客户投诉。

（3）引导客户解决问题经验不足。客户反映的现场情况与理论知识上描述的不一样，客户代表分辨不了客户真实反映的问题，不但没有引导客户解决问题，还会造成与现场工作人员答复口径不一致、意见不统一，导致客户投诉。

思考 2    如何在特殊的服务时期持续发挥服务热情？

解 析    考核管理制度是实现优质服务的保证。

在特殊的服务时期持续发挥服务热情，班组做了以下工作。

（1）建立一套完善、系统、规范的监督办法和考核体系，并通过全员认可的管理制度。

（2）根据管理制度内容，班组还策划了一个年度优质服务提升计划，开展"服务零投诉"加分制比赛。以一个班次为一组，开展岗位操作技能训练、业务交流、现场考问等活动。

（3）使制度考核落到实处，将每次比赛成绩统计后作为年度评估业绩、评优评先的有力参考。通过这一系列活动开展，客户代表工作荣誉感得到提升，全年客户服务满意率达到了100%。

**思考3** **如何拓宽服务群体，做好主动服务？**

**解析** **供电服务必须满足客户的期望值。**

客户代表所提供的服务品质达到客户的期望值，才能获得客户满意。班组主动服务做法如下。

（1）通过管理制度建立、执行使客户代表服务思想发生转变，明白客户服务对于客户代表不仅仅是接听电话的简单工作。更是需要运用专业的电力知识和灵活的服务技巧，通过客户代表有技巧的引导，尽可能为客户答疑解惑，满足客户的用电需求。

（2）作为客户服务的窗口，客户代表更要做好加大"互联网＋"业务的宣传工作，拓宽服务群体。让客户体验到"足不出户"，通过手机就可以完成现场预约服务、网上业务办理、故障报修等全新的优质服务。

（3）做好主动服务，建立"有声的服务名片"这个服务品牌，大力弘扬工匠精神，不断提升专业能力和水平。关注细节，重视客户感受，及时、主动与客户沟通，主动消除各种不满与误解，以钉钉子的精神做好每一项工作。

**思考4** **如何做好优质服务工作，提高客户满意率？**

**解析** **努力超越 追求卓越，业务处理要管控闭环，要根据工作中实际问题开展典型服务案例分析，并开展延伸服务。**

（1）业务处理要管控闭环。有效实施各环节管控机制，监督、催办、跟踪、回访整个业务办理直至闭环，便于客户快速有效的查询处理情况。办理效率的提高，得到客户的认可和满意。

（2）点评借鉴典型案例。根据工作中实际问题开展典型服务案例分析，并逐一进行点评、分析、总结，进而采取有效措施进行整改，形成统一答复、统一处理的模板。切实提高客户代表办理业务、解决问题的能力。

（3）开展延伸服务。将 12345 市长公开热线、12398 热线、市民论坛舆情服务、特殊业务、敏感客户等信息材料分别梳理存放和管理，月底以月报形式上报给公司相关部门，做好延伸服务。

## 要点点睛

（1）对客户代表实行理论与现场相结合的双轨制培训方法。

（2）建立全员认可的管理制度、规范的监督办法和考核体系。

（3）不断学习新业务，开展主动服务，积极推广"互联网+"业务。

（4）做好优质服务工作，提高客户满意率。

## 知识链接

### 客户满意

菲利普·科特勒认为，客户满意是指一个人通过对产品可感知的效果与他的期望值进行比较，所形成的愉悦或失望的感觉状态。具体来说，就是产品使用效能满足客户的期望值，顾客就会满意。反之，产品的效能低于顾客的期望值，顾客便会觉得不满意。

下图为服务行为与客户体验对应图。

服务行为与客户体验对应图

# 第五章
# 创新管理

# 调试班组"五小员"突围记
## ——调试班组管理新思路的探索

**摘　要**　创新思路，成立"五小员"，调试班组的管理难题迎刃而解。本案例描述了一位调试班组长在特高压换流站工程的班组管理经历。调试班组在缺乏有效管理，工作效率低下的困境中，通过思考和尝试，借鉴工程项目管理理念，创新出"五小员"管理新方法并收到了实效，为同类型班组开展日常管理工作提供了借鉴。

**关键词**　创新思路　借鉴理念　五小员

## 情景聚焦

　　11月的内蒙古大草原入冬了，锡林郭勒草原已被白雪覆盖，坐落于此的一座 ±800kV 换流站工程也即将进入调试高峰期。送变电公司调试队的刘队长，从千里之外的 A 省进驻现场已经一个月。这是刘队长第三次带领大家"远征"了。

## "日理万机"的调试队长

以下是调试队的刘队长一天的工作集锦。

时间：2016 年 11 月的某一天。

地点：刘队长的办公室内。

事件：调试队长繁忙的一天。

"队长，我们组的小李，上班一会就找不到人了，蹲在角落玩手机。我一整天忙得团团转，哪有时间看着他呀。队长，你不管管？"

"队长，辅助系统小组在我们区域有工作，他们又不熟悉交流场的回路，容易出问题呀。"

"队长，这几张图纸你看看。这部分描述不清楚，这部分明显有问题，要跟设计沟通一下，需要修改图纸。"

"队长，滤波场断路器和隔离开关的二次接线进度太慢了，至今还不能交给我们调试，调试计划眼看就无法实现了，协调一下啊。"

几个工作负责人轮番找到刘队长反映各种问题，没等刘队长喘一口气，项目部的安全员和资料员也来找他。

"刘队长，近几天调试工作面较多，各个作业面的安全状况在下滑啊，要抓一抓了。"

"刘队长，本周有几个安全文件要学习了；下周要进行资料审查，该把调试报告整理出来了。"

上述这些对话展现了一位调试队长、一位特高压换流站工程调试总负责人一天中需要关注、处理的事情，来自施工现场、施工项目部、调试小组负责人的一系列安全、质量、技术、进度、组织协调、资料等问题，让这位调试队长应接不暇。

再去施工现场转一圈视察，发现现场各小组成员的工作情绪也都不高，负责人忙得团团转，抱怨连连，年轻人插不上手，在一旁闲聊。安全隐患随处可见，试验记录特别随意，队长走到哪，哪里动一动，队长盯着哪，哪里加把劲。班组氛围差，干劲不足，工作效率低，各方面工作不受控。看到这里，刘队长眉头紧锁，深感无力。

紧张繁忙的一天终于过去了，夜深人静，刘队长陷入了沉思。看似忙碌而充实的一天，现场各项工作能够正常运转，但是，这样的状态，却不是刘队长想要的，他要找到问题，做出改变。

> **思考1** 调试班组的管理处于怎样的一种困境，是哪些因素造成的？

### 找到调试班组面临的"困境"

问题究竟出在哪里？刘队长回想到从9月份进场开工至今，调试班组里每个人的表现。

不论新老员工，都只关心自己的一亩三分地，除了工作时间的8个小时之外，一点多的精力都不愿意付出。参与过特高压工程的老员工是一种"油条"心态，觉得自己什么样的工程没干过，这个工程只是工程量大，工期长，技术上没有难度，再加上还有队长在现场坐镇，有什么事情也分不到自己的头上。年轻员工则是一种"跟班"心态，跟在工作负责人后面，服从安排听指挥，但是不发挥主观能动性，像算盘珠子，拨一下动一下。

这个班组是怎么了，为什么会有这样的氛围？

刘队长认真地和班组成员交流，试着体会每个人的想法，询问他们不同心态背后的原因，同时也反思自己是否哪些方面做得不够。经过苦苦思索，刘队长终于想通了这个班组所处的困境。第一，从事调试专业的成员大部分都很年轻，有着他们独有的自我、松散、局限的特性。第二，调试班组长的作用没有发挥到点子上，成了大家工作中的"保姆"。班组长没有调动起大家工作的主观能动性，导致班组成员只知道听指挥不知道动脑筋主动发现问题。第三，班组成员认识不到位，既没有用心做本职工作，也缺乏好的管理方法的指引。这样下来就造成了一种奇怪的现象，调试队长一肩挑，什么都管，却管不到位，调试队员自扫门前雪，缺乏引导，工作效率提不起来。这也便是调试班组长期以来的"顽疾"一直难以突破困境的原因所在。

那么如何破解，如何突围？在项目部的一次例行周会上，刘队长终于找到了灵感。

在本次项目部例会上，项目经理召集了项目副经理、项目总工程师、安全员、质量员、资料员、宣传员、施工班组长、调试班组长等成员，主要就安全、质量、技术、进度、协调等问题进行讨论和安排。会议进程是各岗位负责人汇报近期工作和遇到的问题，项目经理协调相关问题，做出决策和布置。

也正是在这次会议上，刘队长得到了启发。项目部作为工程项目管理的组织实施机构，职责分工明确，专人管专事，效率很高。调试班组的管理能否借鉴项目部的管理模式，能否效仿项目管理的模式，将项目管理的理念引入调试班组管理呢？

> **思考 2** 施工项目部的项目管理模式有哪些优势？调试班组可以从中借鉴到什么？

### "五小员"诞生了

心动不如行动，刘队长立即组织各工作负责人开会讨论，将这一想法提了出来。大家集思广益，将调试的日常管理工作分类罗列，安全风险、质量要求、进度计划、对外协调、调试资料、宣传报道、科技创新，同项目部的日常管理内容非常相似。

经过大家的讨论，效仿项目部的安全、质量、技术、造价、材料"五大员"，大家创造了适合调试班组的"五小员"，也就是安全员、质量员、技术员、资料员、宣传员。职责分工如下。①安全员由班组副职担任，根据班组长每日的工作分工，编写安全作业票、三交三查，在早班会上进行交底，负责现场每天两次的安全巡视。②质量员由两位认真负责的工序负责人担任，依据试验规程、作业指导书，定期检查各小组的试验记录和数据，抽查调试项目，确保调试内容无缺陷漏项。③技术员由一位理论能力较强的工作负责人担任，负责编制、校核和管理调试技术资料，监督调试方案及各专项方案的实施情况。④资料员由一位认真负责的新进员工担任，主要负责搜集各小组编制的试验报告，整理所有过程中形成的方案、交底、记录表、工作联系单、图纸、厂家资料等所有纸质资料，整理成册建档。⑤宣传员由一位有想法有文笔的年轻员工担任，负责宣传报道工作的策划，公司文件的接收及分享学习，科技创新、文章、总结等文字性工作计划的监督实施。

想法有了，也经过了各成员的一致讨论通过。大家纷纷提出想法，关键点有三：①合适的人选很重要，既要能够胜任，又不能影响到现场的工作；②对"五小员"的责任和权利都要明确，奖惩也要分明；③要征得项目部的认可，取得项目部的支持。

说做就做，第一步，要做好宣贯，让大家能够理解这种模式。第二步，确定合适的人选，一方面行使班组长的管理权力，另一方面靠大家来推荐。采取"兼职兼责"的方式，以不花费太多精力，不影响现场工作为前提。第三步，制定规则。"五小员"职责内的工作要向调试班组长汇报，"五小员"有权利对职责范围内的工作和人员进行管理，也有权力指出班组长工作安排的不妥之处，当然也要接受班组长对其履责的考核。最后，征得项目经理的认可，以项目部文件的形式，为"五小员"正名。

### "五小员"正式上岗，取得成效

万事俱备，立即实施，"五小员"正式上岗。不过，任何一项政策的推行，都有磨合期，都会有摩擦和阵痛。下面的这几个例子就充分验证了这一说法：安全员找到刘队长，说发现现场安全措施做不到位时，采取批评和处罚的措施，会受到组员们的不理解和抵触。资料员找到刘队长，说有的调试小组的调试报告整理不及时，严重拖欠，催促他们但是作用不大。有班组成员找到刘队长，说自己做的试验数据自己负责，是否有必要被质量员进行检查。当组员汇报的这些问题时，刘队长总会告诉大家，只要大家认真做，认真履行职责，耐心等待，管理的效果很快就会体现出来。

果然，一段时间过后，这种管理手段的优点开始显现。安全员每天巡视发现的安全隐患逐步减少。现场试验发现的异常和需要解决的问题，通过质量员能够更有效地传递和解决。重大调试项目开展过程中，有了对方案最熟悉的技术员，整个实施过程非常顺利，结果得到了保障。调试各类资料被资料员整理成册，编制了目录，查找起来特别的方便。宣传员发挥他的特长，用他的宣传构思带动大家，使宣传报道工作不再是一件"老大难"的事。凡事能找到对口的人，有据可依，有条不紊，高效运转的状态，让大家逐步接受了这种模式。同时，调试班组长的精力得以释放，能够为整个班组做更多的事，可以对工程关键点把关、审核重要图纸、协调外部工作、提供技术指导和培训、多关注大家的生活等，发挥一位班组长真正的作用。

> **思考3** 这种"五小员"管理方法是怎样收到成效的？

2017年夏，换流站工程按期投入运行，调试工作安全高效完成，得到各级单位好评。调试班组的这套"五小员"管理典型经验，成功突破了调试班组的管理困境，也受到公司的重视，被要求进一步完善提升，使其具备推广应用于其他方面的能力。

## 问题解析

**思考 1** 调试班组的管理处于怎样的一种困境，是哪些因素造成的？

**解析** 调试班组的管理过度依赖于班组长，班组成员参与度低，工作积极性差；班组长工作重心偏离，本职作用未发挥好。

（1）班组成员被动接受、漠不关心，班组管理过度依赖于班组长。就如同故事情境中所展现的，现场所有问题集中于调试队长。一方面，班组长大包大揽，现场问题都能得以解决，看似不需要分担，但也造成工作负责人和班组成员不愿意参与班组管理；另一方面，其他班组成员根本不知道他们力所能及的工作有哪些，也无法参与班组管理。调试队长的大包大揽，班组成员的事不关己，造成了调试班组的管理模式畸形，管理效率低下。

（2）调试班组长工作重心偏离，本职作用未发挥好。调试班组长集队伍管理和项目的目标管控双重职能于一身，既要带好兵，又要打好仗。调试班组长的职责和工作量不容小视，现场安全要盯，调试质量要抓，调试进度受制约要协调，关键技术要把控，员工生活和思想动态要关心，员工的成长和学习要规划。调试班组长的精力过于分散，被琐事缠身，疲于应付，本该有的抓重点、抓难点、抓风险点，统筹决策、以身作则，传帮带和领头羊等作用都被弱化，被模糊。

**思考 2** 施工项目部的项目管理模式有哪些优势？调试班组可以从中借鉴到什么？

**解析** 项目管理有一套完整且成熟的理论，尤其是岗位职责划分，可以引入调试班组管理。

项目管理的概念，即是项目实施阶段的目标控制，是通过组织措施、管理措施、技术措施、经济措施、信息管理与协调，使安全、质量、进度、成本目标得以实现。

项目管理的优势在于，项目管理有一套完整且成熟的理论，即"三控三管一协调"，有完整的"五大员"项目管理团队，有专业的管理工具和管理措施，在项目部日常管理中得到了无数次的成功验证。同样是团队的管理，班组管理之所以没有完全引进并应用，是由于班组在项目部管理之下，班组的管理目标没有项目部的那么明确。但是，没有引进不代表不能借鉴，"五小员"的管理方法，就是借鉴项目管理理念，创新出的适用于班组管理的职责划分模式。

项目管理的另一大优势就是项目管理工具，比如，组织结构的优化，工作任务的分解，工作任务的分工，管理职能的划分，问题的闭环处理，考核奖惩等，都值得借鉴。引入调试班组管理当中，就包括：建立合理且稳定的小组人员；将全站调试工作任务分解并分工；将管控对象划分为不同职能并分配到人；质量问题查明原因并整改闭环到位；资料文字类工作定量定指标，奖罚分明。

**思考3** 这种"五小员"管理方法是怎样收到成效的？

**解 析** "五小员"协同管理，提高了管理效率，增强了参与度；班组长回归本位，班组管理得到提升。

（1）兼职兼责，缩短管理路径。根据调试班组独有的工作特点，采用"兼职兼责"的方式，不影响本职工作前提下，合理分担"五小员"责任；将"五小员"工作分解，化繁为简，增强可操作性，加强跟踪和执行。"五小员"对责任划分内的工作多关注多用心，多跟踪多反馈，简单问题当场处理，内部消化；复杂问题汇报班组长，完成整套闭环流程，缩短管理路径。

（2）协同管理，增强团队精神。将班组管理，由班组长一人专管，转变成"五小员"协同管理，提高了"五小员"自身的参与度和责任感。由单点辐射的线性组织结构，转变成多点连接的职能组织结构，全体班组成员连接更紧密，全员参与到班组管理和建设中，主人翁意识得到提高。由班组长的一言堂，转变成大家群策群力，既能互补减压，又突显出公平公正，调节了团队的氛围，消除了情绪。

（3）班组长回归本位，班组管理得到提升。班组长得以回归本位，抽出更多精力，对班组进行全面掌控，将现场管控与队伍建设两手抓两手硬。调试班组的安全管控、质量提升、进度把控、科技创新、宣传报道、人员培训、人文关怀等工作井然有序，班组管理得到显著地提升。

## 📖 要点点睛

（1）真正有效的管理方法，要打破常规，借鉴学习成熟的项目管理理念。

（2）"五小员"提高了班组成员参与度，各司其职，责任分摊，是班组管理的平衡状态。

（3）人是班组的原动力，通过创新的管理方法，职责划分明确，才能发挥出更大的潜能。

## 📘 知识链接

"三控三管一协调"与"五大员"项目管理"三控三管一协调"管理体系如下图。

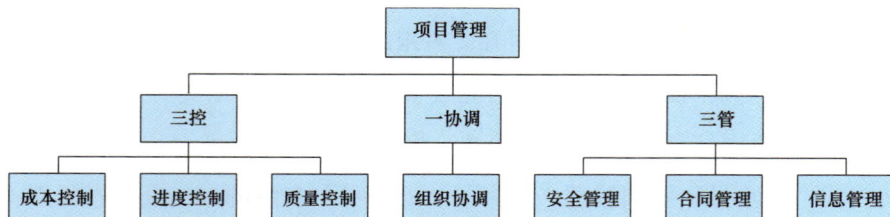

项目管理"三管三控一协调"管理体系

　　国家电网有限公司施工项目部标准化管理手册中规定，施工项目部负责组织实施合同范围内的具体工作，对项目施工安全、质量、进度、技术、造价等实施现场管理。并明确规定了项目经理、项目总工、技术员、质检员、安全员、造价员、信息资料员、综合管理员、材料员等岗位及岗位职责。

　　常说的施工项目部"五大员"也就是以上的技术员、质检员、安全员、造价员、材料员，本文"五小员"管理方法就是从此处借鉴的。

# 创新意识"养成记"
## ——班组人员培养创新意识的过程

**摘 要**

以创新为牵引,老陈成功带领班组成员实现运维效率提升。本案例描述了 CZ 市供电公司运维班班长老陈为实现班组创新,不断进行探索的过程,为了寻找班组创新活动的着力点,老陈明确了创新活动应立足于班组日常数据积累和工作实际,明确了创新课题应立足于班组成员的能力水平,再按照QC的 PDCA 理念开展创新活动。通过创新活动的开展,成功解决了班组的运维难题,培养了班组成员的创新意识,同时获得两项专利产品,为班组开展创新工作提供了借鉴。

**关键词** 班组创新 数据积累 PDCA 理念

## 情景聚焦

新年伊始,CZ 市供电公司运维班开始进行生产运维任务安排。面对逐渐增长的生产运维指标和人员不足的现状,班长老陈愁容满面,他深知要解决这一问题，提高生产运维效率是圆满完成指标任务的最佳途径。因此，老陈希望通过培养班组成员的创新意识，合理地改进生产运维工艺来实现这一目标。

### 思想动员，未达预期

于是，老陈召开了新年第一次班组会议。在班组动员会上，老陈苦口婆心地跟大家说："咱们班目前人手不足，平时工作任务也重，大家是非常辛苦。屋漏偏逢连夜雨，今年任务再一次加重，我和大伙一样，心里也是烦得很，但是面对这些困难，我们总要想办法去解决。如果我们能在日常运维过程中多多开动脑筋，运用自己专业知识和实践经验创新性地改进生产运维手段，努力提高生产效率，那我们的工作效率将大大提高，今年的任务指标自然也不在话下。"会上，老陈还提出了激励班组成员的手段——做出创新贡献的人员，每月的绩效考核加分。此时，大家纷纷点头议论说："真要是能提高生产运维效率，那我们的工作也能轻松点，这确实是个好事，一定要积极参与，争取多思考多创新。"大家你一言，我一语，形成了一种"头脑风暴"的氛围。见此情形，老陈心里暗自窃喜："大伙这么积极，今年顺利完成公司下达的任务指标应该没什么问题了。"然而，实际情况却跟老陈预料的"结果"相差甚远，班组成员会后，大伙仍按部就班开展日常运维工作，老陈苦口婆心的劝说似乎没起任何作用。"多思考多创新"的响应只停留在口号层面上。见此情况，老陈再次召开班组思想动员会，结果仍然如此。

**思考 1** 为何会议动员未达到预期效果？

### 学习讨论，成效不足

见思想动员没有效果，老陈经过再三思考，制定了班组"创新"意识培养方案和绩效加分细则，决定在班组常态化实施该制度，希望通过常态化、多样化活动加强对班组创新性的管理。于是，第二天一早，老陈就召开班务会，在班务会上宣布了自己昨晚起草的"创新"意识培养方案。内容是："常态化开展班组'创新思维头脑风暴会'，会上大伙可以畅所欲言，梳理生产运维过程中的重点和难点，提出需要工艺改进的方方面面。在此基础上，班组根据'创新思维头脑风暴会'整理大家的讨论成果，在班组发布。班组成员根据讨论成果，寻找感兴趣的内容进行关注。"一开始，由于长期对运维手段和检修方式感到不满意，大家提出的问题比较多也比较杂，但是能够提出解决方法的比较少。接着，班组开展了专题学习活动。老陈根据大家提出的问题，分解任务给班组成员，让大家进行专题学习。

然而，尽管经过了讨论和学习，创新的成效却仍然不尽如人意，不能解决实际的问题。在执行的过程中也会碰到问题，讨论很容易，但是组织人员进行专题学习，需要花费大家大量的时间进行收集、整理。一开始，大伙还比较积极，不过问题多了，专题多了，大伙也开始抵触了。

> **思考 2** 创新活动如何开展才能够带动大家积极参与？

### 夯实基础，重点突破

见此状况，老陈陷入了迷茫，经过一段时间的冥思苦想，老陈发现问题的症结是班组无法基于生产运维活动找到创新的突破点。针对这种状况，老陈召集了班组骨干，把自己的思考结果和问题一同抛给大家讨论，大家有感于老陈这种执着的精神，讨论气氛很热烈；经过骨干们的分析讨论，最后认定，找不到创新突破点是表象，班组人员对于自身工作没有完全的掌握，不清楚哪里应该改进才是"病根"。讨论决定工作的下一步是规定班组做好基于生产运维各个环节的数据记录，以便为以后的对比分析提供基础的数据支持。班组的创新活动是一项基于对工作透彻了解的长期性的改进活动，只有足够的基础数据的积累，才能发现问题，进而改进问题。

找到症结的老陈立即付诸行动，他把要进行数据收集的项目分派给不同的班员，带领大家坚持数据收集、整合。经过一段时间的沉淀，老陈和全班人员对之前积累的数据进行了分析对比，找到了几个可以进行创新的突破口。大家一致决定以电力光缆接头盒纤芯故障问题为试点，借鉴 QC 管理成果，采用 PDCA 的方式进行创新活动——按照计划（Plan）—执行（Do）—检查（Check）—纠正（Action）开展。

2009—2012 年的数据表明，电力光缆接头盒纤芯发生故障呈现逐年上升的趋势，光在 2012 年，班组处理这种故障就处理了 8 次，占到全部故障的 30%，严重影响了光通信网络的安全运行。随后，老陈的班组吸取了前一段失败经历的经验，改全面进攻为重点突破——结合班组成员的实际能力水平，以此为突破口，集合全班的智慧，集中攻关。班组在深入地分析讨论后，提出了一种光缆在接头盒处加固的辅助新方法。该方法得到了部门领导的认可，并在领导的大力支持下开始试制灵活、经济、方便的新型光缆锁具。经过全班人员的努力，一个 PDCA 的循环过程结束后，新型光缆锁具试制成功并成功应用在实际工作中。这种新型光缆锁具的使用，成功解决了山区光缆纤芯在光缆接头盒中被拉出、拉断的难题，有效降低了光缆发生故障几率；有力保障了电网通信业务安全运行；同时也减轻了光缆维护人员的工作量，节省人力成本，提升了工作效率。

> **思考 3** 老陈的这次创新活动有什么亮点？

### 持之以恒，成果显著

通过持续的基础数据的积累，重点突破，PDCA 循环，老陈带领的班组解决了一个又一个的运维难题，比如创新了一种双边式 ADSS 光缆耐张线夹。该光缆耐张线夹大大缩短了光缆故障抢修时间，降低了光缆故障抢修难度，提高了工作效率。新型光缆锁具项目于 2014 年获得省公司优秀

QC 成果二等奖，老陈带领的班组也因双边式 ADSS 光缆耐张线夹项目于 2015 年获得 A 省优秀质量管理小组称号；新型光缆锁具于 2015 年获得发明专利，双边式 ADSS 光缆耐张线夹于 2017 年获得发明专利。创新成果获得认可后，大家脸上洋溢出幸福的笑容。创新不仅解决了班组日常运行维护过程中的难题，为工作带来方便，而且让班组成员都能发挥自己的作用，创造自身的价值。如今，老陈所在班组的创新意识越来越强，开会讨论的积极性也越来越高。

**思考 4** 养成班组创新意识应注意哪些方面？

## 问题解析

**思考 1** 为何会议动员未达到预期效果？

**解 析** 思想动员不仅是士气动员，需制定具体的活动方案和绩效加分细则。

创新不是一次性的事件，它是一个长期的、不断改进的过程。一时的士气动员只能有三分钟的热度，短时得不到回馈，大家的积极性自然不高。要想思想动员达到成效，需制定具体的活动方案和绩效加分细则。没有具体的实施方案，就只是纸上谈兵；同样，没有具体的绩效加分细则，那也只是空口说白话，取信度不高。

**思考 2** 创新活动如何开展才能够带动大家积极参与？

**解 析** 立足班组实际，制定切实可行的活动方案。

班组开展创新活动过程中，首先要制定切实可行的活动方案（方案的制定是一个动态的过程，可以不断地摸索、更改），得到创新想法、创新切入点后要考虑如何实施。其次，创新活动应该立足于班组成员现有技术、知识水平，立足实际工作需求。

思考3  老陈的这次创新活动有什么亮点?

解析  注重基础积累;立足成员水平;班组长带头;借鉴 QC 管理理念。

(1)注重班组基础数据的积累。班组工作中的基础数据是了解掌握一个班组工作水平的工具,扎实的日常巡视、检修运维数据积累,能帮助了解和掌握班组作业水平的真实情况,从而找到运维过程中存在的需要改进的地方。

(2)立足于班组成员技术水平。开展创新活动应该立足于班组成员的技术水平,实事求是。否则将脱离实际,成果无法保障;同时极大地增加班组成员的工作量,使人产生抵触心理,磨灭班组成员创新的积极性。

(3)班组长带头,起到示范作用。班组长是班组工作的领头羊,是班组成员的榜样,一个好的班组长,对于班组养成"创新"意识,意义重大。

(4)借鉴 QC 管理理念,具有严谨性、科学性。借鉴 QC 管理理念中的 PDCA 循环管理理念,通过闭环管理,规范班组日常运维的流程和操作,使班组收集的基础数据具有更高的真实性和可靠性。

思考4  养成班组创新意识应注意哪些方面?

解析  立足实际;合理选择,重点突破;持之以恒。

(1)班组创新活动需立足于班组实际工作。不断地寻找、发现工作流程或工作方法上的漏洞与不足,在细微之中,找寻创新的着力点。

(2)班组创新的着力点需合理选择、重点突破。在众多的可改进问题中,根据问题本身的重要性和班组能力的实际状况,合理选择,集中力量重点突破,事半功倍。

(3)班组创新意识的养成需要持之以恒。不断地优化、改进现有工作,提高工作效率,在班组成功一次之后,班组成员的思维和行为方式会逐渐改变,此时一定要保持好的做法不动摇,持之以恒;在几次成功经历之后,班组成员就会掌握"创新"的流程和方法，班组的"创新"意识会逐渐养成，"创新"也就成为班组的一种工作方式。

## 要点点睛

（1）班组创新要立足工作实际。

（2）班组创新要注重基础数据的积累。

（3）创新项目的选择要契合成员的能力水平。

（4）班组长带头实践，营造良好的创新氛围。

（5）创新成果反馈激励班组成员继续创新。

## 知识链接

### PDCA 循环管理理念

PDCA 就是计划（Plan），执行（Do），检查（Check），纠正（Action）。PDCA 循环是全面质量管理所应遵循的科学程序，如下图。全面质量管理活动的全部过程，就是质量计划的制订和组织实现的过程，这个过程就是按照 PDCA 循环，不停地周而复始地运转的。PDCA 循环不仅在质量管理体系中运用，也适用于一切循序渐进的管理工作。

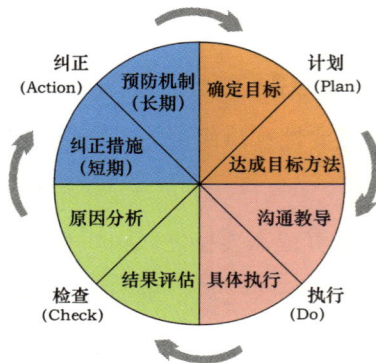

（1）P (Plan) 策划：根据顾客的要求和组织的方针，为提供结果建立必要的目标和过程。

（2）D (Do) 实施：实施过程。

（3）C (Check) 检查：根据方针、目标和产品要求，对过程和产品进行监视和测量，并报告结果。

（4）A (Action) 纠正：采取措施纠正问题，以持续改进过程绩效。对于没有解决的问题，应提交给下一个 PDCA 循环中去解决。

以上 4 个过程不是运行一次就结束，而是周而复始的进行，一个循环完了，解决一些问题，未解决的问题进入下一个循环，这样螺旋式上升的。

# 依托网银的电费核算管理
## ——一次投诉引发的管理创新

**≡ 摘　要**

创新电费核算方式，成功解决账务班工作人员工作难题。本案例描述了账务班班长李欣结合电费核算管理过程中出现的矛盾问题，提出了依托网银进行电费资金到账确认的新电费核算理念。新理念骨架初步实施后，发生过的矛盾仍然存在，电费核算质效提升不明显。CZ 供电公司电费账务班班长李欣经过深入思考论证，最终找到了提质增效的路径，即建立"依托网银的电费核算"管理措施，并编制相配套的管理制度和办法，从而实现了"理念创新"+"管理创新"="提质增效"。

**🔍 关键词**　电费核算　理念创新　管理创新　提质增效

**🕐 情景聚焦**

　　2011 年 6 月 10 日电费账务班发生了一起用户多次折返营业厅却未取到发票而投诉的事件。为了找出问题根源，提升班组工作质量和服务水平，班长李欣召开专题会议。会上，班长首先发言："各位，今天召集大家开会，主要是对 6 月 10 日用户多次折返未取到发票而引发投诉进行专题分析。先请当事人程红说说事情经过，并谈谈自己的想法。"

### 传统做法，问题矛盾突出

程红说："班长，这次被客户投诉，我很冤枉。6 月 4 日客户汇款后来营业厅取票，当时周芳仅给了我 6 月 2 日及以前的银行回单，由于无法确认用户钱是否到账，我只好让客户先回去了。6 月 10 日当客户再次来到营业厅取票时，我手上依然仅有 6 月 2 日及以前的银行回单，按照管理要求，无奈之下，我只好再次要求客户过两天再来，这才惹恼了客户。整个过程我也向客户解释了公司的管理要求以及未能及时获取银行回单的原因，但客户不理解，还是投诉了。我严格按公司管理要求做事，没有错吧。"

程红话音刚落，银行回单领取人周芳坐不住了，忙解释说："班长，这事也不怪我。银行负责给我们打印回单的客户经理 6 月 3 日出公差一周了，没人帮我们处理，我也很无奈。现在去银行取回单可难了，银行人工打印的，除负责人出差外，人员变动、请假也常造成回单无法按时领取。机器打印的，也常因系统故障、缺陷造成银行回单无法打、重打、漏打。我负责的手工托收也因拿不到回单经常无法按期销账确认，客户欠费信息更新不及时，催费员盲目催费。这些遇到的问题若不解决，此类投诉必然会再次发生的。"

"班长，周芳说的有道理。"杨小妹说，"在核算代收方电费时，经常会出现缺单，我也不知道是银行漏打了还是代收方没按期汇，有时稍不注意就会导致代收电费因未及时催办，而月末无法按期到账。除此之外，每个月代收账我处理起来也特别累，现在的代收渠道高达 18 种之多，代收单位汇款银行回单老重打、漏打、迟打，对起账来毫无规律可循，增加了不少反复梳理工作，且还容易出错。"

"班长，杨小妹遇到的问题我也有。"王娟说，"现在我都害怕对账，缴费渠道拓宽后，公司每个月的银行回单高达 2300 多张，全靠我一人勾对，实在是太累了。每天机械地长时间作业，我眼睛相当疲劳，视力严重下降。长时间久坐，我的腰也不行了，老疼。效率低下费事费力不说，还老出现银行回单重附、错附、漏附，无法保证最后对账的准确性，造成错入、错挂账情况。"

> **思考 1** 电费资金真的仅能借助传统银行回单进行确认吗？

### 主动思变，问题依然存在

班会结束后，李欣班长针对相关人员提出的问题进行思考，经过几天的思考，提出了依托网银进行资金到账确认的理念，不再依赖银行相关人员和自助设备，也不再拿无法保证准确度、完整性的银行回单来开展电费核算工作。说干就干，李欣召集班组人员再次开会，并把自己的思路和想法告诉了大家。会上，大家一致认为李欣班长的这个思路新、方法巧。会后，经过一个月时间协调财务、信通部门，账务班 8 月拥有了网银查询下载权限、配置了外网电脑设备。主动获取网银数据后，账务班当月电费核算进度、质量确实较之前有显著提高。但老问题还是出现了，9 月负责查询下载网银的周芳因为一次公休，网银一周没下载。同月还出现了新问题，查询网银用的 U 盾找不见了，联系财务去银行补办，几天下来，网银又发生了一次断档。除此之外，负责对账的王娟找到班长抱怨说，虽有了网银，但她的对账工作没有减轻，仍需每月手工勾对 2300 张回单。

> **思考 2** 有了网银是不是电费核算中的矛盾就化解了？

### 管理创新，工作质效提升

针对 9 月份发生的事情，李欣班长再次提出了"依托网银的电费核算"

精益化管理措施，编制了相配套的管理制度和办法，并召开班组专题会。在会上，明确了班组各位人员的工作职责以及核算各个环节的流程和操作方法。

针对外网机的使用，明确了仅杨小妹和高敏可以使用且仅用于查询下载网银，发生超范围需要用时，必须经李欣班长的许可。同时，发生网络或电脑故障时，参照应急工作措施和要求。

针对资金账户优盾安排杨小妹专门负责保管，每日工作结束后锁入保险柜。资金账户网银查询下载负责人实行 A、B 岗，杨小妹 A，高敏 B。确保其中一人出现请假、因公出差等情况时，电费核算工作的正常开展。

针对电费核算流程，明确了电费收取全流程，网银数据的传递方法以及核算要求。杨小妹负责每日查询下载网银数据邮件传递至相关人员，收费员程红等人负责根据客户所执缴费凭证，网银确认收费并出具发票。营业厅收费账务处理人高敏负责根据收费员程红等人按日交接的纸质收费凭据，进行营销系统账务处理。手工托收账务处理人周芳，根据网银手工托收单位汇款数据，进行营销系统托收销账处理，发现未按期到账的，及时联系催费员进行催要。代收点账务处理人杨小妹根据网银代收方汇款数据，进行营销系统二次销根和账务处理，发现电费资金未按期支付的，及时联络催要，发现电费资金支付数据不对的，及时联络处理。原本王娟的手动对账工作改由李欣班长和杨小妹负责，月末营业厅收费、手工托收、代收账务处理完毕后，李欣班长和杨小妹根据分工的网银记录以及营销系统导出的已核算的电子回单，利用 Excel 公式差异比对，最终得出暂挂不明账款数据，并由杨小妹负责营销系统登记处理。

针对银行正式回单，营业厅收费、手工托收、代收账务处理前期依据的是网银数据，领回单人周芳每周仅去一趟银行即可，当月电费核算工作结束后，次月 15 日前高敏、周芳、杨小妹分别负责完成其账务处理的非正式回单替换，全部替换好后，由周芳负责送达财务记账归档。

按照李欣班长会上发布的管理办法和工作要求，经过 3 个月的磨合调整，次年 1 月电费核算工作开展顺畅、有序，班组的业绩、服务指标都得到很大提升，同年该班组被公司授予了"创新型"优秀班组称号。

> **思考 3** 班组好的创新理念该如何提炼才能提质增效？

## 🔍 问题解析

**思考 1** 电费资金真的仅能借助传统银行回单进行确认吗？

**解 析** 银行回单是电费资金到账的一种确认方法，但不是唯一。

随着社会信息化时代的发展，银行提供给企业的网上银行业务已非常成熟。企业银行账户发生一笔资金存入业务，在其相应的网银中就会产生一笔相对应的流水，流水记录了完整、关键的交易信息，包括记账日期、交易类型、汇款方账户名称、账号以及金额，甚至有的还有用户客户编号等备注信息。可见，利用网银记录数据，可以完整清晰地跟踪各缴费渠道电费资金到位情况，且能做到实时调取使用。因此，可以创新思路，改变传统习惯做法，提出借助网银来开展电费资金到账确认工作是可行的。

**思考 2** 有了网银是不是电费核算中的矛盾就化解了？

**解 析** 网银确认资金创新理念虽好，但也存在短板。

网银查询下载软、硬件设备搭建好后，电费资金到付虽可以实时查询到，但原电费账务班集中在银行回单迟打引发的矛盾并未解决。用于查询下载网银的网络、电脑设备有可能发生故障，负责网银下载的人也会请假、出公差。发生上述情况，网银数据也是无法做到实时获取的。除此之外，王娟的对账，借助网银若还是采取原有的人工勾兑方式，那和以前没有分别，依然不能满足现在信息化时代对电费核算效率的要求。可见，好的创新理念,没有深入思考地去提升到管理层面,是缺失"灵魂"和"动力"的,也终将注定是失败的。

**思考3** 班组好的创新理念该如何提炼才能提质增效?

**解析** 只有将好的创新理念提升到管理高度,才能实现提质增效。

借助网银开展电费资金到账确认后,虽然查询下载网银的软硬件系统都已搭建好,但如何应对设备发生故障、人员出现请假等诸多情形,确保电费核算工作不受干扰,这是需要深入去研究和解决的。同时,电费核算整改过程中,涉及的人员和班组较多,如何让各个环节高效有序衔接,如何充分发挥网银优势,深入围绕网银开展电费核算,这需要有相应的制度和流程来规范管理,也就是将"理念创新"与"管理创新"有机结合,实现电费核算提质增效。

(1)建立网银下载软硬件设备日常使用要求和规范。

(2)确定网银数据日常查询下载要求以及数据传递方法。

(3)依据网银来源资金特点,明确各专业人员职责以及数据处理流程。

(4)形成依托电子化网银与营销系统数据表格差异化对账方法。

(5)明确银行回单定期领取要求以及替换时限确保核算资料完整交接财务计档。

## 要点点睛

(1)班组业务工作出现问题时,应抓住关键矛盾点,寻求新的解决问题突破口。

(2)解决问题提出的创新理念,只有提升到管理高度,才能实现提质增效。

---

知识链接

### 管理七大浪费

管理七大浪费（见下图）是指在企业管理中存在的浪费现象，包括：等待的浪费、协调不利的浪费、闲置的浪费、无序的浪费、失职的浪费、低效的浪费和管理成本的浪费。

低效　应付

协调不利　**浪费**　管理成本

**等待**　无序

闲置

管理七大浪费

其中等待的浪费主要是指缺乏责任心和主动精神，不愿意承担责任，遇到问题消极等待所造成的浪费。等待浪费的主要表现有等待上级指示、等待外部回复、等待下级汇报、等待现场联系，如下图。

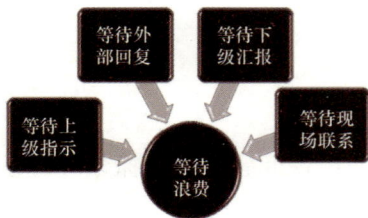

等待外部回复　等待下级汇报

等待上级指示　等待现场联系

等待浪费

等待浪费的四大表现

# 转变服务模式打造数据化智慧营业厅
## ——老旧营业厅改造重建的探索之路

**摘 要** 老厅搬新家，传统营业厅变新一代数据化智慧营业厅。案例描述了 B 市供电公司 YH 营业厅的员工在营业厅搬迁过程中，通过发现问题，引入新技术，实施新方案的方式，将老营业厅从传统营业厅改造为智慧营业厅，从而提高用户体验，提升服务质量的过程。

**关键词** 新厅改造 互联网 + 预约式服务

## 情景聚焦

某个星期五的中午 12 点，B 市供电公司 YH 营业厅内正发生着以下对话。

用户陈先生："你好，我之前打电话预约过，来领取增值税发票。"

业务员："好的，请问您带《增值税专票换领卡》了吗？"

用户陈先生："带了带了，本来我都忘记了，打你们电话预约的时候，提醒了我一下，才想起装进包里。"

业务员："好的，报下您的电能表号……您的信息已核对无误，请拿好您的专票，并在预约登记本上签字。"

用户陈先生："以前在老厅一到月底，那队排得老长老长的，都等急死了，我就让司机来帮我办。结果开回去的票，不是错了就是漏了，特别麻烦。自从办理了《换领卡》，开通了预约功能，再也没有出过岔子。"

业务员："是的，以前在老厅的时候，很多用户分不清票据类型，自打我们帮大家办理登记了《换领卡》，大大降低了开票出错率。开通预约电话以后，大家普遍反映帮了很大的忙。"

用户陈先生："你们这个方法真是有效！另外，我家亲戚想办分时电能表，不知道用起来是否便宜？"

业务员："请随我来，营业厅新增了'智慧微窗口'，您可以输入家中的电器以及用电时间，自动测算出分时是否划算。"

用户陈先生："那用我的身份证能不能帮他办？"

业务员："我们现在推出'A省电力'微信公众号，您可以将公众号推给亲友，让他们通过公众号上传证件网上办理。或是将他的身份证照片传给您，通过微信的'扫一扫'功能，将证件打印出来，也可以现场为您办理。"

用户陈先生："那我马上就来跟他说……还有个事儿，我的电动汽车快没电了，这附近哪里能充电？"

业务员拿出 IPAD，登录"电e宝"App 进行查询："您往东边开约500m，那里的商场一楼有空余的充电桩。"

用户陈先生："好的，我马上开车去店里。去年在你们这儿办的增容，前前后后忙乎了二十多天，差点就错过了门店开业的最佳日子。没想到才时隔一年，就发生了这么多令人意想不到的变化！"

业务员："是啊，我们老厅20世纪80年代就建了，比我年纪还大呢。原来的设备有些陈旧，运行响应效率也低，跟不上现在的智能化生活了。所以2017年全方位改造，今年正式营业。我们现在实行了工单全流程管控，再也不会出现时间脱节的现象了，您的咨询、业务、缴费现在可以一次性搞定！"

业务员回忆老营业厅服务场景：

## 用户激增、扎堆咨询

在 2017 年 12 月，地铁 2 号线通车之后，营业厅处于地铁与公交的换乘枢纽，人流量大、咨询量大。工作日上午 9 点到 11 点间，途经市中心和乘公交、地铁中转的人们，会扎堆前来进行歇息或咨询。

引导员正在帮助两位有电费纠纷的房东和房客结算电费，小伙子一路小跑进入营业厅，拨开围在一起低头算费的用户："打断一下，我想问个光伏的事儿，这宣传资料我看不明白……"

房东："先来后到啊，你等我算完，这电费算不清楚，房客不认这笔钱啊！"

又围过来一位用户："你好，我马上要出国，电费短信通知能换成我爱人的吗？"

引导员被用户们团团围住，已不能满足用户扎堆咨询的需求。

> **思考 1** 服务半径扩大，出现用户激增、扎堆咨询的情景，该怎么办？

## 用户无证件、工单服务超时

营业厅业务员提完工单后，下一个环节的班组"走没走完、有没有超时、是否出现错误"等问题无人把关，往往是用户发现并找来时，才能发觉。部分因为用户个人原因，导致出现服务脱节现象。比如，某天工作日下午，用户陈先生前来咨询："我租了门面房要做生意，现在电能表不够用，该怎么办？"

业务员："可以办理电能表增容业务。请出示户主身份证、房产证。"

用户陈先生："啊，这些证件都在房东那儿，他的东西我怎么好带啊……"

业务员："不好意思，为了保护户主的权益，你至少需要提供一种房东的证件。"

于是陈先生只能联系房东，回去取证件。

一周后，用户陈先生来电反映，工作人员第二天与他联系去现场，可是当时家人没时间，无法到场配合，之后再无其他工作人员与之联系，该工单一直无人跟踪处理。

> **思考2** 如何避免用户无证件办理业务及工单服务脱节的现象？

## 预约服务、差错处理

某个周六中午时间，用户王先生来到营业厅："你好，我来重开一下增值税发票。"

业务员："您好，今天是周末，不是工作日，我们只是值班，工作日期间才受理增值税开票业务。"

用户王先生："那我时间来不及了哎！上个月我们单位司机把票开错了，我昨天做账才发现，今天特地把错票带过来了。下周一就要出差了，今天不帮我搞，单位怎么交账呀？"

> **思考3** 对于开具增值税专用发票的用户出现的异常问题，该怎样解决？

## 问题解析

**思考1** 服务半径扩大，出现用户激增、扎堆咨询的情景，该怎么办？

**解析** 制定升级方案，增加线上线下一体化设备的功能。

（1）新增智能引导台，集综合查询和智能引导为一体，用户可以根据需求自主选择业务类型，精确分流客户。

（2）新增微窗口，通过 3 台触屏机实现了电量电费查询、光伏发电电量补贴查询、阶梯电价查询、分时电价测算服务，快速解决用电疑问。

（3）配置了 8 台 IPAD，顺利实现线上办理与体验互动，用户只需通过动动手指就可以进行"触网"服务，省去排队等候时间，还可以查询到附近的充电桩、加油站、美食等。

（4）成立创新攻关小组，充分"接地气"，站在用户的角度，丰富服务手段，集思广益，以小创新发挥大作用。

（5）与科技公司共同开发智能机器人，目标是实现电量查询、电费缴纳、发票开具、故障报修等各项功能，还可逐步对电动汽车、光伏发电、电能替代等新型业务进行查询、咨询服务，实现人机对话、人机交互，增加用户体验感，提高服务效率。

**思考2** 如何避免用户无证件办理业务及工单服务脱节的现象？

**解 析** 多元化的服务方式，加强工单全流程管控。

（1）引导员现场操作演示。帮用户在手机上注册微信公众号、下载掌上电力 APP、电 e 宝等操作软件，通过演示，现场教用户在手机上办理业务。用户也可在家中自行上传证件申请办理，避免重复往返。

（2）开通微信网页版"扫一扫"功能。针对用户经常忘记带证件、户主长期出差在外的情况，营业厅经理在用户自助区申请配置外网电脑和打印机，安装了网页版微信，用户可以自己登录，将证件照片传输到电脑上打印出来，实现了一次性受理。

（3）实施工单跟踪、全业务流程管控。①新增班后会，延迟 10min 下班开班后会，通过查看当天视频，对工作进行点评，分析存在的隐患，制定防范措施，当天问题当天解决；②对业务员个人工号下受理的所有用电业务以及收费项目进行跟踪管理，进行自查和互查；③对于工单传递过程中出现的问题，比如超时、被终止、误签收等，及时联系对应班组进行处理，并和用户保持沟通，确保闭环。

**思考 3** **对于开具增值税专用发票的用户出现的异常问题，该怎样解决？**

**解 析** **梳理专票用户信息，开通预约功能。**

（1）为用户制作"增值税专票换领卡"。卡片如名片大小，正面由工作人员记录每月换领的情况，背面是用户的户名、纳税人识别号等信息。携带此卡前来换领，既保证了发票的严谨和准确，也对发票开具情况一目了然。

（2）新增电话预约开票功能。用户可以拨打预约电话，业务员根据用户缴费情况，提前开具专票。用户根据自己时间直接到营业厅领取，省去排队等待。

（3）将各类发票清单模板复印成册供用户区分和选择。营业厅工作人员将已取消的衔头发票、正在使用的电费清单、增值税电子发票、增值税普通发票、增值税专用发票 5 种票据类型复印成册，供用户自行查阅，识别需要开的种类。

## 要点点睛

（1）制定"三型一化"升级方案，增加线上线下一体化设备，实现人机交互。

（2）采取多元化的服务方式，实施工单跟踪、全业务流程管控。

（3）根据用户需求的变化，梳理用户信息，制定相应对策，提供便捷服务。

📖 **知识链接**

### "三型一化"智能营业厅

智能供电营业厅旨在实现营业厅与用电客户之间全天候的互动交互，增强综合服务能力。建设完成的智能供电营业厅的软硬件系统，将为用电客户营造一个智能化、互动化、人性化、全方位节能环保型的新型用电服务营业厅。

"三型一化"即智能型、市场型、体验型、线上线下一体化，公司推行"三型一化"营业厅（如下图）升级改造，为客户提供便捷、温馨、高效的优质服务，努力让客户办电最多跑一次，最终实现一次都不跑。

"三型一化"智能营业厅

# 从"拍脑袋"到"拍设备"
## ——二维码技术在设备主人制中的应用

**摘　要**　二维码技术促进了设备管理主人制的成功实施。本案例描述了在设备主人制实行后，A 省特高压变电站 WH 站的朱班长发现班组成员对设备管理的完成成果良莠不齐，经过与班组成员悉心沟通，了解到存在的问题，转变按片区划分责任人为按设备类型划分责任人，同时提出了一套以二维码为窗口，贯彻设备主人制推进工作全过程的管理方法。二维码技术的应用填补了设备管理"最后一公里"的技术、管理空白，为设备主人制的具体落实提供了借鉴。

**关键词**　设备主人制　二维码技术　设备管理

## 情景聚焦

　　班组新来的小黄由于对现场设备的运维标准不够熟悉，在新一轮的设备主人排名又是垫底。看到自己的排名，小黄沮丧地对值长说："这次的设备主人评比我又拖后腿了，设备那么多，要求那么高，根本记不住啊。"

值长点点头，说："是啊，咱们单位就说搞设备主人制，但是真正搞起来太烦琐了。"

这些对话正被隔壁办公室里的朱班长听到了，他们所说的问题朱班长也清楚。但是问题要如何解决，朱班长现在也没有什么头绪。

### 持戈试马，设备主人制初步探索

根据公司三集五大体系建设要求，变电站运维模式逐渐向无人值守过渡，变电站运维人员数量逐步减少，且需要承担更多的工作任务。在此背景下，A省电力公司率先提出设备主人制理念，要求从每一个变电站、每一个电压等级到每一台设备都必须明确具体责任人，旨在解决设备管理从运检部到工区再到班组，最后如何落实到具体设备的管理断面问题。

但是设备责任区究竟怎么划分，怎么落实这"最后一公里"，省公司并未给出指示。作为负责特高压变电站班组的成员，朱班长在接到任务后便积极探索、推进设备主人制工作。设备主人落实的第一步便是运维人员责任区的划分。当前公司设备主人的责任区普遍采用的是按照区域划分，老朱的想法是站内各个区域都有主人，不会遗漏，也好对比，大家有个参照，自然越做越好。在之后的安全活动会上，这样的作法获得了大家的同意，大家撸起袖子加油干，设备主人制就这么开始执行了。

开始的时候，设备主人制确实取得颇多成果，设备主人及时发现自己设备区内缺陷隐患并及时处理，设备运行状态不断优化，受到领导肯定。到了月底，朱班长和工区专责通过各设备区五箱、设备卫生、精益化问题整改等条款对设备主人进行排名，排名后，相应的问题也随之而来。

通过这次的月度检查评比工作，朱班长发现了班组成员设备主人完成度有高有低。在第二个月，这样的差距仍然存在，甚至更大。

**思考 1** 朱班长是如何发现新的管理制度带来了"水土不服"？

一些排名靠后的班员对设备主人的积极性开始动摇，这便出现了开始那段新人小黄和值长的对话。这项制度所存在的问题，朱班长在之前便有所察觉，朱班长也很苦恼：这样下去，员工没了积极性，活还怎么能干好。

### 不破不立，设备主人制新轮廓乍现

朱班长自从发现问题后便一直苦恼。这段时间他一直到处调查各种资料。是不是大家培训少了，是不是某些设备区外委工作问题多？他也私下和各设备主人交流，慢慢地，设备主人运维评比得分差距大的问题有些眉目了。站内设备主人责任区划分依据是区域，众所周知，一个区域可能含有不同种类设备，设备原理、日常运维巡视标准也不一致，这要求设备主人需要掌握多种设备原理、巡视标准、精益化查评细则。而由于班组青年员工较多，运维经验较少，能力参差不齐，这种划分方式存在诸多问题。最后他决定推倒原先的方案，对责任区重新划分。

> **思考 2** 朱班长为什么决定重新划分责任区？

在下一次的安全会上，朱班长宣布将站内设备、设施按责任区划分到人，尽量兼顾设备类型，以线圈类、开关类为主要类型划分，让设备主人尽量维护同类设备。最后，考虑设备主人承载力，安排有经验的人员承担变压器、高抗等设备，年轻同志维护闸刀、低抗以及辅助设施等设备。同时为了避免大家对自己责任区区分困难、责任不清，班组特制作运维责任表并上墙公示，与此同时，针对各项标准，明确设备主人、设备范围、工作内容、工作标准，让大家的工作有的放矢，确保相关工作开展有依据、落实有标准。

由于此前并未有过相关执行方案，大家都对这样的一种划分表示怀疑。到底可不可行，大家带着疑问，开始执行新的方案。很快又迎来了月底的设备主人排名。

"小黄啊，告诉你个好消息，你这次的设备主人评比进步很明显啊，都快要超过一些老师傅了。"

"哈哈，谢谢班长，我这次确实松了一口气，感觉通过这次设备主人更换，我对专项设备也是越来越熟悉了，原来到了设备区就拍脑袋、一头蒙，现在看我的设备好多了。"

看到新的设备主人月度得分后，朱班长这段时间悬的心放下了不少。原先害怕的抵触新方案、设备主人评价达标率下降等问题都没有出现，大家反而更有工作动力，对设备研究更深。此刻的他有底了，设备主人的初步落实有方向了。

### 乘胜追击，设备主人制突破创新

"但是班长，现在的设备主人制还是有点模糊，要求这么多，这么杂，经常查个缺陷档案都要很久，工作量太大了，现在科技这么发达，能不能想个简单的途径，让大家方便地获得想要的信息。"作为新来的研究生，小黄一直对创新工作特别有兴趣，"现在运维要求越来越高，现场工作资料很繁杂，我们能不能引入一些新手段，更方便大家的工作呢？"

"好提议，这段时间咱们都想想看。"朱班长带着问题，一直思索着……

过了一段时间，在一次偶然的机会，朱班长用微信扫描二维码链接到某网址，发现里面信息全面，查阅方便。朱班长茅塞顿开，立刻叫来了小黄。

"咱们能不能用二维码来查阅资料，既符合'互联网＋'理念，又大大节约了纸质查阅的烦琐。"

"班长，好想法啊，我们站里工作有移动终端，二维码作为窗口最方便不过了，我们可以借助设备，将设备主人信息融合到二维码里，并将二维码粘贴到设备上，在设备现场扫一扫，需要的信息就出来了，这样必定会大大提高工作效率。"

小黄和班长在办公室聊了很久关于如何实现二维码读取的问题。朱班长所在的班组通过集思广益，并不断修正，最后总结提炼出"我的设备我有数，我的问题我清楚，我的地盘我维护，我的责任你追溯"的设备主人制管理方法，设计了一种二维码嵌入设备主人标识牌，并粘贴在现场五箱、设备及资料上。其中的二维码内容可直接链接至设备运维管控终端系统，现场运维人员在工作中携带移动终端，通过扫一扫即可展示定期工作、缺陷隐患、设备状态等信息，同样运维人员也可以现场更新相关设备运维信息，实现及时方便的信息更新。

**思考 3** 设备主人制中二维码的具体应用有哪些优势？

### 九转功成，设备主人制成果体现

通过长时间的验证，设备主人制管理方法让设备主人对设备的运维能力显著提升，各设备主人对设备管理的能力差距明显缩小，设备主人实施效果不断显现，针对设备主人二维码的研究及推广，目前站内已获得 QC 成果、管理创新等各项奖项，形成了一套成熟的设备管理典型经验并向外推广，得到了各级领导的关注和肯定。

## 问题解析

**思考 1** 朱班长是如何发现新的管理制度带来了"水土不服"？

**解析** 拨云见日，及时发现具体问题。

通常班组在推行新的管理制度时，由于存在磨合与熟悉的过程，必然会产生一定阻力。随着大家对制度的掌握程度增加，慢慢发现其优势，部分问题会得到缓解，但是仍然还有一部分是由于制度与班组本身实际存在差异，需要我们及时发现具体问题，以便做出合理调整。可通过以下两个方面发现问题所在。

（1）广开言路，员工意见中发掘原因。班组建设离不开员工的积极努力，同样在一线实践的他们对方案的实行以及存在的问题最具备话语权。从小黄和值长的对话中能发现小黄对上述方案开始具备抵触心理，抵触原因即为设备主人排名总是靠后。班组管理可以在新政策后多于员工交流，积极听取员工意见，从而发掘问题解决手段。

（2）建立完善评判标准，综合分析各项指标。在班组初步推行设备主人制的过程中，由于大家都处于初步探索阶段，各项方案优良评判标准的选择通常仅限于该目标的相关指标，针对设备主人制通常就是设备精益管理程度、设备及其消缺率等。但仅依靠这些指标，新制度的隐藏问题很难发现。因此更好的方法是在实践中对结果不断分解，综合评判指标。在设备主人制的初步探索中，朱主任不仅仅是依据设备主人实施效果评判效果，同时分析个人差异原因，设定设备主人的标准化率，增加了分析各项结果中的关联性，所以仅通过两次的评判便发现新制度实施方案有所不妥。

**思考 2** 朱班长为什么决定重新划分责任区？

**解 析** 头脑风暴，多项问题中摸索症结所在。

（1）追根查底，对照要求分析。在发现问题后，不能凭主观意识去判断问题症结，要多做调查，仔细分析。朱班长通过头脑风暴法，逐一列出如设备主人技能不对口，外委项目质量不高等诸多可能出现的原因进行分析，通过相关测试结果确定其是否为问题症结。最终他分析得到设备主人制之所以存在个人评分差距过大，是由于班员较为年轻，工作经历、学习能力不同，所以班员针对设备主人落实程度差异较大。班组的管理不是凭空而谈，最终一定要落脚在各项指标的完成。针对设备主人制相关要求，面对电力系统设备繁多的情况，需要相关人员对设备专精，运维工作的积累是很重要部分，针对入职不久的青年员工，眉毛胡子一起抓，显然是不实际的。

（2）对症下药，积极改变工作思路。在发现原有工作存在漏洞后，经常的做法是查缺补漏，最终形成完善方案。但是，此次朱主任通过调查发现问题并不是单个班员工作漏洞，如责任区域划分不公平等，而是由于班组青年员工多，这种划分方式本身存在一定的不合理性，因此采取按设备划分更为有效。它克服了运维人员被动接受工作，不主动参与的旁观者思想，克服了部分人员相关业务水平跟设备主人要求不相符的情况。可见，作为班组管理人员应当具备敢于质疑，敢于尝试，敢于修正错误的魄力。

**思考 3** 设备主人制中二维码的具体应用有哪些优势？

**解 析** 以员工使用效率为标的，实施过程全面把握。

（1）内容符合现场，合理归纳，不走浮夸风。朱班长在二维码的内容上进行把关，并未随意放置所有设备信息，而是通过分析设备主人制要求，结合班组日常工作，将设备主人制要求进行归档为"我的设备我清楚，我的问题我有数，我的地盘我维护，我的责任你追溯"。

1）我的设备我有数。班组按照设备类型划分设备主人，通过扫描二维码显示设备主人与设备相关信息。

2）我的问题我清楚。设备主人要求熟悉设备运维状况，能够准确定义所辖设备缺陷，并对设备缺陷提出处理意见供班组参考。通过扫描二维码设备，主人可快速掌握与跟踪该设备缺陷、隐患，动态掌握设备运行状况。

3）我的地盘我维护。班组通过 "月计划，周安排，日管控"，明确设备巡视、维护工作计划，实现变电站运维工作全过程责任落实到人，设备主人根据要求按质、按量完成维护要求。

4）我的责任你追溯。班组与设备主人签订履职协议，明确设备主人责任范围、工作要求，落实设备主人责任。通过扫描二维码可获知设备主人优秀做法与遗留问题，设备主人之间相互监督，共同提高。

（2）方便操作，员工体验更重要。班组不能为创新而创新，创新应该充分起到作用，二维码内容可直接链接至设备运维管控终端系统，终端系统展示的定期工作、缺陷隐患、设备状态等信息可辅助运维人员开展日常巡检工作，运维人员也可以现场更新相关设备运维信息，实现终端系统跳转。这项创新工作充分考虑了现场使用的方方面面，并未给工作开展带来困难，反而大大提高工作效率。

（3）将资料带至现场，增强班组成员责任意识。在五箱、设备及资料上粘贴设备主人标识，班组成员巡视时扫描设备上二维码，即可知道该设备运行状态及相关信息。这样的做法，可以增强设备主人责任意识，让运维人员切实感受到设备主人制的实质内涵。

（4）实现闭环管理，将措施落实到底。采用二维码的设备主人制涵盖从设备责任区划分到设备主人工作开展，再到设备主人检查排名，贯彻设备主人制推进工作全过程，实现了设备主人的闭环管理。

## 要点点睛

（1）班组新政策的实施，要敢于质疑，勇于实践。

（2）工作实施要善于联系班组实际情况。

（3）对于创新工作，要充分考虑班组成员使用情况，不能为创新而创新。

## 知识链接

### 责任分散效应

责任分散效应（Diffusion of responsibility）也称为旁观者效应，是指对某一件事来说，如果是单个个体被要求单独完成任务，责任感就会很强，会做出积极的反应。

从事件发展来说，当一个人单独完成一件事，他必须担当起所有的责任。但当大家组成一个团队，责任就被扩大化了。大家都有这样的思想：如果出了问题，责任是大家的，不是我一个人的。如果一个团队中每一位成员都在这种思想的指导下，那么由集体做出的决定往往更为冒险，这是值得我们提高警惕的。

因此，领导者在将一项任务交给某个团队去完成时，需要指定负责人，哪儿出了问题找谁，可最后直接跟负责人交涉。团队完不成任务的时候，想让批评变得有力，就要让批评变得具有针对性，责任一定要分到具体的某个人，否则就会出现如下图所示的责任分散的现象，所布置下去的任务多半不会被很好地执行。

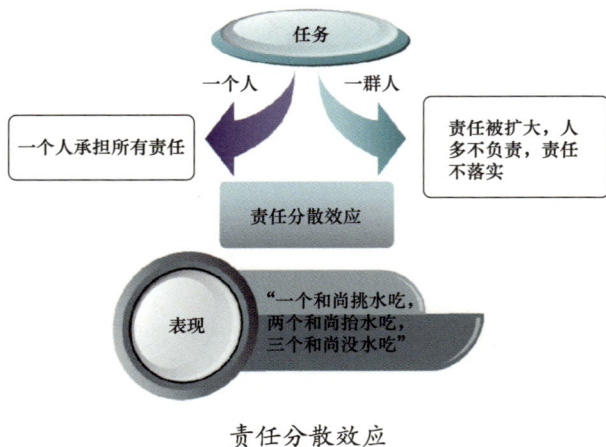

责任分散效应

# 复合式项目组织结构显成效
## ——监理项目管理部创新管理

**摘　要**

创新管理，项目式和职能式组织结构模式融合显成效。本案例描述了 A 省电力公司建设分公司监理项目管理部专责小李针对总监团队人员阶段性不足、成员素质参差不齐、总监水平高低不一的问题，创新思路，将职能式组织形式与项目式组织形式有机结合，策划出业务部门与项目监理机构纵向融合的管理方案。通过案例可以看出，采用新的管理模式做好界面对接、跟踪管控，不断促进管理融合，可以有效地提升总监团队的整体管理水平。

**关键词**

项目管理　复合式组织结构

## 情景聚焦

　　监理单位对工程建设目标的顺利实现发挥着重要作用。省监理公司几乎承接了省内全部 110kV 及以上电网建设工程的监理任务。公司采用"项目式"管理模式，在电网建设工程所在地成立监理项目部，承担相应的工程监理任务。监理项目部实行总监负责制，一个总监承担不超过 3 项输变电工程的监理工作，因此，总监团队数量众多，分布在建设工程所在地。

## 监理项目点多面广，人员短缺、素质不齐

3月份，公司在监工程436项，其中输变电工程共195项，技改工程38项，其他工程11项，10kV专项工程192项。总监团队分布在全省各个地市。随着电网建设任务不断增加，工程建设管理要求越来越严，监理的任务也越来越重。阶段性缺员是现在所面临的问题。比如，当多项工程项目同时进入电气安装高峰期时，专业能力强的电气监理师就格外"宝贵"。虽然能从其他团队调配，或通过招聘补充人员，但业务骨干十分紧缺。即使人员数量配置到位了，水平也参差不齐。

另外，监理项目部作为公司的派出机构，其管理水平、业务素质直接影响监理工作的质量。虽然每个监理项目部都配备了合格总监，但监理项目团队水平高低不一也是事实。作为一个团队的核心领导，总监对整个团队管理的好坏起着决定性的作用。根据综合检查结果对总监团队进行排序，可以发现，排名靠前的团队基本上总是固定的那么几个，排名靠后的团队虽然有进步，但与优秀团队仍有较大差距。

## 会议群策群力，创新管理

某日上午，在公司召开周例会，部门主任老范说道："现在，总监的数量已经基本能满足要求，监理师、监理员也在不断补充。但是虽然'量'的问题解决了，'质'的问题仍然突出。目前，我们业务机构的管理模式主要偏向于对总监团队的检查监督。虽然我们业务机构的检查组花费大量精力对各个总监团队进行综合检查，对发现的问题进行指导，但是团队间的差距依然很大，优秀的团队总是那么几个，较差的团队也总是那么几个，大家发挥自己的聪明才智，说说看有什么好办法能改善目前的现状呢？"

小王首先提议："要不然我们借鉴直管工程的模式，由业务（职能）

部门的优秀人员直接参与重点工程的监理任务？也就是采用项目管理模式中的职能式组织结构。"

小张连忙反驳道："公司在全省范围内有这么多工程项目，采用职能式组织结构肯定管不过来，我觉得就保持目前的项目式组织结构挺好，加强培训便可以减小各总监团队的差距。"

**思考1** 为什么监理机构不适合直接采用职能式组织结构？

老范听后，说道："小张说得有一定的道理，目前公司承接了全省范围内的这么多工程，项目式组织结构肯定是不能直接取消的。而且，虽然公司花费了很多资源组织过各种培训，团队之间的差距虽然有所减小，但总体情况并不理想，大家还有什么好的意见吗？"

**思考2** 目前监理机构普遍采用的项目式组织结构有哪些优缺点？

小李说道："作为业务部门，我们不仅要对总监团队进行检查考核，更应该做好支撑服务，要注重向作为总监'智囊团'的方向深入发展。通过创新管理方式，不断缩小总监团队的管理差距，稳步提升整体管理水平。我觉得我们可以采用职能式组织形式与项目式组织形式纵向融合的管理方式。"

老范听后连连点头，认为小李这个建议很不错，并表示以后就这么办。老范描述了具体方案：在职能部门设立"专家库"，并且按照南片、中片、北片进行分组，每组5个成员，分别负责所在片区的总监团队的实时跟踪管控，采用事先控制，预先介入团队的关键环节管控。比如，对新工艺、复杂施工方案进行集中评审，对工程转序进行跟踪辅导，对监理过程提供技术支持。

在实施过程中，要求总监团队每个月28号将本月工作盘点与下月的工作计划编制好，报送给业务部门。各片区专家组对该信息进行分析，找出管控重点，进行跟踪辅导。

采用新的管理模式后，全省范围内在监工程发现的问题数量同比下降了 10%，监理服务满意度由原来的94% 上升至现在的 98%，在实施过程中也不断获得业主的好评。

> **思考 3** "复合式"管理模式解决了什么问题？有何效果？

## 问题解析

**思考 1** 为什么监理机构不适合直接采用职能式组织结构？

**解 析** 职能式组织结构仅限于规模较小的、以某项技术为核心的项目类型。

职能式组织形式中，项目任务是以单位中现有的职能部门作为承担任务的主体来完成的。职能式的典型组织结构如下图所示。

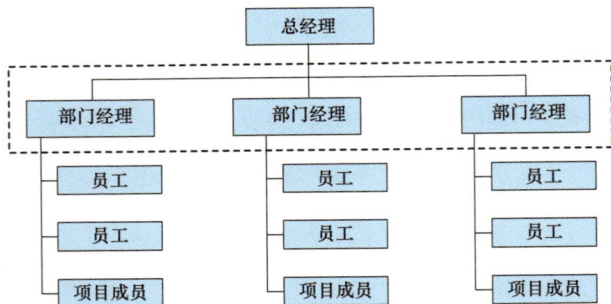

职能式组织结构

职能式组织的优势是：①可以充分发挥部门资源优势，统筹调配；②同一部门的专业人员相互支撑，更好地解决项目专业技术问题；③员工离职，对项目的发展与管理影响较小。

但是，当一个职能部门内部有多个项目需要完成时，资源的平衡就会出现问题；当项目需要由多个部门共同完成时，权力分割不利于各职能部门之间的沟通交流、团结协作。成员在行政上仍隶属于各职能部门的领导，总监没有足够的权力控制项目的进展项目。

职能式组织形式是以部门为重心和主导的管理，单独采用该形式的项目仅限于规模较小的、以某项技术为核心的项目类型，不适合规模大、数量多，时间限制性强或要求对变化快速响应的项目。因此，监理机构不适合直接采用职能式组织结构。

**思考 2** 目前监理机构普遍采用的项目式组织机构有哪些优缺点？

**解 析** 项目式组织结构实行总监负责制，对总监的个人能力有很强的依赖性。

项目式组织形式是以项目或产品的分类为依据，成员按项目划分至各项目组，由各自所在项目团队的总监领导，也就是说总监可以全面控制项目。项目式组织结构的典型形式如下图所示。

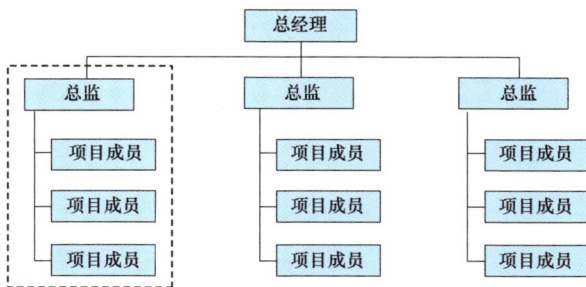

项目式组织结构

项目式组织结构按项目划归所有资源，属于横向划分组织结构，其优势在于：每个项目的实施组织有明确的总监或项目负责人，责任明确。在这种组织形式下，项目可以直接获得系统中的大部分组织资源，总监具有较大的独立性和对项目的绝对权力，总监对项目的总体负责。项目式组织结构的目标明确且能够统一指挥，有利于项目控制，有利于沟通协调，组织结构简单易操作，有利于全面型人才的成长。

项目式组织结构的不足是：不利于企业专业技术水平的提高。项目式组织并没有给专业技术人员提供同行交流与互相学习的机会，而往往注重于项目所需的技术水平，因此，不利于形成专业人员钻研本专业业务的氛围；项目团队的整体水平难于提高。项目团队的整体管理水平与总监关系非常大，同时也不利于团队成员专业技能和管理素质的提高。

**思考3**　　"复合式"管理模式解决了什么问题？有何效果？

**解析**　　"复合式"组织结构将职能式和项目式组织形式进行纵向融合，结合了两者的优点，同时克服了各自的缺点。

"复合式"管理模式可以充分发挥职能部门的资源集中优势，在人员的使用上具有较大的灵活性。职能部门内部的技术专家可以被该部门承担的不同项目共享，减少了资源浪费，同一职能部门内部的专业人员便于交流、相互支援。并且，从总监团队的角度看，原监理机构的组织形式并没有发生大的变化。项目式组织仍然是基于某项目而组建的，圆满完成项目任务仍是项目组织的首要目标。项目成员只受总监领导，不会出现多头领导的现象，可以统一协调整个组织的管理工作。"复合式"组织结构形式如下图所示。

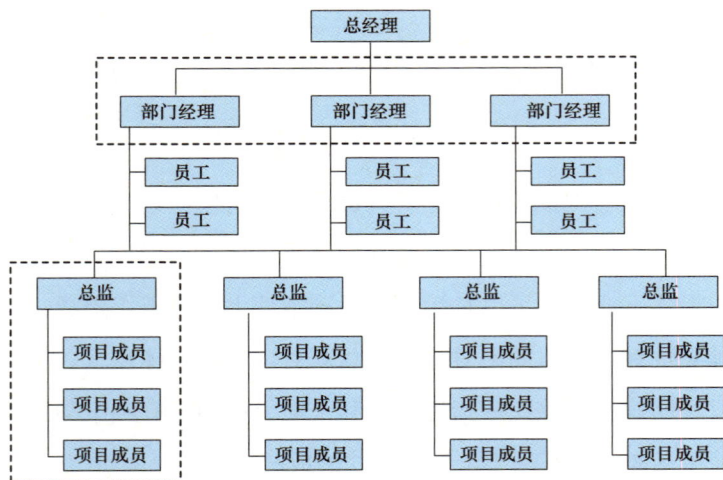

复合式组织结构

　　复合式组织机构在职能部门设立"专家库"，并且按照片区进行分组，每组 5 个成员，分别负责所在片区的总监团队的实时跟踪管控。这种组织形式将原来属于职能式的业务部门作为总监的"智囊团"，为总监团队的管理提供全面的服务。总监团队的管理水平不再仅仅单独依靠各成员的素质，也不再完全取决于总监的水平，团队背后可以从云端"总监办"获取各项技术支撑。其等效组织结构如下图所示。

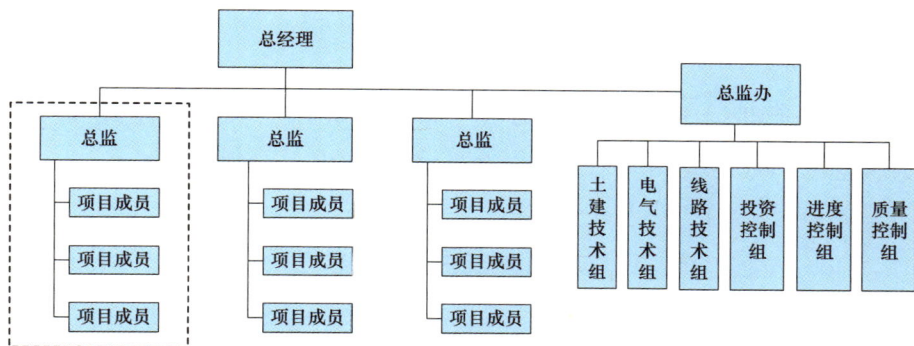

等效复合式组织结构

　　通过复合式的管理模式，业务部门可以对项目监理机构提供强有力的支撑，可以快速响应、处理监理机构遇到的管理方面、技术方面的难题，同时在不断的"辅导"过程中，能够不断提升总监团队的各项业务及管理水平，进而很好地改善了总监团队人员不足、专业缺失、成员素质参差不齐、总监水平高低不一的问题。

**要点点睛**

　　（1）改变职能部门偏向于对项目团队检查考核的事后控制模式。

　　（2）选取职能部门的优秀人才组建"专家库"，专家组成员分区对所辖范围内项目团队进行辅导支持。

（3）项目团队应该按时报送工作盘点与下月工作计划，便于专家组做好对接，跟踪管控。

（4）职能部门专家组以事先控制为原则，提前介入项目团队关键环节的管控。

## 📖 知识链接

### 工程项目组织结构的特点

按目前国际上通行的分类方式，工程项目组织结构的基本形式可以分为职能式、项目式和矩阵式。项目各种组织结构形式的特点见下表。

**项目各种组织形式的特点**

| 项目特点 / 组织类型 | 职能式 | 项目式 | 矩阵式 | | |
|---|---|---|---|---|---|
| | | | 弱矩阵式 | 平衡矩阵式 | 强矩阵式 |
| 项目经理的权限 | 很小或没有 | 大到最大 | 有限 | 小到中等 | 中等到大 |
| 全职人员在项目团队中的比例 | 几乎没有 | 85%～100% | 0～25% | 15%～60% | 50%～95% |
| 项目经理的责任 | 兼职 | 专职 | 兼职 | 专职 | 专职 |
| 项目负责人实际扮演的角色 | 项目协调员 | 项目经理 | 项目协调员 | 项目经理 | 项目经理 |
| 项目行政人员 | 兼职 | 专职 | 兼职 | 兼职 | 专职 |

# 工业园区供电方案模式的创新
## ——"生命体"班组前端价值创造的探索

**摘 要**　转变思路，以服务客户需求为首要目标。本案例描述了 MA 市供电公司营销班陈班长带领大客户经理团队，基于采用常规供电方案模式不能有效满足工业园区用电需求的背景，积极思考，主动转变观念，创新供电方案新模式，有效适应该类用户用电需求，保障工业园区建设和发展的过程。案例通过分析工业园区供电方案模式的创新，展现要做好工作必须进一步解放思想，主动转变观念，创新思路，勇于探索实践，以适应新的形势需要，为后续更好地开展工业园区用电业扩报装服务提供了借鉴对象。

**关键词**　服务模式　创新　前端价值创造　探索

## 情景聚焦

在新一轮招商引资的进程中，位于开发区内的 XW 工业科技有限公司新装工业园区 3000kVA 的用电需求申请转到了大客户经理班。班组负责人陈班长等对资料初步审核并研究后，将这一新装用电业扩报装服务任务交给了年轻的大客户经理小孙，并按照常规要求进行了业务指导和有关提醒。小孙是一名年轻员工，虽然独立承担大客户经理工作时间不长，但是他有一股"初生牛犊不怕虎"的干劲，很想在工作中努力锻炼自己，提升自己的工作能力，展示才干，于是他欣然接受了任务。

### 现场勘查，供电方案初稿考虑不周全

大客户经理小孙很快便组织了配电运检等部门的人员开展现场联合勘查工作，与客户进行了对接和沟通，详细了解核实了客户的用电项目和地址、用电性质、容量、负荷等级、建设周期和接电时间等信息，以及接入电网系统等相关信息，及时按常规拟定了供电方案报审稿，即采用以 XW 工业科技有限公司为用电开户户名，10kV 单电源引进，报装容量 3000kVA，高供高计，设立 1 套进线总计量装置，按照大工业电价计费的供电方案。

当供电方案被提交到班组进行审核时，陈班长等对照用户的用电申请资料进行了仔细核对，发现客户提供的园区建设工程规划图中，规划有 12 个相对独立的厂房，而且客户申请中没有说明电力用途，用电设备清单有的也没有具体注明设备名称、分布情况等信息，这样小孙所确定的设立 1 套进线总计量，拟执行大工业电价的依据不是很充分。于是，陈班长找来了小孙，提出了这些疑问。小孙解释说，他自己已经考虑得比较全面了，从表面上看这个供电方案也没有什么问题呀，对常规的用户申请也都是这样考虑供电方案的。虽然这样解释，但是小孙还是再次联系了客户，就班长所提出的疑问向客户进一步做了沟通了解，结果是：该客户主要仅负责该工业园区项目的厂房、环境、公用外部基础设施配套等前期建设，后期招商入驻的企业有一部分目前尚未确定，用电最终可能由后续入驻的各个企业单独申请开户，用电性质和总体需求规模可能还存在一定的不确定性，本期用电

> **思考 1** 对于工业园区整体用电需求，按照常规单户考虑供电方案是否合适？

需求实际只要 800kVA，供首个即将要入驻的企业生产就够了。

### 修改补充，供电方案获批通过后客户又有新变化

大客户经理小孙将再次了解到的客户有关用电信息又进行了认真的核查、归纳和分析，将供电方案调整为：仍采用以兴旺工业科技有限公司为用电开户户名，10kV 单电源引进，本期报装容量 800kVA，终期按 3000kVA 规模预留，高供高计，设立 1 套总计量装置，按照大工业用电电价计费的供电方案，建设总配电房，然后向各厂房二级分路供电，以后再增加客户时，考虑分户业务处理，供用电双方的产权分界点设在 10kV 电源公用线路的新增开关处。小孙将供电方案主要内容通知客户后，客户当时也没有表示异议，随后供电方案获批后便及时答复给了客户。

然而，没过多久，该客户又提出来新的问题，就是今后可能要转由其他企业来交电费，用电户名届时需要过户。这样，陈班长、周副班长等人对照方案又陷入了沉思：如果是这样的话，即使将来用电户名过户了，但是供用电设施产权分界对应 1 户来讲还好界定，但是对今后可能有 2 户以上的话，供用电双方或多方的产权分界就难以界定明确，还将会遇到线路损耗、统一运行维护管理、故障处理等诸多问题和矛盾，这类问题和矛盾以往已经遇到过，很难协调处理。至此，供电方案似乎又遇到了新的问题。

> **思考 2** 修改后的工业园区整体用电的供电方案为什么还是会遇到今后难以避免和解决的矛盾？

### 群策群力，改变常规求突破

陈班长经过慎重考虑，决定召开工业园区供电方案专题讨论会，充分发挥全体大客户经理的集体智慧，努力寻求妥善解决的办法。

会上，全体大客户经理认真参与了讨论，发表各自的看法和见解，主要出现了两种意见，一种是"我们只要按照常规界定好产权分界，我们没必要

替客户做太长远的深入考虑";另一种是"我们不但要目前做好供电方案和服务工作,便于客户实施,尽快供上电,使客户方便用电,用好电,而且还要努力避免客户后期、后续客户的用电需求与业扩报装、供用电设施产权分界和运行管理维护之间产生不协调的矛盾"。多数大客户经理支持第二种意见。

陈班长从整体大局考虑,提出并引导大客户经理进一步转变观念,强化服务意识,迎难而上,突破常规,勇于创新,编制出更加合适的供电方案。会议最后形成共识并确定:①改变以往常规,采用先开 1 户终端用户报装用电、主要配电线路和设施等一次规划配置完成、后续报装直接再单独开户的供电方案模式;②由小孙作为园区的专职大客户经理与客户保持实时对接联系,拓展了解并随时掌握该户所建园区的用电需求变化情况;③引导客户提高电气线路装置等配置标准,以便今后安全可靠用电,以及产权归属和运行维护责任主体的变更;④由班长将为该户服务的主要情况向上级汇报请示,争取获得上级认可和内部支持。

不久,大客户经理小孙从客户处又获悉了新的信息,该园区的一个意向入驻企业可能需要双路电源供电,这样的话,原供电方案只有 1 路 10kV 单电源,满足不了将来该企业的需求。于是,在最终取得开发区管委会的确认手续后,大客户经理小孙第三次根据客户的变化需求,依据班组专题会议讨论确定的创新模式,再次调整报批了供电方案,即采用先开 1 户终端用户报装用电,后续报装直接再单独开户,考虑 10kV 双电源进线电气和土建的预留,同时也建议客户提高电气线路装置等配置标准的供电方案模式。这样,供电可靠性和运行方式的灵活性将大幅提高,客户也十分认可并接受了建议。

实践表明,后续的方案实施和用电工程建设十分顺利,业务办理没走弯路,客户的初期报装需求如愿满足并提前用上了电,后期陆续的报装需求由于前面打好的基础,接电也十分顺利,避免了业务和现场的

**思考3** 工业园区的供电方案模式如何再进一步改进完善,更好地体现前端价值创造呢?

改造，大大缩短了时间，降低了成本，客户和政府部门都十分满意，大客户经理班对客户前端价值创造的探索同时也得到较好地体现。

新的尝试虽然初步取得了较好的成效，但是陈班长带领的大客户经理团队同时也认识到了一些需要改进的地方。为了进一步改进完善工业园区的供电方案模式，做好服务工作，更好地体现前端价值创造，他们又认真作了阶段性的总结与提炼应用，主要如下。

（1）针对政府、集团等实体投资主体的工业园区整体规模型用电报装需求，按照常规考虑解决单一户的供电需求的服务方式显然已经不能适应此类需求，应当做更关联、更全面、更深入的考虑和分析。

（2）应当及时转变常规观念，拓展思路，积极勇于探索，创新和完善供电方案模式等用电业扩报装服务工作，科学全面考虑，采取有效措施主动应对新生客户需求。

（3）进一步转变服务观念，拓展服务前沿，努力实现好前端价值创造，并持续为客户创造价值打好基础。

（4）努力构建用电业扩报装服务平台机制，配置专职大客户经理同政府部门和工业园区等主动对接，超前和实时收集掌握前端用电需求信息，集中利用有限的资源以发挥最佳服务成效。

（5）引导客户提高电气线路装置等配置标准，最大程度地满足园区内企业的用电需求，避免或减少园区内的因多方主体的存在而可能产生的用电矛盾和纠纷。

由于有了初步的可行经验和模式，以及进一步的完善，他们对工业园区的服务信心更加坚定，服务经验日趋成熟，在后来办理的经济开发区、XW工业科技有限公司第二个工业园区、高新技术产业开发区内SM创业谷等大、中规模型园区的用电需求中，沿用了改进完善后的服务模式，比较成功地落实了用电业扩报装服务工作，相关政府和客户也都十分满意，"生命体"班组的客户前端价值创造不断充分体现，供电企业同时也获得了良好的效益。

## 问题解析

**思考 1** 对于工业园区整体用电需求，按照常规单户考虑供电方案是否合适？

**解 析** 客观经济建设发展形势、用户类型和主观愿望、需求发生大的变化了，应当认真予以分析和应对。

（1）针对单一的用户用电需求，常规的用电勘查，只要基本了解客户的主要信息情况。

（2）针对工业园区，前期申请用电主体上是不同的。其总体用电容量和分步用电容量与单一用户申请用电大有不同；在今后用电开户户数和用电范围上，也都与单一用户申请用电明显大有不同。

**思考 2** 修改后的工业园区整体用电的供电方案为什么还是会遇到今后难以避免和解决的矛盾？

**解 析** 工业园区客户需求主要信息等后续存在不确定性，需要予以充分考虑。

就工业园区而言，后续用电因素变化的可能性比较大，前期勘查与用户沟通时，应当就可能变化的主要因素与用户做好积极有效的沟通，只有掌握了一手完整的用户需求信息，才能保证供电方案编定的正确性和完整性。

**思考 3** 工业园区的供电方案模式如何再进一步改进完善，更好地体现前端价值创造呢？

**解 析** 良好的供电服务是要最大程度地满足客户用电需求的，针对工业园区大客户，前期优质的供电方案和服务，能为客户节省大量前期时间成本、精力成本和费用投入，充分体现前端价值创造。

解决工业园区项目的用电需求，既有新生事物的挑战，又有对接关系的复杂；既有总体规模的完整，又有个体格局的独立；既有初期需求的明确，又有后续终端的变化；既有共用设施的集中，又有专用设施的分散；既有运行管理的统一，又有服务需求的单一。为更好地开展工业园区的用电业扩报装服务工作，应当从观念、理念、机制、实践上勇于转变和改进实施，不断努力坚持做到以下几点。

（1）从事用电业扩报装服务工作，必须牢固树立"人民电业为人民"的服务宗旨和"你用电、我用心"的服务理念，认真宣传和贯彻执行党和国家有关电力事业的法律法规和方针政策，坚持正确的供电服务方向不动摇。

（2）加强大客户经理团队素质提升，努力实现由专业精细化分工向一专多能、高效协同化队伍转变，实现"生命体"班组由末端业务执行单元向前端价值创造单元转变。

（3）努力打造高效协同化队伍，积极主动有效沟通，形成和发挥内部协同联动的最大合力，体现对外最佳服务成效。

（4）努力探索和打造工业园区供电服务新模式，建立工业园区超前对接服务机制，加强前期用电需求信息的收集与储备，改进前瞻性和后续拓展衔接性的有序衔接。

（5）完善典型，实现工业园区服务超前化、规范化、高效化、优质化。在前端和后续为用户创造价值的同时实现自我价值的良好体现，以取得政府、用户和供电企业的最佳效益。

## 要点点睛

（1）大客户用电业扩报装服务工作要跟进时代发展的步伐，主动转变观念，针对新生事物，要勇于创新和改进完善，积极适应新的需求，满足时代要求。

（2）大客户用电业扩报装服务工作要充分考虑前瞻性和后续拓展衔接性。

（3）大客户经理要不断提升个人和团队的素质水平，尽可能做到一专多能，积极主动有效沟通，形成和发挥内部协同联动的最大合力，有效实现自身、企业和用户价值的最佳化。

## 知识链接

### "生命体"班组建设探索与实践

"生命体"班组建设的内涵是将班组由卓越执行单元的"细胞群"打造成充满活力的"生命体"。充满活力的"生命体"班组是卓越执行"细胞群"班组的升华。

"生命体"班组在企业经营管理中的定位是：客户服务第一线、企业管理第一关、职工成长第一站、创新发展第一源。

"生命体"班组建设总体实施框架见下图，即提出1个目标、4个原则、3大重点、5项保障的"1435"。

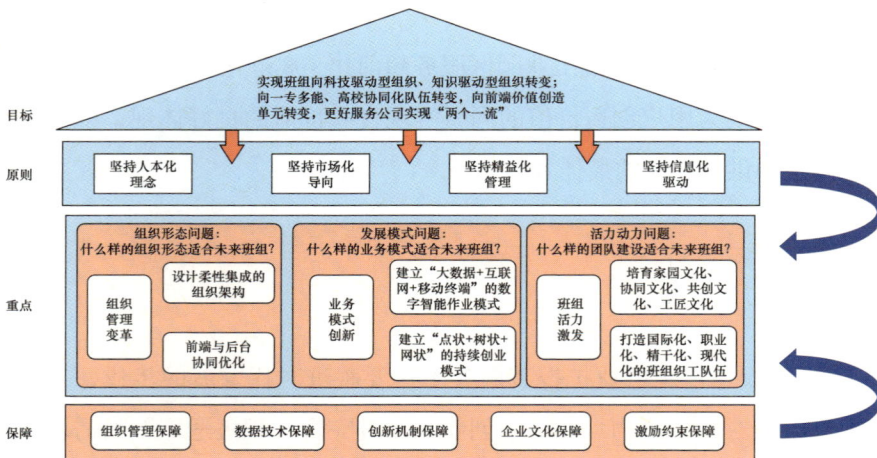

"生命体"班组建设总体实施框架

# 防高压线下钓鱼触电新尝试
## ——一种新型防钓鱼触电警示牌诞生记

**摘 要**

集思广益，群策群力。本案例描述了 B 市供电公司输电运检室运维三班的王班长带领班组成员解决高压输电线路下方跨越鱼塘栽种的警示牌每年都被损坏的问题。了解到需要不断地进行警示牌的补栽现状后，王班长带领班组成员结合线路运维工作实际，不断分析原因，进而制定相应对策，采取改变警示牌栽种位置以提高其存活率，利用微信朋友圈达到宣传教育的目的等措施，实现了较好的防钓鱼触电效果。通过案例分析可知，改进警示牌自身材料工艺，栽种位置及有效宣传教育工作是实现防钓鱼触电工作的关键要素，同时，该案例为输电线路下方鱼塘防钓鱼触电工作也提供了借鉴。

**关键词** 高压线 钓鱼 警示牌

## 情景聚焦

"王班长，我刚才出去办事的时候，看到 D 村东头的高压线下有一处野塘，岸边有两个人在钓鱼，很危险！"9 月 12 日下午，C 县一家渔具店的老板焦急地给 B 市供电公司输电运检室运维三班的班长打来电话。听说有人在高压线下钓鱼，王班长心里一紧，赶紧与同事赶往现场查看。

池塘边，两个年轻人正在 220kV NM4887/88 线路下方有说有笑地钓鱼。

"你们不能在这里钓鱼，太危险了，快远离高压线！"王班长喊道。但钓鱼的两个人，对此并不在意。王班长立马掏出手机，打开里面存储的照片，一张张翻给他们看："这都是之前钓鱼者在高压线下触电的现场照片。"看着这一张张触目惊心的照片，钓鱼的两个人倒吸了一口冷气，为刚才自己不听劝的行为感到后怕："今后我们一定吸取教训，不会再在高压线路下方钓鱼了，谢谢您的提醒。"说完，两个人便离开了。劝走完钓鱼者，王班长与同事一起对池塘附近的警示牌进行了仔细检查。

"防钓鱼工作难做啊，这刚栽下不久的警示牌又被破坏掉了，回去班组开个会议，讨论一下如何更好地做好线路下方的防钓鱼工作"，王班长对一旁的青年员工小夏说道。

线路巡视工作完成后，下午上班时间王班长组织班组成员一起座谈，就如何做好线路下方防钓鱼工作进行讨论。

"防钓鱼工作要从提高警示牌存活率方面入手，现在线路附近栽种的警示牌很容易被破坏。"

"防钓鱼工作要进一步加强宣传教育工作啊，传统的发放纸质宣传资料的效果不是很好啊。"

"班长，您不是也爱好钓鱼吗，应该认识很多钓友吧，我们可以尝试建立 A 城地区钓友微信群的方式，加强对他们的教育宣传啊。"

"这个办法好，钓友是一个聚集团体，下次再遇到线路下方的钓鱼者，我们可以邀请他们加入钓友微信群，大家不仅能接触到更多有共同爱好的钓友，还能了解防触电知识。"

……

会议伴随着大家激烈的讨论进行。最后，综合大家的讨论意见，小组决定尝试新方法来解决这个问题。

### 强化宣传，防微杜渐

B 市地区地处 A 省南部山区，气候湿润，鱼塘众多，因此 B 市供电公司所辖线路经常跨越鱼塘。但广大钓鱼爱好者在钓鱼过程中经常不注意"高压危险，禁止钓鱼"警示牌（以下简称警示牌），经常有人无视警示牌，在禁止钓鱼的鱼塘钓鱼。这就容易在钓鱼过程中发生危险，危及垂钓者人身安全和电网的安全。比如说，钓鱼者由于安全意识不足，钓到鱼时很兴奋容易疏忽大意，甩杆可能造成线路放电，给自己和他人造成人身伤害。

线路运维人员经过会后的多方讨论，决定采取多种举措加强对线下钓鱼行为的管控：在线路下方鱼塘栽种警示牌；加强钓鱼区段的巡视力度；采取池塘周边拉铁丝网硬隔离；向周边鱼塘主进行安全告知；排查对池塘距离不足的杆塔区段并安排整改计划。另外，增加线路运维人员采取上门走访、发放有关线路下方防钓鱼宣传材料等方式来加强钓鱼人员的安全常识。

王班长是一名供电员工，也是 B 市钓鱼爱好者之一。在 B 市，他的名字在钓友中无人不知，不仅仅因为他钓鱼技术高超，更因为他总给大家普及安全用电知识，让大家受益匪浅。王班长等线路运维人员通过微信群的方式，有针对性地对钓友进行教育宣传，进而带动钓鱼爱好者积极地参加到防高压线下钓鱼活动中，并自觉维护钓鱼警示牌设施，起到增强大家安全意识的有效作用。

> **思考 1** 缩短正常巡视周期，能否发现和制止警示牌被破坏？

### 细化分析，有的放矢

防钓鱼警示牌能起到很好的警示和提醒作用，但是也存在一个巨大的问题，就是警示牌经常遭到破坏。王班长工作 3 年以来，每年都发现高压输电线路下方跨越鱼塘栽种的警示牌大量受损甚至被破坏，需要工作人员不断地进行警示牌的补栽，因此延长警示牌的"存活率"是线路运维人员的首要目标。

根据近三年来数据统计，所有 110kV 及以上线路中平均每年损坏警示牌超过 10 块的线路如下图所示。其中，110kV FM567 线路（以下简称 567 线）和 110kV CZ556 线路（以下简称 556 线）通道内警示牌受损最为严重。

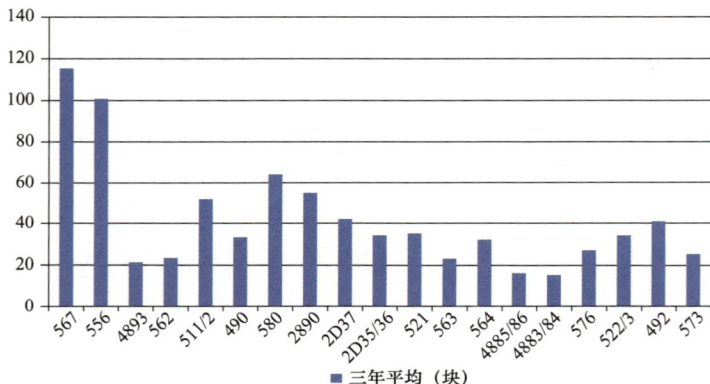

110kV 及以上线路中平均每年补栽的警示牌数

通过现状调查（见下图），线路运维人员集思广益，应用头脑风暴法，对问题原因展开认真的分析和讨论，并制定出提高警示牌"存活率"的对策（见下页表）。

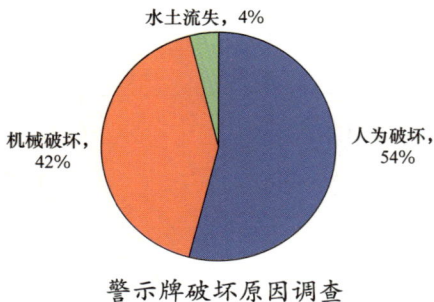

警示牌破坏原因调查

对策制定表

| 序号 | 原因 | 实施方案方法 | 优点 | 缺点 |
|---|---|---|---|---|
| 1 | 人为破坏警示牌 | 原方案：重新制作警示牌进行补栽 | 实施速度快 | 制作和栽种耗时耗力，不能根本解决被破坏的问题 |
| 2 | 警示牌栽种位置不合理，易被破坏 | 原方案：将警示牌进行移栽 | 警示牌被破坏数量明显减少 | 工程量大，有些警示牌移栽后警示效果不明显 |
| 3 | 水泥制的警示牌头大脚细，容易被破坏 | 原方案：更换为塑料警示牌 | 搬运和栽种轻便 | 质量过轻，容易被移走 |

因此，大家把目光集中到两个主要因素：①警示牌自身材料、工艺方面；②栽种的位置是否合理。

> **思考2** 改变警示牌栽种位置，能否提高警示牌的"存活率"？

### 深思熟虑，精益求精

经过长时间的讨论后，王班长等线路运维人员提出了大胆的想法，将警示牌移到鱼塘中央，这样不仅不容易被破坏，还能起到长期的警示作用。同时，将警示牌的材质变更为更加轻薄的铁板警示牌。相关人员根据提出的想法，设计出了新的方案，如下图所示。

新型警示牌

这种警示牌呈三棱柱状，3个侧面印有"高压危险,禁止钓鱼"警示标语,警示牌底部固定在类似救生圈的塑料上方，塑料下方通过 3 个金属支架相连起平衡作用，支架连接处固定一铁链，根据鱼塘深度调节铁链长度，并留有一定的裕度，铁链末端坠一物，使得警示牌不会随波逐流。

线路运维人员通过和高压线下鱼塘的主人协商，并向其进行电力设施保护的宣传，最终达成协议，允许线路运维人员将新型警示牌安装在鱼塘中间。随后线路运维人员选取了两条试点线路通道内的 34 处鱼塘投放了该警示牌，并以两个月为试验周期，观察统计这种警示牌被破坏的数量。

经过了两个月的试验周期，线路运维人员通过检验和分析警示牌的损坏情况，确认新型警示牌可在两条试点线路上进行全面安装。一段时间后，对两条线路通道下方安装的新型警示牌进行统计，发现警示牌的"存活率"达到了 100%，下图所示。警示牌存在的时间越长，警示时间就越长，由于钓鱼引起的设备损坏、线路停电的可能性就越低，可以间接地提高电网的经济效益。

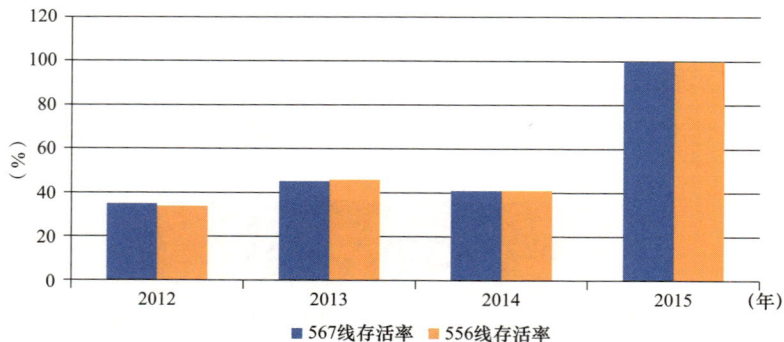

试点线路警示牌存活率

另外，新型警示牌年内无一破坏，补栽的成本为零。就 567 线、556 线而言，全部换成新型警示牌所需费用比以往一年补栽的费用低 0.63 万，而集中更换省时省力，可以预计往后补栽费用将大大地降低。下页图所示为试点线路警示牌补栽成本。

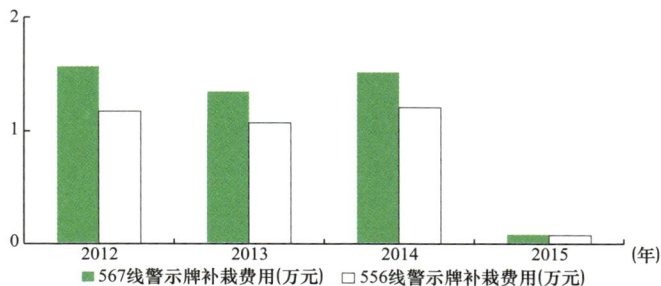

试点线路警示牌补栽成本

目前，新型警示牌已纳入《B市供电公司电力设施保护管理办法》技防措施中，逐步推广到 B 市境内所有输电线跨越的鱼塘。

**思考 3** 如何转变传统工作思路，多方合作，减少钓鱼触电事故？

## 问题解析

**思考 1** 缩短正常巡视周期，能否发现和制止警示牌被破坏？

**解 析** 巡视周期长短与警示牌存活率存在一定关系，能够小幅提高警示牌存活率目的。

通过缩短试点线路的巡视周期，分别对线路通道内的 35 处和 28 处鱼塘进行重点巡视，观察和统计警示牌被破坏的数量。数据表明（见下表），缩短巡视周期前后由最初地被破坏 15 块和 12 块降低至 12 块和 10 块，被破坏的警示牌数量有所减少。

**巡视周期缩短前后警示牌被破坏的数量**

| 线路 | 567 线 | 556 线 |
|------|--------|--------|
| 缩短前 | 15 | 12 |
| 缩短后 | 12 | 10 |

**思考 2** 改变警示牌栽种位置，能否提高警示牌的"存活率"？

**解 析** 合理选择警示牌栽种位置，移栽到池塘中央，将提升"存活率"及可视性。

运维人员通过将原先警示牌移栽至不易被破坏的位置后发现，被破坏的警示牌数量明显减少，其中567线移栽前被破坏数为15块，移栽后被破坏为2块；556线移栽前被破坏12块，移栽后被破坏1块，见下表。

**移栽前后警示牌被破坏的数量**

| 移栽线路 | 567 线 | 556 线 |
|---|---|---|
| 移栽前（块） | 15 | 12 |
| 移栽后（块） | 2 | 1 |

**思考 3** 如何转变传统工作思路，多方合作，减少钓鱼触电事故？

**解 析** 防高压线下钓鱼触电，需要多方协同联动，对外紧密合作，对内加强管理。

（1）建立沟通宣传联动机制。尝试以供电公司为主体，搭建沟通、交流、合作平台，融合渔具店、钓鱼俱乐部、钓友以及鱼塘主等相关方，借助数量庞大的钓友群体，将安全用电和电力设施保护等供用电相关知识，通过微信这一社交软件实现最广泛的精准传播。

（2）加强与相关利益体合作共赢。渔具店通过供电部门设置的防钓鱼触电知识展架和转赠的小礼品，争取到更多客源，得到经济收益；钓友通过积极参与钓鱼俱乐部微信朋友圈，赢得更多钓友的认可，吸收到新成员；鱼塘主可以更好地享受用电服务，还借助朋友圈有效制止线下钓鱼活动，消除了钓鱼触电可能引发的停电停产风险，保障了经济效益协同防范线下垂钓，传播安全知识。

（3）加强巡查管理。线路运维人员定期进行数据统计分析，寻找原因并制定出对策；结合微信群社交软件，加强宣传；根据公司的有关线路防钓鱼工作的要求，加强鱼塘摸底排查，巡视鱼塘警示牌安装情况；对于安装到位的地点采取专人专线巡视的方式，确保降低安全风险。

## 要点点睛

（1）合理安排钓鱼警示牌的栽种位置，以提高其存活率和可视性，达到持续警示作用。

（2）警示牌呈三棱柱状设计，方便对池塘周围各个方向潜在垂钓者起到安全警示作用。

（3）线路下方防钓鱼工作，以供电公司为主体，融合渔具店、钓鱼俱乐部、钓友，以及鱼塘主等相关方，加强合作、协调动作，从宣传教育、提高警示牌"存活率"、加强线路巡视蹲守等多方面着手。

## 知识链接

### 协同理论

协同理论（synergetics）亦称"协同学"或"协和学"，是20世纪70年代以来在多学科研究基础上逐渐形成和发展起来的，是系统科学的重要分支理论。其创立者是联邦德国斯图加特大学教授、著名物理学家赫尔曼·哈肯（Hermann Haken）。协同理论认为，千差万别的系统，尽管其属性不同，但在整个环境中，各个系统间存在着相互影响而又相互合作的关系。其中也包括通常的社会现象，如不同单位间的相互配合与协作，部门间关系的协调，企业间相互竞争的作用，以及系统中的相互干扰和制约等，如下图所示。

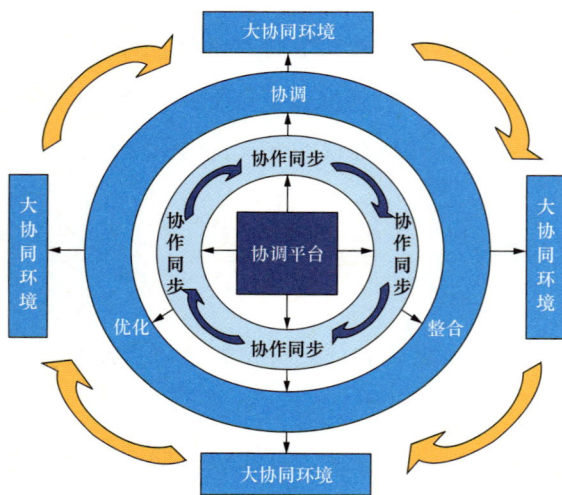

协同理论

# 特高压中的"精细"
## ——构建 1100kV GIS 生产运输管理体系

**摘　要**

精益求精，方得始终。本案例描述了主管老杨面对工作量庞大的特高压 B 市站 1100kV GIS 监造任务提出了一套详细的 GIS 精细化管理体系，实现设备本体出厂试验零放电的过程。通过案例分析了构建生产运输全过程管理的 1100kV GIS 精细化管理体系需明确划分责任、合理制定程序、多样化管理形式、严格规范要求等关键要素，为特高压 GIS 设备高品质按时出厂提供了保障。

**关键词**

特高压 GIS 监造　全过程管理精细化

## 情景聚焦

　　皖电东送 C 市至 D 市特高压交流输电示范工程为国内特高压交流同塔双回路输电工程重点项目，而特高压 B 市站又是该工程的枢纽变电站，重要性不言而喻。在得知特高压 B 市站 1100kV GIS 的监造工作落在自己身上的时候，状态评价室主管老杨觉得压力不小。

## 任务艰巨、勇挑重担

特高压 B 市站 1100kV GIS 采用 3/2 接线形式，一期工程包括 1 个完整串，3 个不完整串，共 9 个间隔，5 组进出线。现场见证点和停工见证点有几十个之多，自制绝缘件和壳体的数量庞大，仅成品单元出厂试验形态就有五百余个。以盆式绝缘子为例，按照相关要求这些绝缘子需逐件经过 X 射线探伤检测、工频耐压及局部放电试验，不通气盆子还要逐件进行例行水压试验，在这些检验过程中监造人员需全程跟踪见证，再加上盆式绝缘子数量达到千余件，因此监造任务极其繁重。

根据国家电网有限公司和制造方签订的相关合同及技术协议，特高压 B 市站 1100kV GIS 设备应于 2013 年 5 月底前全部到达现场。项目工期短、监造任务重、监造人员数量少，特别是 2012 年 10 月份以来，特高压 GIS 成品单元开始大规模进行装配和出厂试验，制造厂为加快进度实行一日三班制，很多试验都在半夜进行，就是为了保证所有停工待检点和重要现场见证点无一遗漏，力求点面结合、重点突出，保证特高压 GIS 设备高品质按时出厂。

那段时间老杨的脑子里回绕的都是这件迫切需要解决的难题，于是他下定决心起草一份 GIS 设备生产运输全过程管理体系，克服制造厂加快进度、见证点繁多、人员紧缺等困难，提高监造效率，加快生产进度。

> **思考 1** 特高压 GIS 全过程管理需从哪些方面着手？

## 初尝难果、勇往直前

然而，1100kV GIS 的生产工艺复杂、技术含量高、设备投资大等特点使得要实现生产运输的全过程精细化管理异常艰难。这么高电压等级的设备，在省内也是第一次接触，设备每个阶段可能存在的隐患还需不断摸索。为了完善特高压 GIS 设备精细化管理体系、推进设备监造工作，老杨带领团队不辞劳苦地奔波于生产厂家和公司相关单位之间，通过调研交流学习的方式，掌握特高压 GIS 设备的关键技术，熟悉设备制造的每一个流程，提高团队每一位成员的专业技术水平。

最终老杨带领状态评价室成员经过数日的集中思考讨论，充分分析每个阶段的管理必要性，出炉了一份基于生产运输全过程管理的特高压 GIS 精细化管理体系，推动了监造任务的合理有效开展。

> **思考 2** 特高压 GIS 全过程管理如何保证做到精细化？

### 执行方案、攻坚克难

老杨在实施精细化管理体系的过程中，也不是一帆风顺。

2012 年 8 月 17 日，老杨在见证过数十个盆式绝缘子的 X 射线探伤检测试验后，已至深夜。他心里盘算着再见证最后一个盆子检测试验后就可以好好回去休息了，然而就在这最后的检测试验中出现了一些瑕疵，编号为 1112416Z122S 的盆子在检测试验中发现在密封圈之外临近与金属环结合部位存在亮点，但制造方判定该盆子探伤检测合格。

"这个盆子不合格"，作为 A 省电网优秀专家的老杨依据自己丰富的经验果断地下结论，建议厂家对该盆子进行水压试验。厂家为了不破坏设备反对该试验内容，一时双方争执不下。老杨坚决执行自己团队制定的精细化管理体系中要求的试验方案，强烈要求厂家对该盆子追加水压试验。果然，盆子升压未达到规定的 2.4MPa 就破裂，表明该盆子不合格。老杨的坚持避免了不合格的盆子通过检验，这场艰难的胜利也证明了推行精细化管理体系的重要性。

从这件事之后，特高压 GIS 精细化管理体系得到广泛的推广，B 市供电公司采用点面结合、重点突出的模式，合理安排监造工作，以此克服制造厂加快进度、见证点繁多但人员紧缺等不利因素，提高监造效率；同时实现了严格把控外购件入厂、生产、试验等环节，推进生产进度。截至工程结束，共成功发现技术问题、管理问题等二十余项，实现了特高压 GIS 设备本体出厂试验零放电的高目标。

　　该管理体系在 C 市站特高压 GIS 扩建工程的设备监造过程中也发挥了重要作用，对 1100kV GIS 的生产运输实现全过程精细化管理，有效保证了高品质特高压 GIS 设备的按期出厂，确保了皖电东送特高压工程的成功投运。同时，相关管理成果形成了一项省公司技术标准《1100kV 气体绝缘金属封闭开关设备全过程监造规范》，并于 2014 年 5 月底正式发布。

> **思考 3** 精细化管理体系的效果评价如何？

## 🔖 问题解析

**思考 1** **特高压 GIS 全过程管理需从哪些方面着手？**

**解析** **明确划分责任、合理制定程序、多样化管理形式、严格规范要求。**

　　1. 责任划分明确

　　（1）设备用户与制造方相互配合，对原材料及附件的审核、制造工艺、关键工序、试验等实施质量监督。

　　（2）制造方保证产品的生产质量、生产周期满足要求。

　　（3）监造人员代表设备用户履行设备监造职责，发现问题或出现意见分歧，应及时向制造方反映情况。

　　2. 程序制定合理

　　（1）监造内容应在设备采购合同中明确规定详细。

　　（2）监造单位应与用户（甲方）签订设备监造委托合同。

　　（3）监造人员应根据用户和制造方共同商定的监造项目，按设备制造进度到现场进行监造；对存在问题及处理结果，定期向用户报告。

（4）制造方应提前 1 个月向用户及监造工作组提交产品制造进度的详细日程安排以及质量检验计划。

3. 管理形式多样

（1）监造人员应从设计、制造、试验和包装运输等各方面与制造方共同把好产品质量关，留下全面、完整、详实地过程记录。

（2）审查制造方的制造能力和检验、试验能力。

（3）审查原材料和配件、附件、外协件分包商的制造能力和检验、试验能力。

（4）停工待检项目必须有用户监造代表参加，现场检验并签证后，才能转入下道工序。

4. 要求规范严格

（1）设备用户应派专人进行驻厂监造，接到质量见证通知后，应及时派代表到制造厂参加现场见证。

（2）制造方正式生产的产品应是通过型式试验后的全新产品，正式供货的产品应严格按照工艺文件要求进行生产，并经过多级质量检查合格后方能出厂。

（3）用户至少应和制造厂质检人员去外协厂参与重要外协件（电流互感器、电压互感器，复合套管等）的首批次产品监造工作。

**思考2** 特高压 GIS 全过程管理如何保证做到精细化？

**解析** 工厂监造、现场见证、进度控制、保障措施等多个方面的精细化。

1. 工厂监造

（1）审核图纸及工艺等质量体系文件。

（2）委派专人对设备实行全过程驻厂监造。

（3）对设备加工进度进行监督。

2. 试验见证

（1）对设备试验条件进行适应性评估。

（2）进行试验见证，针对试验过程中出现的异常情况进行记录、分析，向设备用户汇报。

（3）对试验结果进行评估。

3. 进度控制

（1）建立现场办公部门，以监督施工进度计划，了解进度实施的动态，做好监造日志。

（2）及时检查和审核制造厂提交的进度统计分析资料和进度报告，整理和统计进度资料。

（3）定期向设备用户汇报实际进度状况，按期提供必要的进度报告。

4. 组织保障措施

（1）建立完善的报告制度，组织编制日报、周报、急报。

（2）加强制造、科研、设计、建设和运行单位的联系沟通。

（3）重视设备试验条件、方案的研究与落实，组织集中验证试验。

（4）监造单位按照生产计划约请制造厂分阶段召开联席会，总结前段工作，计划今后工作。

**思考 3** **精细化管理体系的效果评价如何？**

**解 析** 保证高品质特高压 GIS 的按期出厂，确保特高压工程的成功投运。

截至工程结束，通过精细化管理体系共成功发现技术、管理问题二十余项，保证了特高压 GIS 设备本体实现了出厂试验零放电的高目标。具体示例如下。

1. 技术问题

（1）盆式绝缘子由于模具和盆子自身较重极易发生磕碰。在听取监造组的建议后，制造方及时改进了装卸操作方法，在吊装过程中采用 2 个吊环分别拧入盆子直径方向的 2 个螺孔中，基本做到吊装时盆子平稳无磕碰，同时在转运箱中多处装设橡胶护垫，保护盆子。

（2）未及时对工装进行维护清理。2012 年 11 月 15 日，在进行盆式绝缘子 5 分钟工频耐压试验过程中，第 4 分钟时发生放电现象，在监造人员的现场监督下，经过现场拆解发现试验工装接口的试品盆子发生沿面放电，而 5 只用于产品的被试盆子完好。经深入现场解体分析，认为导致放电事故的原因是原有试验工装接口处的简易接地开关频繁操作致使工装内部屏蔽罩上的油漆或金属屑等脱落，杂物未及时得到清理，导致沿面放电。

监造组已建议制造方定期或根据试验次数对工装进行维护清理。

2. 管理问题

（1）电镀检验记录不完善。在中心导体的巡查过程中，发现在镀银厚度测量和电镀附着力检测方面的检验制度不明确，检验记录较乱。

（2）成品检验记录未及时填写。成品出厂试验过程中检验记录未及时填写，如产品在做雷电冲击试验时，监造人员发现检验记录中主回路电阻或气密性检测等未填写。

针对上述问题，经监造人员建议，各个车间已经做了较大整改，监造组复查确认，导体车间已经制定了较为详细的电镀检验规范，各车间的检验记录也做了较大改进。

## 要点点睛

（1）特高压 GIS 设备的全过程管理体系需明确划分责任、合理制定程序、多样化管理形式、严格规范要求。

（2）特高压 GIS 设备的精细化管理体系包括工厂监造、现场见证、进度控制、保障措施等多个方面。

## 知识链接

**精细化管理**

精细化管理 (Delicacy Management) 是一种理念，一种文化。它是源于发达国家（日本 20 世纪 50 年代）的一种企业管理理念，它是社会分工的精细化以及服务质量的精细化对现代管理的必然要求，是建立在常规管理的基础上，并将常规管理引向深入的基本思想和管理模式，是一种以最大限度地减少管理所占用的资源和降低管理成本为主要目标的管理方式。精细化管理的本质是精确、细化、深入、规范。

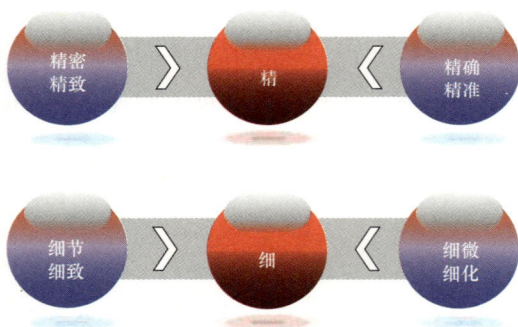

精细化管理

# 后　记

　　进入新时代，开启新征程，我们必须坚持不懈地用习近平新时代中国特色社会主义思想武装头脑、指导实践、推动工作，为推进国有企业各项事业发展凝聚起团结奋进的磅礴力量。而在这一推动国有企业做强做优做大的征程中，首先需要企业基础扎实，根基稳固。企业的根基是什么？是班组。班组虽小，却能馨香一瓣共谱华章。

　　国网安徽省电力有限公司围绕班组管理基础、团队、业务三个主题，收集公司近年来一线班组管理的典型案例素材，按照讲好故事、说透道理、提炼关键点、拓宽视野的思路布局谋篇，将现实班组管理中共性的重点、热点、难点问题娓娓道来。这些具有鲜活的可复制性的成功典型案例，对聚焦班组核心业务，以点带面提供了可拓展的管理思路和可查阅的素材依据。

　　当然，班组管理本身就包罗万象，事务繁多。这套"电网企业班组管理案例集萃"丛书优萃的 90 个案例，提供的只是班组管理的一种思维方法、一个工作思路，并非要减掉班组管理的事务或是环节，而是让班组管理更直接、更容易执行、更有效率，一线班组切不可机械模仿，照抄照搬。

本书从酝酿构思到正式出版，历经半年多时间，凝聚了全体参与人员的辛勤劳动，编写过程中得到了各方面的关心、帮助和支持。国家电网有限公司工会生产生活部一直关注本书进展，给予了关怀和指导。国网安徽省电力有限公司人资部、党建部、安监部、设备部、建设部、营销部、调控中心、电力培训中心等负责同志和专业人员参与了书籍编写工作。公司办公室文档处积极参与，提供了重要协助。在此一并表示诚挚的感谢！

国网安徽省电力有限公司第一次尝试编写全方位、体系化的"班组案例集"，限于经验、能力和水平，尚需接受一线班组的实践再检验，也恳请读者不吝赐教，提出宝贵意见。

待到山花烂漫时，愿与诸君再续新篇！

2019 年 5 月